PRUEBAS DE
APTITUD
FÍSICA

EMILIO J. MARTÍNEZ LÓPEZ

Dibujos: JUAN HERVÁS GARCÍA

**EDITORIAL
PAIDOTRIBO**

Diseño cubierta: Carlos Páramo

© 2002, Emilio J. Martínez López
  Editorial Paidotribo
  C/ Consejo de Ciento, 245 bis, 1.°, 1.ª
  Tel. 93 323 33 11 – Fax. 93 453 50 33
  08011 Barcelona
  E-mail: paidotribo@paidotribo.com
  http://www.paidotribo.com

Primera edición:
ISBN: 84-8019-641-6
Fotocomposición: Editor Service, S.L.
Diagonal, 299 – 08013 Barcelona
Impreso en España por A & M Gràfic

A mi mujer Mayte
y a mis pequeños Jorge y Emilio

ÍNDICE

Cualidades motrices

PRÓLOGO

La singular y rápida evolución que ha experimentado la Educación Física en el último cuarto de siglo ha supuesto, sin lugar a dudas, un avance sin precedentes en el estudio de la Motricidad Humana en relación con cualquiera de las ciencias.

Al prologar Kurt Meinel, hace ahora treinta años, el conocido texto de *Didáctica del Movimiento*, nos enviaba el mensaje de que las nuevas concepciones en educación habían hecho abandonar, ciertas teorías demasiado estrechas de carácter mecánico-biológicas o behavorianas. Yo creo que en esto estamos prácticamente todos de acuerdo, pues éstas suponen, y no sólo en el ámbito educativo, una visión demasiado sesgada de la realidad humana al no contemplar la complejidad y la unidad incuestionable de la misma.

Pero también es cierto que la acelerada evolución de la Educación Física va dejando una serie de aspectos, aparentemente sin importancia, en la cuneta, bajo la excusa o el pretexto de que existen otros más importantes que hay que acometer para su desarrollo, como son los psicológicos, los sociales, etc. No hay duda de que la Educación Física debe y tiene que procurarse de que se cumplan todos los objetivos que la sociedad le encomienda, pero sin olvidar acometer las responsabilidades que esta materia tiene en relación con la adquisición óptima del «movimiento» por parte de todos y cada uno de los alumnos y alumnas que la cursan. Lo contrario sería como negar la propia identidad.

Frente a posiciones que en su día mantuvieron teorías exclusivamente conductuales en la enseñanza del movimiento y que, lógicamente, defendieron una Educación Física basada exclusivamente en el rendimiento físico: «educación del movimiento», aparecen otras que mantienen la necesidad de responder a comportamientos sociales y emiten el mensaje fácil de que las materias sólo deben servir para educar a través de ellas; lo que se traduce, en nuestro caso, en una «educación a través del movimiento». Yo creo, al igual que el autor de este libro, no sólo en la posibilidad, sino en la necesidad de la simbiosis de ambas porturas, pues ambas mantienen similares características de carácter reduccionista y, por tanto, son igual de responsables del sesgo en relación con la posibilidad de consecución de los objetivos que tiene el ser humano a través de la práctica de la actividad física. Para concluir este preámbulo diría que la Educación Física del siglo XXI debe acometer, sin rubor alguno, ambas responsabilidades y, por tanto, debe procurar una «educación del movimiento y a través del movimiento».

El texto que tienes en tus manos refleja, tras un profundo análisis del día a día del profesor de Educación Física, que este profesional se debate entre los mensajes fáciles que muchas veces emiten de forma incompleta los políticos de la educación y la responsabilidad que tiene como profesional de la educación. Se detecta una «huida» aparente hacia posiciones que podríamos denominar (en este caso) de amplia responsabilidad cualitativa, pero prácticamente todos «recuerdan», a través de su práctica, que «la enseñanza del movimiento» lleva consigo también rendimiento y por ello acometen o están dispuestos a llevar a término esta responsabilidad del profesional de la Educación Física.

Lo que el autor viene a exponer en su libro es un nuevo modo de acometer y utilizar el estudio y el desarrollo de las cualidades físicas en el ámbito de la Educación Secundaria. «El problema» no proviene de aquellas manifestaciones del movimiento humano que por su característica de objetividad pueden ser medidas y controladas de forma objetiva. El «problema» pudiera estar en el uso que se hizo en un pasado, y en algunos casos se hace todavía, de los resultados al establecer, de forma fácil, relaciones directas de concordancia y/o relación entre estos y otros aspectos.

Emilio nos propone, tras un profundo estudio de la realidad, una nueva forma de utilizar los tests de condición física en educación, abandonando la tremenda, y como he aclarado antes, también fácil relación del resultado con la calificación a la que todos estamos normalmente acostumbrados, para exponernos una, utilización de los mismos más lógica y que a la vez despierta el interés por parte de los alumnos y profesores y que, sobre todo, cumple con el cometido de procurar un mejor desarrollo corporal.

Daniel Linares Girela
Profesor Titular de la Universidad de Granada (España)
Profesor Titular Adjunto de la Universidad de Cienfuegos (Cuba)

INTRODUCCIÓN

En 1979, el Consejo Superior de Deportes (CSD) imprime unas "Orientaciones sobre valoración objetiva en Educación Física ".

El enunciado anterior expresa, por sí mismo, la necesidad básica de todo un referente educativo relacionado con la actividad física. La ausencia de normas oficiales que regulen los procesos educativos en esta área, tanto en colegios como institutos, era tal que se hacía necesario lanzar un conjunto de ideas, en concreto dos experimentos[1], a modo de orientaciones, con el objeto de dirigir al colectivo de profesores,[2] hacia un camino mínimamente consecuente en la evaluación del alumnado, y que mermara, en parte, el desprestigio, insolvencia e incomprensión que sufría el área de Educación Física (EF) y sus docentes.

En la actualidad, no sería lógico utilizar el término evaluación objetiva, como referencia a una aportación nueva en el ámbito de cualquier valoración o análisis. Asimismo, unas orientaciones de carácter global, referidas a un término tan amplio como la evaluación, no serían justificables en modo alguno y podrían atender, de forma casi exclusiva, a determinados puntos ambiguos en la explicitación de alguna nueva normativa.

El vacío de normas reguladoras en la evaluación de la EF era paliado, en parte, por el esfuerzo individual de cada docente, aplicando, innovando o experimentando con las pruebas físicas y adaptando su utilización a las notables deficiencias de instalaciones y material.

El conocimiento del desfase que se tiene en esta época de la valoración de la condición física (CF) con respecto a otros países es un hecho, y en la introducción de este documento se expresa así:

«...en muchos casos la valoración es simplemente subjetiva y, en general, las calificaciones de los alumnos difícilmente pueden ser comparables entre unos centros y otros.

Sería preciso que las autoridades académicas correspondientes adoptaran las medidas necesarias para la implantación de un sistema de valoración que unificara criterios, tratando, por otra parte, de objetivarlos en lo posible, sin descartar, naturalmente, la parte de apreciación personal que a la calificación aporte el profesor».

En 1982, el Comité para el desarrollo del deporte del Consejo de Europa ya cuenta con numerosos trabajos de investigación sobre la evolución y evaluación de la aptitud física, llevados a cabo en jóvenes franceses, escoceses, holandeses y finlandeses, entre otros.

Apenas han transcurrido veinte años y, aunque en este sentido, se ha evolucionado mucho y cada vez han aparecido más pruebas, directas e indirectas, avaladas por la ciencia, que permiten conocer más y mejor la evolución y las consecuencias para la salud de un determinado fitness o forma física, todavía se arrastran deficiencias que, como señalaremos más adelante, siguen, a modo de lastre, perjudicando el área de EF.

Nuestro propósito, desde el primer momento, es conjugar la variedad de mecanismos que intervienen en el proceso de enseñanza-aprendizaje, intentando aprovechar la extensa serie de pruebas que miden las cualidades físicas y que pueden ser seleccionadas convenientemente por el docente atendiendo a los factores físicos y psicológicos, pudiendo contribuir de una forma natural a la adherencia del alumno a la práctica de actividad física, ya que consideramos que aplicar tests motores es algo inherente a la práctica de cualquier acción motriz.

La puesta en práctica de pruebas de aptitud física como medio para obtener una información de la capacidad y del estado físico de los individuos es, en la actualidad, conocida por todos; sin embargo, no sabemos hasta qué punto son utilizadas por los docentes en las clases de EF y, mucho menos, por quiénes es compartida la idoneidad de su aplicación.

Hoy día, existen infinidad de tests y baterías que pueden ayudar al docente a conocer, de forma cada vez más precisa, las características físico-deportivas del alumnado y su grado de evolución.

En 1983, el Consejo de Europa, tras varios años de experimentación, creó una batería de pruebas, con el objeto de medir la aptitud física de los escolares europeos. Se elaboró un proyecto que concluiría en un protocolo de ejecución de pruebas conocido como Eurofit[3], cuyo principal objetivo era obtener resultados de pruebas físicas y datos antropométricos de los adolescentes que pudieran ser válidos y fiables, permitiendo, a la vez, compararlos con otros cualesquiera, pero que fuesen ejecutados siguiendo la misma descripción y características de la batería original.

Desde entonces, la popularidad de la batería Eurofit ha sido progresiva. Algunos de los tests que la conforman son utilizados por muchos especialistas en EF, aplicándolos a alumnos de diferentes edades y sexos. En los últimos años, son varios los estudiosos que han realizado, en nuestro país, trabajos intrarregionales, aplicando el protocolo de pruebas establecido por el Consejo de Europa; por citar algunos:

"Valoración Morfológica y Funcional de los escolares andaluces de 14 a 17 años realizada en la Comunidad Autónoma Andaluza" (Linares, 1992); "La Batería Eurofit en Euskadi" (Sainz Varona, 1996); "Batería Eurofit en Cataluña" (Prat, 1989); "Batería Eurofit en Canarias" (García Manso y col., 1992); "Evaluación de la Aptitud Motriz General (Galaico-Eval.) en Galicia" (Rivas, 1990).

No podemos poner en duda, ni es nuestra pretensión, el significativo valor de la amplia gama de posibilidades que ofrece la homologación de los resultados obtenidos a través de Eurofit; sin embargo, sus muchos años de existencia y su reiterada utilización ha supuesto el eclipse de otras muchas baterías y tests de reconocido prestigio y cuyo uso puede, según creemos, ofrecer una buena rentabilidad a la EF.

Quizás la razón del desgaste que pueden sufrir algunas de estas pruebas físicas, aunque válidas, fiables y objetivas, no esté en la pérdida de actualidad de las mismas,[4] sino en otros factores decisivos que expondremos más adelante, apuntando en este momento, el detrimento de motivación que puede ejercer sobre el alumno la reiterada ejecución de una misma prueba que a veces se prolonga durante varios años.

Creemos que la realidad, respecto a la valoración de la aptitud física en la Educación Secundaria, se parece más a una aplicación reiterada de pruebas, según las creencias de cada docente, pero sin seguir un programa de actuación estandarizado que permita la comparación de resultados más allá del entorno evaluado. Asimismo, pensamos que buena parte de la baremación utilizada es inadecuada o anticuada y no responde a la realidad física y social, ya que se utilizan tablas de cualquier geografía, obtenidas con diferentes protocolos de ejecución de pruebas.

Es posible que la excesiva frecuencia en la aplicación de un mismo test, a lo largo de varias etapas educativas, provoque situaciones de frustración en el alumno, e inexactitud en los resultados. En este sentido, los tests aplicados habrán perdido su carácter pedagógico como fuente de motivación.

Para Linares (1992) una parte importante de los resultados obtenidos en las pruebas de aptitud física (PAF) es consecuencia del aprendizaje que los alumnos han obtenido a través de la reiteración de su práctica. Este desarrollo técnico produce un incremento en los resultados, distorsionando la verdadera mejora conseguida, exclusivamente, por el aumento de las capacidades físicas.

Dentro de un marco general de propuestas relacionadas con la CF del adolescente y su posibilidad de evaluarlas, se sitúa la incógnita de analizar, comprobar y justificar la verdadera importancia que representa la realización de pruebas de aptitud física a lo largo de esta etapa (de doce a dieciocho años).

Son innumerables los estudios que se han llevado a cabo con el fin de progresar en los criterios de calidad de una u otra prueba y que han permitido conocer más y mejor la naturaleza del individuo. Sin embargo, pocas son las voces que realmente se definen y permiten justificar realmente el tiempo y los medios empleados en la aplicación de estas pruebas.

Blázquez (1990) rompe una lanza en favor de la Evaluación del Rendimiento Intrapersonal, sobreestimando la trascendencia del avance progresivo del resultado a costa del análisis comparativo entre resultados interpersonales estandarizados. Parece razonable esta propuesta, sin embargo, será necesario, posteriormente, definir las dos alternativas, ya que a nuestro parecer se complementan.

«El rendimiento del alumno está significativamente vinculado a la mejora de su calidad de vida, que incide como última consecuencia en la mejora de su salud, no sólo física, sino psíquica, por los beneficios que se derivan de la mejora de las funciones corporales.

Según esta filosofía, la educación física no busca el máximo rendimiento del alumno, para compararlo con niveles estandarizados, sino la evolución progresiva del resultado como indicador de que es posible la superación de sus propias limitaciones con un hábito de trabajo; con ello, el alumno mejora el concepto que posee de sí mismo y se motiva hacia la actividad física metódica».

NOTAS

[1] Realizados en la comunidad de Madrid, y llevados a cabo con alumnos de ambos sexos, tanto en Educación General Básica (EGB) como en centros de bachillerato (1978-1979 y 1976-1977 respectivamente). Tras su lectura, vislumbramos un intento de formalizar la evaluación, incidiendo además, en promocionar la necesidad de iniciar procesos de investigación sobre las muchas actividades y factores que subyacen bajo un concepto tan amplio como es la evaluación.

[2] Debido a la extensión de este trabajo y a la reiterada aparición de términos muy utilizados, hemos decidido recurrir, de forma general, a las siglas y/o iniciales de los mismos. Por otra parte, queremos ser muy respetuosos con el tratamiento del género; sin embargo, para no reiterarnos excesivamente y hacer más lenta la lectura hemos decidido utilizar, también de forma general, el masculino, tanto en singular como plural, para referirnos a los dos géneros (por ejemplo profesores o alumnos, en este caso nos referiremos a profesores/profesoras y alumnos/alumnas respectivamente). Sólo en los casos en que sea estrictamente necesario hacer referencia o precisión a un sexo en concreto, nos expresaremos como la/s profesora/s, la/s alumna/s, etc.).

[3] Aprobado, de forma experimental, por el Comité de expertos en investigación en materia de deporte del Consejo de Europa en 1983. Esta batería, por primera vez completa, estaba compuesta por 10 tests principales y 3 tests supletorios. Se convocó e invitó a los 15 estados miembros para intervenir en su realización a gran escala, logrando una participación de más de 50.000 alumnos.

[4] Hay que tener en cuenta que muchas pruebas, que aún perduran, fueron diseñadas a principios del siglo xx. Por ejemplo, el test de Harvard, desarrollado durante la Segunda Guerra Mundial como prueba de selección para valorar la potencia y resistencia aeróbica, y poder elegir individuos según su aptitud física.

1 | TERMINOLOGÍA

A l comenzar a recabar cualquier información y analizar su contenido, hallamos un compuesto de términos que se yuxtaponen con frecuencia, provocando una pronta confusión en el lector e investigador, y no queda por más que profundizar en el verdadero concepto de cada palabra y escudriñar en su significado, con el fin de poder disociar su contenido de las varias interpretaciones a las que puede estar sujeto.

Sin otra pretensión que conocer más sobre los términos que a lo largo de este trabajo vamos a utilizar, y sin interesarnos en este sentido su raíz semántica, queremos discernir el significado de los vocablos más usuales e intentar, de este modo, confundirnos lo mínimo en su utilización.

Entre los términos más utilizados en la bibliografía especializada relacionados con el tema de nuestro proyecto podemos encontrar:

Prueba de condición, condición física, physical fitness, condición motriz, aptitud, aptitud física, actividad física, capacidad, cualidad, habilidad, test, condición biológica, condición motora, condición psico-sensorial, fitness, etc.

Aunque este campo puede permitir multitud de enfoques y direcciones terminológicas, aun cuando un vocablo posea un sólido sustrato teórico, nosotros utilizaremos los que creemos que son más significativos y contienen menos ambigüedad en su significado.

Para Grosser y Starischka (1988) «Una prueba de condición (también prueba de condición motriz deportivo) es un procedimiento realizado bajo condiciones estandarizadas, de acuerdo con criterios científicos para la medición de una o más características delimitables empíricamente del nivel individual de la condición. El objetivo de la medición es una información lo más cuantitativa posible acerca del grado relativo de manifestación individual de facultades motrices condicionantes».

Según Grosser y col. (1988) «...la condición física en el deporte es la suma de todas las cualidades motrices (corporales) importantes para el rendimiento y su realización a través de los atributos de la personalidad (por ejemplo, la voluntad, la motivación)» y, por tanto, «la condición física se desarrolla por medio del entrenamiento de las cualidades físicas».

Para Blázquez (1990) el término condición física es genérico, reúne las capacidades que tiene el organismo para ser apto o no apto en una tarea determinada. En realidad, creemos que esta acepción es correcta en parte; desde el punto de vista etimológico, la palabra condición implica «Condición necesaria y suficiente, condición de la que necesariamente se desprende una determinada consecuencia que, al mismo tiempo, resulta necesariamente excluida sino se cumple dicha condición»[1].

Pero también significa, «1.-Índole, naturaleza o propiedad de las cosas. 3.- Estado, situación especial en la que se haya una persona»[2]. Y sólo si adoptamos un sentido condicional, podríamos interpretar una implicación (apto – no apto); quizás el sentido general es de un estado o situación en la que se encuentra el sujeto, sin más, con respecto a una determinada conducta o acción.

La expresión physical fitness se refiere a «la habilidad para realizar un trabajo físico diario con rigor y efectividad, retardando la aparición de la fatiga, buscando la máxima eficacia y evitando las lesiones»[3].

La gran enciclopedia Larousse (GEL) define el término aptitud como «1.- Cualidad que hace que un objeto sea apropiado para un fin. –Der. Capacidad de obrar, ejecutar determinados actos, desempeñar una función o encargo, o realizar alguna cosa».

Según Morehouse y Miller (1984), la aptitud implica una relación entre la tarea a realizar y la capacidad para ejecutarla.

El término aptitud física se hizo popular durante la Segunda Guerra Mundial e inicialmente tenía el exclusivo propósito de definir las capacidades físicas de los soldados a través de tests físicos. Posteriormente, evolucionaría hasta introducirse en otros ámbitos de la sociedad, con la finalidad de aumentar la fuerza muscular, resistencia cardiovascular, pérdida de tejido adiposo, etc. (Montero y Gonçalves, 1994).

En los últimos años, el concepto de aptitud física ha evolucionado hacia una nueva concepción, y esto queda patente en los cambios que realizan los INEFs para la selección de sus estudiantes. La orden de 29 de octubre de 1982, por la que se regulan las pruebas de aptitud para el ingreso en los Institutos Nacionales de Educación Física (BOE. número 269, de 9 noviembre), dice: «9°.- Las pruebas de aptitud física tenderán a evaluar la capacidad y condición física del alumno y tendrán por objeto la superación de un conjunto de ejercicios propuestos por el tribunal, para valorar las cualidades físicas fundamentales de coordinación motriz, agilidad, potencia, resistencia y adaptación al medio ambiente»[4]. Posteriormente, el RD 1423/1992 de 27 de noviembre (BOE 23 de diciembre), que incorpora los estudios de Educación Física a la universidad, autoriza a las facultades a aplicar pruebas de evaluación de las aptitudes personales para la actividad física y el deporte a los solicitantes[5].

Para la OMS, la actividad física,[6] es definida como «...cualquier movimiento producido corporalmente por la musculatura esquelética el cual se transforma en energía expandida».

Sobre la base de estas dos definiciones, sí cabe la opinión de Morehouse. Sin embargo, el término aptitud, se emplea también para «designar un carácter intato»[7]. Pieron[8] (1951) lo define como «...el sustrato constitucional de una capacidad persistente a una capacidad, que dependerá del desarrollo natural de la aptitud, del ejercicio y, eventualmente, de la formación educativa; sólo la capacidad puede ser objeto de evaluación directa, ya que la aptitud es una virtualidad». El mismo autor define la capacidad[9] como «la posibilidad de éxito en la ejecución de una tarea o en el ejercicio de una profesión».

En el campo de la Pedagogía, Claparede[10], definió la aptitud como el nivel de rendimiento individual «a igualdad de educación». Esta noción la interpretamos, atendiendo al raciocinio, como una disposición o determinación adquirida por el sujeto que le facultará para ejercer una determinada acción con la mayor eficacia. Sin embargo, esta noción es interpretada por Debray-Ritzen[11] como un contrasentido, de manera que esta disposición del individuo que le faculta para las ejecuciones es innata. Es decir, depende del material genético de cada individuo.

El término cualidad [12] está sujeto y/o emparentado con una amplia gama de conceptos. 1.-«cada uno de los caracteres que distinguen a las personas o cosas». 2-«calidad de». «Filos.-concepto categoría el que refiere a las propiedades inherentes a una cosa».

Tradicionalmente el vocablo cualidad se identifica con el de propiedad, los cuales dan sentido a una determinada cosa. Para Descartes, la palabra cualidad significa propiedad. Según Hegel, la cualidad designa la primera de las modalidades del ser: «La determinación cualitativa es una sola cosa con un ser, no sobrepasa ni está contenida en él, sino que constituye su inmediata limitación. La cualidad, por lo tanto, como determinación inmediata, es primera y ella debe constituir el comienzo». (Ciencia de la lógica, «el ser».)[13].

En este momento creemos que podemos identificarlo con la calidad, pero como algo inherente a cada sujeto, ya que cada uno es lo que es en base a unas propiedades innatas. Cuando hablamos de cualidades físicas nos referimos al concepto de cada una, pero si nos referimos a las cualidades físicas como algo sobre lo que medir un rendimiento, posiblemente nos estamos equivocando ya que, en este caso, deberíamos hablar de capacidades, ya que éstas sí son modificables, aprendidas o mejoradas con el entrenamiento o trabajo físico.

Tal vez sería erróneo hablar de medir las cualidades físicas sin tener en cuenta el aspecto cualitativo. En este sentido, podemos afirmar que todo el mundo nace con unas cualidades físicas y psíquicas, las cuales le dan propiedad a cada ser y, probablemente, no debería utilizarse este término para algo mensurable.

Las cualidades físicas han estado tradicionalmente presentes, con contenidos propios, en cualquier plan educativo. Desarrollar las cualidades consideradas básicas, por tanto, ha sido un objetivo prioritario en la EF. Sin embargo, ¿qué sentido tiene o ha tenido el desarrollarlas en sí, que no sea con una proyección de salud?

Algunos autores piensan que el desarrollo de estas cualidades no tiene sentido si no está aplicado a mejorar unas habilidades que se puedan expresar como técnica o destrezas atléticas o deportivas.

Según la GEL (1991), el término habilidad presenta las siguientes definiciones: «1.- Cualidad de hábil. 2.- Cosa hecha con esta cualidad. 3.- Tramoya, engaño hecho con ingenio. Hábil:- capaz, inteligente o dispuesto para cualquier actividad, función, oficio o ministerio. Der. legalmente capaz o apto para una cosa. Habilidoso: que tiene habilidades. Destreza: agilidad, soltura, habilidad, arte.».

Aquí debemos anotar también que el objeto de nuestro estudio son las habilidades físicas[14] (entendidas como cualidades físicas), que son directamente mensurables y que tienen un carácter más cuantitativo y objetivo. Por otro lado, las cualidades motrices están sujetas a una determinación cualitativa, más difícil de medir, existiendo la necesidad de utilizar métodos más objetivos dependientes, además, de la estructura perceptivo-motriz. Este último caso estaría relacionado con los aprendizajes técnicos (como la coordinación, etc.).

El test se define como «1.- prueba psicotécnica que implica una tarea a desarrollar idéntica para todos los sujetos, condiciones de aplicación estandarizadas, y una técnica precisa para la apreciación del éxito o del fracaso». «Encicl. Estadist. los tests estadísticos se reparten en tres categorías: test de ajuste, test para métricos y tests no para métricos. Se fundamentan en las propiedades de distribución teórica y, por tanto, muchos derivan de la ley de Laplace-Gauss. Hay tests más específicos, como el que Studen-Fisher y el de Pearson, gracias a los cuales se puede establecer una característica experimental, media frecuencia de un valor teórico dado, o comparar entre sí los valores experimentales constatados en dos muestras». GEL (1991).

En torno a este tumulto de definiciones existen autores que se inclinan por la utilización de unos u otros vocablos[15]. En realidad, la gran mayoría de los escritores utilizan, por ejemplo, los términos condición física y aptitud física con un mismo significado.

Parece claro que la expresión condición física participa mayoritariamente de un concepto más amplio, sobre el que poder cimentar cualquier tipo de trabajo físico, esté relacionado o no con la tarea y la capacidad de realización del sujeto, su no acepción conceptual condicionante y, por supuesto, sopena de las cualidades innatas, mejorable con un sistema de entrenamiento.

Desde nuestro punto de vista, el concepto condición física es relativo y expresa el estado actual del individuo respecto a cualquier prueba que implique movimiento, en la que el resultado sea producto de una capacidad de esfuerzo innato o adquirido y en el que se pueda emitir lógica, criterial y empíricamente un juicio.[16]

Para Legido y col. (1995) «...la aptitud física de un individuo puede ser considerada, en relación con su trabajo, la conservación de la salud, la lucha en la vida, el combate, el deporte, el recreo, etc.». Eso es cierto, pero no debemos olvidar que la condición física tiene implícitos unos principios como el de trasferencia. Por supuesto que el realizar en sí el control, mediante tests o pruebas, no serviría para nada si no existiera una proyección o transferencia hacia otros planos de la vida.

Para los mismo autores, el término aptitud física no debería estar aislado de cualquier capacidad psíquica, aunque de ésta dependiera, en parte, cualquier resultado positivo o negativo, tras la realización de una prueba.[17] Por otra parte, se inclinan por la expresión condición biológica entendiéndola como «el conjunto de cualidades o condiciones orgánicas, anatómicas y fisiológicas, que debe reunir una persona para poder realizar esfuerzos físicos tanto en el trabajo como en los ejercicios deportivos». Englobaría o sustuiría al termino condición o aptitud física ya que, en este sentido, se refiere a «la capacidad o disposición del individuo ante cualquier clase de trabajo o ejercicio muscular».

Las cualidades básicas sobre las que se fundamenta la condición biológica son: condición orgánica, condición anatómica y condición fisiológica[18].

Quedaría desglosado de la siguiente manera:

1. Condición orgánica: Salud, robustez y resistencia orgánica.

2. Condición anatómica: Biometría, biotipo, masa muscular, envergadura, panículo adiposo, esqueleto y palancas.

3. Condición fisiológica: Cardiovascular, respiratoria, hemática, nutritiva, endocrina, metabólica, homeostática e inmune.

En este sentido, pensamos que no debemos confundir el estado físico de una persona en un determinado momento, que puede ser medido más o menos acertadamente por una batería de tests o prueba, con su capacidad, habilidad o disposición para realizar un trabajo específico, posiblemente determinado por otros factores como destrezas manuales, psíquicas, etc.

No es nuestra pretensión conocer o ver las posibles conexiones posteriores, aunque muy importantes, sino establecer un criterio, un momento definido que evalúe un estado de forma física.

Portela (1986) considera que cualquier término empleado (eficiencia física, physical fitness, condición física, aptitud física) debe englobar y contener implicaciones de salud integral, incluyendo lo mental y físico. Por razones prácticas prefiere utilizar la expresión aptitud física, pero sin deslindarse ni desmarcarse de lo anteriormente expuesto.

No podemos más que estar de acuerdo con él, ya que todo intento de realizar subdivisiones estrictas complicaría este estudio.

El término condición motora es utilizado por Legido y col. (1995) para valorar, a través de pruebas, las capacidades del cuerpo humano en relación con la potencia y el tono muscular, la flexibilidad, la agilidad, la resistencia, la coordinación motora, etc. Por otra parte, la condición psico-sensorial se refiere a factores de atención, tiempo de reacción, percepción auditiva visual y táctil. En este sentido, sólo nos interesarían los elementos intrínsecos en una determinada prueba que el sujeto necesariamente habrá de utilizar (como, por ejemplo, velocidad de reacción); el resto son variables más relacionadas con la psicología deportiva como atención, motivación, estrés, etc.

En la actualidad, el vocablo fitness está tan introducido en nuestro vocabulario que lo utilizamos de muchas maneras. Según Garth y col. (1996), el fitness, es «...un conjunto de capacidades que permiten a una persona satisfacer con éxito las exigencias físicas presentes y potenciales de la vida cotidiana». Para estos autores existen cinco componentes del fitness relacionados con la salud.

1. Fuerza muscular.

2. Resistencia muscular.

3. Capacidad aeróbica.

4. Amplitud de recorrido articular y flexibilidad.

5. Composición corporal (proporción entre masa magra y grasa).

Lo ideal sería lograr niveles adecuados de cada componente y conseguir un equilibrio entre ellos.

Vila (1993) recupera el concepto de fitness tradicional, centrado en la consecución o logro de la buena salud.

«Es la capacidad de llevar las tareas diarias con vigor y viveza, sin excesiva fatiga y con suficiente energía como para disfrutar del tiempo libre y afrontar emergencias imprevistas» (President´s Council on Fhysical Fitness and Sports, 1971).

Para Heyward (1996), fitness es «...la capacidad de ejecutar las actividades del trabajo, recreativas y cotidianas, sin quedar excesivamente cansado». Aquí este concepto está enteramente relacionado con la salud del sujeto y, por tanto, la evaluación y el desarrollo del fitness estará encaminado a la prevención, relajación neuromuscular y mejora de la salud.

De forma general, fitness hace referencia a una adecuación, una conveniencia o una pertinencia de un determinado estado físico, como consecuencia del desarrollo de unas capacidades, al objeto de mejorar la salud y sobre la base de que al ser capacidades son mejorables con el entrenamiento. El fitness tiene su mayor exponente en la mejora de la salud, ya que se cimenta en que el ejercicio es el componente principal para obtener una buena salud y un buen estado físico.

NOTAS

[1, 2] GEL (1991).

[3] Según Clarke (1967) citado por Blázquez (1990). «El término "condición motriz" se diferencia del de "condición física" en que esta última hace referencia a ejercicios vigorosos y elaborados, mientras que las variables a evaluar en la condición motriz tienen además en cuenta otros factores tales como agilidad, flexibilidad y velocidad».

[4] En estos momentos, las pruebas elegidas para valorar las aptitudes físicas de los sujetos eran: 1°- Prueba de natación. 2°- Salto vertical. 3°- Carrera de obstáculos. 4°- Lanzamiento de balón medicinal. 5°- Abdominales en 1 min. 6°- 50 metros lisos. 7°- Flexión o mantenimiento de brazos sobre barra fija (según sexo). 8°- Flexión profunda del cuerpo. 9°- Resistencia 2.000 y 1.000 m (según sexo). En el folleto informativo para acceso al curso 1993/94 en el INEF de Madrid, las pruebas físicas exigidas son: 1°- Salto vertical. 2°- Carrera de obstáculos. 3°- Lanzamiento de balón medicinal. 4°- Flexión profunda del cuerpo. 5°- Desplazamiento en el medio acuático. 6°- Carrera de velocidad. 7°- Desplazamiento con balón en zig zag. 8°- Carrera de fondo 2.000 y 1.000 m. (según sexo).

[5] Es aquí donde queremos ver una evolución hacia un término más amplio. En este sentido, desaparece la prueba de flexión de brazos (en sus dos modalidades masculina y femenina) y abdominales en 1 min, ambas pruebas de resistencia muscular localizada; siendo sustituidas por un test de desplazamiento con balón en zig zag, cuyo objetivo es «medir la coordinación dinámica general de los candidatos».

[6] Citado por Montero y Gonçalves (1994).

[7, 8, 10] GEL (1991).

[9] Espacio suficiente de alguna cosa para contener otra u otras. «Capacidad de trabajo.- Cantidad máxima de trabajo físico que puede producir un individuo, expresada en volúmenes de oxígeno por unidad de tiempo. Medida a partir de la capacidad aeróbica, puede estimarse por el esfuerzo que puede producir el individuo justo por debajo de su máximo posible; también puede estimarse partiendo de un conjunto de medidas antropométricas orientadas a medir la masa de los músculos. A partir de este esfuerzo submáximo se extrapola para evitar los riesgos que presenta la realización del esfuerzo máximo». GEL (1991).

[11, 12, 13] GEL (1991).

[14] Hernández Moreno (1997) haciendo una síntesis de lo expuesto por varios autores reú-

ne, en un esfuerzo por delimitar y concretar los fines y objetivos de la EF, cuatro grandes grupos que comprenden:

- El desarrollo y dominio de determinadas habilidades y capacidades físicas.
- La expresividad y actividad motriz.
- La inteligencia motriz.
- La interacción motriz en correlación con los demás en el mundo social por el movimiento.

[15] La inclinación de los autores es diversa, ya sea por «condición física», Grosser y Starischka (1988) o por «aptitud física» Legido, Segovia y Ballesteros (1995); Portela (1986).

[16] Habría que añadir que atendiendo a criterios de calidad demostrados, razonados y comparados con otras pruebas reconocidas ya como válidas.

[17] Estos autores avanzan más al utilizar igualmente el termino «aptitud y condición biológica».

[18] Para obtener la condición biológica «global» del individuo, habría que añadir la condición motora, nerviosa, psicosensorial y de habilidad o destreza.

2 | CRITERIOS DE CALIDAD DE LAS PRUEBAS DE APTITUD FÍSICA

2.1. CONSIDERACIONES PRELIMINARES

Los criterios de calidad informan del grado de eficiencia de una prueba; su componente cuantitativo se expresa a través de los tres principales indicadores:

Coeficiente de objetividad.

Coeficiente de fiabilidad.

Coeficiente de validez.

Un aspecto general de gran importancia es garantizar que entre las administraciones realizadas por un mismo ejecutante o por varios examinandos no haya ningún efecto de entrenamiento por parte de los mismos, ya que esto podría restar fiabilidad y objetividad a la aplicación de la prueba.

En 1976, Fetz y Kornexl ya apuntaban como el límite inferior de eficiencia de una prueba los señalados por Meyer y Blesh (1962):

- Coeficiente de objetividad y confiabilidad en análisis individual = 0,85.

- Coeficiente de objetividad y confiabilidad en análisis grupal = 0,75.

- Coeficiente de validez mínimo = 0,60.

Todo esto teniendo en cuenta que en los tests de campo, núcleo sobre el que gira todo nuestro trabajo, puede resultar difícil aislar cada componente individual. Para MacDougall (1993) este tipo de pruebas resulta útil para evaluar o valorar globalmente una aptitud; sin embargo, las aplicaciones realizadas en laboratorio admiten analizar variaciones individuales y permiten estudiar objetivamente los rendimientos de cada individuo en relación con cada variable analizada. Este autor afirma que, si bien los tests de campo no resultan tan fidedignos como los de laboratorio, sí presentan una mayor especificidad.

2.2. LA OBJETIVIDAD

Un test o prueba posee más objetividad cuanto mayor sea el grado de independencia sobre elementos externos que puedan intervenir. Por otra parte, la objetividad debe analizarse de forma aislada, ya que puede afectar de forma diferente a cada fase de una prueba; ya sea en la ejecución de la misma, en su evaluación o en su interpretación.

Una prueba objetiva ha de garantizar que su ejecución se realice con arreglo a un método, y que éste pueda reproducirse posteriormente de la misma manera. Es decir, la explicación y la demostración de la prueba no deben inducir a ambigüedades o interpretaciones diferentes que puedan modificar el resultado de la misma.

La objetividad de un test ha de medirse también atendiendo a criterios de valoración e interpretación. Podemos hablar de una prueba mayormente objetiva, cuanto más medible, en términos numéricos y de acuerdo a escalas estandarizadas, sea su resultado. De este modo, si la valoración final de la prueba está sujeta a interpretaciones con arreglo a baremos o decisiones arbitrales, tanto más subjetiva será.

El término objetividad se define como «1.- cualidad que lleva a emitir un juicio sin dejar que intervengan preferencias personales; ausencia de prejuicios; imparcialidad» (GEL, 1991).

El grado de objetividad de una prueba está directamente relacionado con la aplicación de las consignas utilizadas durante la misma. En este sentido, cualquier variabilidad en la información dada al ejecutante puede generar una respuesta diferente, ya sea por acción directa, al conocer el examinando información que pueda utilizar más correcta o incorrectamente, o por acción indirecta, al generar o restar una motivación influyente durante el período de respuesta.

Fetz y Kornexl (1976) aconsejan en el momento de la descripción del test lo siguiente[1]:

1. El examinador deberá atenerse exactamente a la prueba consignada.

2. Se realizará una lectura lenta y clara de la prueba.

3. Se demostrará una vez el desarrollo del movimiento.

4. Durante la demostración, se explicará la exacta realización de la prueba, evitando cualquier aclaración extra al efecto de no crear ningún tipo de interacción entre examinador y examinando.

5. La motivación creada por los diferentes examinadores debe ser homogénea en este sentido, conviene valerse de implicaciones objetivas para potenciar el esfuerzo personal del ejecutante.

2.3. LA FIABILIDAD

El término fiabilidad se define como «la probabilidad de que una pieza, dispositivo, circuito hidráulico, eléctrico o electrónico, o un equipo completo, pueda ser utilizado sin que falle durante un período de tiempo determinado, en unas condiciones operacionales dadas; magnitud que caracteriza a la seguridad de funcionamiento del aparato dispositivo, en condiciones previamente fijadas; medida de la probabilidad de un funcionamiento según unas determinadas normas». «-Sicol. Calidad de un test, prueba, etc., para proporcionar resultados fiables.», «Sicol. En psicometría[2], la fiabilidad de un test se valora por la coherencia de los resultados obtenidos en dos aplicaciones de la misma prueba o mediante la aplicación de dos formas equivalentes de la prueba a los mismos individuos. En el primer caso, se comprueba la estabilidad de los resultados durante un período correspondiente al lapso de tiempo transcurrido entre ambas aplicaciones, mediante un método llamado a test-retest. En el segundo, se comprueba que las dos formas equivalentes midan lo mismo. Estas dos formas pueden estar constituidas por dos mitades del mismo test, oponiendo, por ejemplo, las preguntas pares a las impares. También pueden estar constituidas por formas paralelas, aplicadas una a continuación de la otra» (GEL, 1991). Aquí se amplía el concepto de fiabilidad, indicando que éste ha de contemplar tres aspectos importantes:

1°. Calidad del material utilizado. Será un factor limitante, en la medida en que pueda incurrir el fallo o desviación en su trabajo. Por ejemplo, si utilizamos un cronómetro con un medidor de tiempo en una prueba de velocidad en 30 m, podría ocurrir que el botón pulsador encargado de accionar y detener su funcionamiento actuara incorrectamente, de modo que según la inclinación de la presión sobre el mismo, provocara un mayor o menor tiempo en su accionamiento o parada.

De una forma general, el término fiabilidad es aplicado a elementos materiales para caracterizar la permanencia de los mismos.[3] Para valorar la fiabilidad de un material, es necesario conocer el índice del fallo λ resultado de dividir el número de fallos constatados (n) por el producto del número de elementos comprobados (N) y el tiempo que dura la prueba expresada en horas (h).

$$\lambda = \frac{n}{Nh}$$

A esta expresión estadística de la constancia de los resultados tras un test motor Harre la denomina (S/f) autenticidad, afirmando que: «...con la estabilidad de la constancia no se expresa la misma altura, longitud, tiempo, o calificación de un test, sino la constancia relativa de la persona con un nivel, dentro del grupo testado».

2°. Las técnicas y la metodología empleada. Representan una condición fundamental a la hora de potenciar la fiabilidad de una determinada prueba. Esto implica cualquier tipo de conducta externa o interna sobre el sujeto que va a ser medido, desde la posición inicial, durante un final de una prueba, hasta el modo de comunicación hacia él, previo o durante la ejecución. La fiabilidad tras una aplicación utilizando el método test-retest puede verse afectada simplemente porque se le ha permitido cambiar la posición inicial en pruebas diferentes.

Por otra parte, es necesario añadir que el hecho de insistir en la repetición de una prueba puede desembocar en un entrenamiento, facilitando un aprendizaje; en este caso, la fiabilidad de dicha prueba podría verse afectada. Por ejemplo, un circuito de agilidad como es el utilizado para las pruebas de selección de algunos INEFs, tras varios días de práctica, el resultado en su ejecución puede mejorar espectacularmente respecto al resultado de su marca originaria; y no precisamente por un igualmente espectacular aumento de la agilidad del sujeto, sino simplemente porque se ha producido un aprendizaje a nivel mental o de recorrido espacial del circuito.

3°. Tiempo de fiabilidad de la prueba. Como una magnitud que expresa hasta cuándo se puede repetir una prueba obteniendo los mismos resultados.

En este caso, es necesario tener en cuenta los períodos de reposo necesarios tras la ruptura de la homeostasis[4] provocada por la ejecución del test. Dependiente de la cualidad a medir estará la relación de reposo del sujeto. Una prueba de esfuerzo de fuerza necesitará más reposo para la ejecución de su retest que una prueba de flexibilidad.

Lamb (1989) recoge como elemento primordial del test la reproducción de la medida. Para garantizar este concepto, calculó el coeficiente de variación de los resultados, concretándolos de la siguiente forma:

«El coeficiente de variación expresa la variación dentro de un grupo de números (los resultados de los test que se han repetido) como porcentaje del promedio (media) de esos números. Si la variación de las medidas es solamente del 2-3% del valor promedio, entonces el procedimiento de medidas tiene una reproducción notable (casi increíble). Una variación de 5-10% del valor promedio es más común, y la variación mayor de 15-20% sugiere que es necesario obtener una reproducción mejor».

2.4. LA VALIDEZ

De forma generalizada, se dice que la validez de una prueba indica el grado en que ésta mide lo que debe medir.

El término validez se define como «Sicol. dif. Cualidad de un test o prueba que mide realmente lo que se propone medir». «Encicl. Sicol. dif. Para comprobar si un test es válido se puede examinar el contenido de las preguntas que lo componen. Así, por ejemplo, en los tests de conocimientos, hay que asegurarse de que las preguntas planteadas correspondan al programa que quiere comprobarse. Puede también estudiarse la correlación del test con variables consideradas como constitutivas de otras medidas de lo que el test pretende medir, o bien recurriendo a las mismas cualidades y capacidades...» (GEL, 1991).

Se puede proponer establecer la correlación entre el test de salto vertical (prueba de detente) y el éxito de bloqueos en voleibol. Es posible y razonable definir una red de variables al efecto de concretar la variable hipotética de medir el test o prueba. En este caso, el análisis habría que realizarlo atendiendo a las posibles relaciones entre el test y las variables de la red.

Volviendo al ejemplo anterior, podemos estudiar la relación existente entre salto vertical y otras variables relacionadas con la variable principal, como podría ser la masa muscular del tren inferior, de coordinación en el salto, altura del sujeto, etc.

Para Bosco (1994), «el éxito y el valor de un test depende en gran manera de la estandarización, de tal modo que debe dar la posibilidad de ser utilizado por cualquier persona (lógicamente debe ser un experto), y en cualquier situación». Este autor afirma además que en el momento de decidirnos por una prueba contamos con el convencimiento de que ésta es la mejor ocasión y, por lo tanto, tiene la mayor validez para medir la cualidad funcional que queremos medir.[5]

Grosser y Starischka (1988) presentan esta validez de contenidos con la prueba de suspensión en flexión, válida para informar de la fuerza estática local de los flexores braquiales. Así, hablan de la validez referida a los criterios: «Se calcula como *validez empírica interna*, al correlacionar los valores de la prueba con los valores de otras pruebas reconocidas ya como válidas (prueba paralela, valores de criterio). Por ejemplo: diagnóstico de fuerza rápida: prueba de salto triple de longitud, brincos a la pata coja de longitud (cfr. Mening, 1975). La validez empírica externa se determina por la correlación con un criterio exterior (p.ej. resultado de una competición, valor en puntos, nota deportiva, valor de fortaleza fisiológica, etc.)».

Woodburn y Boschini (1992) hacen referencia a la aportación de Tomas y Nelson (1985), sobre la validez predictiva, la cual estaría relacionada con la correspondencia existente entre los resultados de una prueba y un criterio concreto previsto de antemano, es decir, serviría para saber si el resultado de una medición puede predecir un comportamiento o una situación en el futuro.[6]

2.5. OTROS CRITERIOS

Pero existen otros criterios de calidad a tener en cuenta en el momento de la selección de pruebas o tests de aptitud física. Para Grosser y Starischka (1988), las pruebas seleccionadas deben ser económicas, normalizadas, comparables y útiles.

Una prueba es económica si:

- Se puede ejecutar en un tiempo breve.
- Se realiza con poco material o aparatos sencillos.
- Su descripción y demostración es fácilmente realizable.
- Se puede aplicar a grupos de sujetos.
- Es fácilmente analizable y evaluable.

Una prueba es normalizada si:

- Se puede utilizar cada valor obtenido como referencia.
- Sus resultados son especificados según parámetros de edad, sexo, nivel de rendimiento, etc.
- Su evaluación se realiza sobre la base de análisis estadísticos de una masa de datos como promedio, desviación estándar o tabla de puntuaciones existentes.

El criterio de comparabilidad[7] permite relacionar los valores resultantes de un determinado tests con otras soluciones obtenidas de pruebas análogas y validez semejante.

La utilidad de una prueba es el principal móvil detonante para su elección, ya que su resultado debe aportar información relevante de su análisis, y su evaluación permitirá tomar decisiones o establecer medidas correctoras, de aliciente o motivación.

MacDougall (1993) añade un componente más a la hora de realizar la selección de los tests. Este elemento es la pertinencia, afirmando que los parámetros evaluados con los tests deben ser apropiados a la especialidad deportiva de un sujeto. Fundamenta su afirmación en que es necesario medir las variables de fuerza potencia, máximo consumo de oxígeno, flexibilidad, masa muscular, etc., así como su efecto sobre el rendimiento. Por ejemplo, la evaluación de la capacidad aeróbica de un sujeto es pertinente sólo en aquellos deportes en los que el rendimiento depende del proceso aeróbico.

NOTAS

[1] Estos autores ejemplifican una comunicación a un grupo de alumnos, en un intento homogéneo de lograr el máximo esfuerzo de los mismo. Examinador: «haremos algunos tests para determinar la medida de condiciones básicas importantes de la capacidad motriz (v. g. la fuerza). Las performances se reflejarán, entre otras cosas, en las calificaciones. Por eso pido que se esfuercen al máximo y traten de obtener el mejor resultado posible».

[2] Parte de la psicología aplicada a la medida y elaboración matemática y estadística de los datos psicológicos se realiza por medio de tests de tipo cuantitativo como, por ejemplo, la medida de la inteligencia, las preferencias vocacionales, la memoria, la información cultural, etc.

[3] Al referirse a un material, los facultativos llaman fiabilidad al Tiempo Medio de Buen Funcionamiento (TMBF).

[4] Homeostasia. «Condición que expresa el equilibrio fisiológico entre los diferentes procesos químicos y físicos que tienen lugar en el organismo». Diccionario de medicina Marín, (1986).

[5] Por ejemplo, Heyward (1996) a la hora de seleccionar una prueba afirmaba que «la validez de las pruebas consistentes en subir y bajar de un banco para valorar la preparación cardiorrespiratoria depende, en alto grado, de la medición precisa del ritmo del corazón, y su validez generalmente es algo menor que la validez de las carreras de resistencia».

[6] Por ejemplo, estaría directamente relacionado con la afirmación de Heinrichs (1990), citado por Woodburn y Boschini (1992) según el cual la utilidad de una prueba depende de los beneficios reales que proporciona al usarse.

[7] Liener, citado por Fetz y Kornexl (1976), incluía igualmente además de los criterios principales (objetividad, fiabilidad y validez) dos criterios secundarios de calidad de prueba, la utilidad, y la comparabilidad, este último como cualidad de confrontar pruebas de forma paralela para comparar tests de validez similar.

3 | JUSTIFICACIONES PARA LA APLICACIÓN DE PRUEBAS DE APTITUD FÍSICA

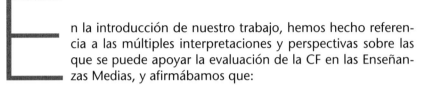

En la introducción de nuestro trabajo, hemos hecho referencia a las múltiples interpretaciones y perspectivas sobre las que se puede apoyar la evaluación de la CF en las Enseñanzas Medias, y afirmábamos que:

«La puesta en práctica de pruebas de aptitud física, como medio para obtener una información de la capacidad y estado físico de los individuos es, en la actualidad, conocida por todos; sin embargo, no sabemos hasta qué punto son utilizadas por los docentes en las clases de educación física y, mucho menos, por quiénes es compartida la idoneidad de su utilización».

No es nuestra pretensión discernir entre la afirmación o negación de la utilización de pruebas motoras, como elemento que ha de estar integrado o no dentro del proyecto curricular de EF, según el grado de escepticismo de los miembros de un determinado departamento.

Hay conflictos que son inherentes a cualquier tipo de actividad. En este caso, la crisis, por llamarla de alguna manera, que de forma generalizada se plantea entre los especialistas que promueven la utilización de pruebas de carácter físico y sus detractores afecta más al colectivo de los educadores. Parece claro que en el campo del entrenamiento deportivo su utilización está más que justificada; sin embargo, en el terreno de la EF sí existen discrepancias, que creemos están más relacionadas con la duda, razonablemente planteada, al cuestionarse la verdadera utilidad de las marcas registradas.[1]

En este sentido, nuestra aportación debe ser discreta, describiendo algunas experiencias y razones que puedan evidenciar su aprovechamiento. Tal vez, esto pueda tener alguna repercusión directa o indirecta, pero en ningún modo nuestra intención es abrumadora.

JUSTIFICACIONES PARA LA
APLICACIÓN DE PRUEBAS
DE APTITUD FÍSICA

Quizás la primera apreciación que debemos realizar al hablar de la utilización de tests motores debe ser precisar, mediante un adjetivo, la forma de llevarlo a cabo. Porque no siempre se utilizan las pruebas motoras correctamente, de aquí podría emanar una idea que justificará una acepción negativa.

Son muchos los autores que coinciden en afirmar que el utilizar correctamente los tests de aptitud física permite determinar las capacidades más desarrolladas de un sujeto. Posteriormente, esta información se puede utilizar para tomar decisiones sobre la práctica de determinados deportes.

«Ninguna medición objetiva, realizada sobre individuos en reposo, revela su capacidad para el trabajo físico o su potencia aeróbica máxima. Un cuestionario puede revelar una información más útil de las que se obtiene mediante medidas efectuadas en reposo. Una baja frecuencia cardíaca en reposo, un gran tamaño del corazón o parámetros similares pueden indicar una alta potencia aeróbica, pero representar, por otra parte, un síntoma de enfermedad» (Astrand y Kaare, 1991).

La idea general del párrafo que nos precede justifica, mediante un razonamiento fisiológico, que si realmente deseamos conocer el estado de forma de un individuo y su capacidad de trabajo, debe ser mediante pruebas físicas que permitan alterar la homeostasis del sujeto para, a partir de ahí, comenzar a obtener información.

Los resultados finales del estudio realizado recientemente en la provincia de Buenos Aires (Argentina), por el Instituto Bonaerense del Deporte (1995) para evaluar el estado actual de aptitud física de una muestra de niños de entre diez y dieciocho años, exponen en su presentación:

«... es una experiencia piloto que permite a corto plazo sistematizar la evaluación de la aptitud física en todo el ámbito provincial. Demostrando que ello puede hacerse con rigor científico y el consenso de todos los profesionales de la educación física y el deporte».

Los integrantes de este estudio están convencidos del sentido de su trabajo, y más adelante afirman:

«... se normalizarán los tests que más se adecuen a la realidad provincial y que permitan sucesivos controles por un periodo de tiempo no inferior a los cinco años».

En el Informe final del Proyecto Antropométrico sobre los Torneos Juveniles Bonaerenses (Barbieri, Papini y col., 1995), se divulgan los resultados de la final provincial, supervisado por 23 técnicos en evaluaciones y expone en su presentación que la evaluación de la aptitud física, a través del biotipo de la muestra, informa de potencialidades o de déficit en los jóvenes deportistas y de características propias de las determinadas zonas de una geografía.

Por otra parte añade:

«Como toda investigación en este campo, la interpretación y aplicación de sus resultados, aparte de profesores, técnicos y médicos especialistas, permite a los deportistas evaluados la toma de conciencia del nivel de condición física, ayuda a aumentar su motivación para mejorar la forma y, consecuentemente, la autoestima».

Según estos autores, todo este conjunto de información inédita y específica de la zona podría ser utilizada para mejorar los niveles de condición física individuales y generales, y en la toma de medidas de salud individual y sanitarias.

MacDougall (1993) expone que el fin principal de los tests es suministrar información práctica para programar el entrenamiento que se ajuste más adecuadamente a cada sujeto. Afirma, además, que la evaluación de la condición física del individuo resulta adecuada si indica los puntos débiles y fuertes del deportista; a partir de aquí, la programación para mejorar las cualidades física debe ser correcta.

Para Vila (1993), la evaluación de la condición física debería ser una práctica común, realizada a través de cuestionarios o tests submáximos de campo, y con el propósito de:

1°. Informar y orientar.

2°. Mejorar la CF.

3°. Motivar.

4°. Promover la práctica de ejercicio físico.

5°. Actualizar la información.

6°. Formar especialistas en evaluación.

En realidad, se trata de conseguir que el adolescente demande el realizar la actividad física. Ya en 1932, Claparede, en el campo de la pedagogía, explicaba algunas bases sobre las carencias educacionales de los adolescentes, algunas de las cuales están vigentes en la actualidad. Atendiendo a alguna de ellas, la alegación con la que iniciamos el presente párrafo podría quedar explicada bajo la ley de la necesidad,[2] según la cual:

«Toda necesidad tiende a provocar las reacciones apropiadas para satisfacerla».

Creemos que los fracasos metodológicos ocasionales, que genera la aplicación de pruebas de aptitud física, están relacionados, en parte, con la anterior afirmación. Aquí adquiere relevancia el concepto de test pedagógico[3], el cual justificaría su utilización al crear en el niño una necesidad que, enfocada correctamente con los programas curriculares, provocaría reacciones apropiadas para satisfacerla y desembocaría en la mejora de sus resultados.

En realidad, el interés del alumno por una determinada cosa o por realizar una determinada actividad, en un momento dado, obedece a una necesidad, y es lo que de verdad le importa. Si el joven dispone de una gama amplia de pruebas a elegir, y puede escoger entre aquellas en las que le favorezcan buenos resultados, y eliminar de la misma manera otras que le causan miedo, desventaja, o simplemente el estrés indeseable, probablemente su conducta será más positiva, más abierta y se creará una necesidad basada en el interés aparecido por la posibilidad de destacar, aunque sólo sea, por lo menos, y para algunos, en alguna disciplina.

Siguiendo el párrafo anterior, habría que añadir que durante el tiempo que dure la motivación, el alumno pensará en la próxima evaluación. La duración de este interés es imprevisible, por lo cual la actuación del docente debe ser indiscutible. La psicología moderna propone técnicas basadas en el condicionamiento operante entre estas estrategias de intervención, y creemos que podrían ser efectivos los programas de reforzamiento.

Buceta (1998) clasifica estos programas según el momento y la forma de refuerzo realizado, presentando la siguiente distribución:

Programa de razón fija: Cuando se aplica un refuerzo (por ejemplo un "bien", "eso es") cada vez que se produce una conducta o un objetivo determinado. Podría realizarse, cada vez que un alumno realiza una repetición correcta de flexiones de brazos en barra fija. Si el reforzamiento tuviera lugar, por ejemplo, cada tres repeticiones, se estaría aplicando un refuerzo intermitente de "razón fija -3".

Programa de razón variable: El reforzamiento se aplicaría inmediatamente después de que se produzca la conducta u objetivo un número-promedio de veces. Se podría utilizar cuando la consecución del objetivo es muy continuado o repetitivo; por ejemplo, en una prueba abdominal de un minuto de duración, el refuerzo se podría realizar cada (2-6-5-3) emisiones; en este caso se estaría utilizando un programa de "razón variable – 4".

Programa de intervalo fijo: En este caso, se produce el reforzamiento cuando se consigue un objetivo parcial por primera vez, después de un intervalo de tiempo fijo determinado. Se puede utilizar en las pruebas de resistencia cardiovascular, donde la motivación en modo de refuerzo como ("otra más", "muy bien") cada un tiempo o número de metros determinados, puede resultar determinante para determinados alumnos desmotivados.

Programa de intervalo variable: Aquí el reforzamiento se produce cuando se cumple el objetivo por primera vez después de un intervalo de tiempo-promedio determinado. En este caso, el refuerzo utilizado, por ejemplo durante una carrera de 12 m, puede realizarse variando la duración cada intervalo.

En definitiva, el tests pedagógico debe favorecer la práctica de actividad física y promover el siguiente control, utilizando todos los medios que existan al alcance. No se debe confundir con el tests científico, cuyo único objetivo es obtener un resultado lo más válido posible, aislando al máximo todos los factores que puedan influir en su resultado. Esto último es mucho más fiable; sin embargo, no responde a la realidad, y como tal, sirve muy poco para corregir o dirigir el programa de trabajo propuesto.

Un interés mantenido durante el tiempo suficiente es uno de los requisitos indispensables para lograr la adherencia a cualquier tipo de actividad física; a su vez, aparecerá la necesidad de anticipación a algo que ya conoce consiguiendo que a partir de ahora la conducta hacia las pruebas probablemente sea diferente y el alumno necesite conocer cómo y qué hacer para mejorar su rendimiento la próxima vez. Es decir, se forja la necesidad de elaborar un programa apoyado en los resultados anteriores.

Pero esta fuente de motivación sustentada por el interés momentáneo de la autocompetición puede derrumbarse si el planteamiento curricular no permite la suficiente continuidad. Por esta razón creemos que los tests, una vez elegidos, no se deben cambiar, al menos, a lo largo del mismo año. Hay autores que promueven su realización con una frecuencia de tres veces en el mismo curso, al efecto de mantener la motivación del alumno durante todo el período escolar.[4]

Sin embargo, en contrapartida, es necesario también aquí poner de manifiesto que existen otros estudiosos críticos a la utilización de tests de CF como sistema evaluador de la EF.

López Pastor (2000) recoge algunas críticas realizadas por varios autores sobre la utilización de estos sistemas de evaluación; entre ellos podemos encontrar a Devís y Peiró (1992), Seefeldt y Vogel (1989), Arnold (1991), Blázquez (1994). Casi todos coinciden en que los tests de aptitud física:

- No manifiestan el conocimiento o aprendizajes obtenidos durante un período de tiempo escolar (año, ciclo, o etapa).

- El diagnóstico que revelan no coincide generalmente con la información que necesita el profesor para actuar sobre el proyecto de las clases.

- Fomentan el espíritu competitivo.

- Confunden la capacidad medida con las potencialidades o capacidades reales del sujeto testsado.

- A través de su resultado se pretende globalizar una calificación. Esto hace que se preste más atención al resultado que al proceso de aprendizaje.

- La utilización de tests fomenta más la comparación entre sujetos que la toma de partida individualizada de un individuo para comprobar su posterior mejora.

Cada día es mayor la evidencia de que la falta de ejercicio provoca trastornos de salud, tanto en el crecimiento y desarrollo del adolescente como en la maduración posterior.

Guisado[5] (1997) ha recopilado un listado de los principales beneficios potenciales sobre la salud de la práctica de actividad física regular. En este punto, hemos creído conveniente incluir estas precisiones, ya que aportan calidad al tema que tratamos.

Beneficios:

1°. Disminución importante del riesgo de padecer una enfermedad de las arterias del corazón, cardiopatía coronaria y, por tanto, de sufrir un infarto de miocardio.

2°. Protección contra el riesgo de tener la tensión arterial elevada (hipertensión).

3°. Prevención y control del exceso de peso o la obesidad, y en el mantenimiento del peso adecuado.

4°. Regulación del nivel de colesterol, triglicéridos y otras grasas de la sangre, especialmente incrementando la fracción de colesterol (saludable) y disminuyendo la cantidad de triglicéridos. El resultado es una protección contra la arteriosclerosis.

5°. Protección contra el riesgo de padecer una diabetes de adulto o de tipo II, no insulino-dependiente, con niveles elevados de azúcar en sangre.

6°. Reducción del riesgo de padecer osteoporosis (disminución del contenido mineral del hueso con riesgo de fracturas y otras complicaciones).

7°. Disminución del riesgo de padecer un cáncer de colon, y posiblemente otros tipos de cáncer.

8°. Prevención y control del dolor de espalda.

9°. Mejora de las funciones intelectuales, del estado emocional y de la capacidad de relación social.

10°. Mayor sensación de bienestar y reducción de la ansiedad, el estrés, los trastornos del sueño y la depresión.

11°. Mejora de la función y la estructura del aparato locomotor, que permite a las personas desplazarse, relacionarse con su medio y mantener su autonomía.

12°. Menores pérdidas funcionales y más lentas, como consecuencia del envejecimiento.

Si partimos de la base de que existe una relación entre el estado de forma física de una persona y su salud, el propósito de nuestro esfuerzo estará dirigirlo a la mayor motivación que permita la práctica regular de actividad física escolar y extraescolar.

Situados aquí, cabría preguntarse: ¿qué mejor justificación que la salud puede avalar la proyección, sobre la práctica de actividad física, que infunde la realización de pruebas de aptitud física?, ¿cuál es la razón por la que el alumno no debe acostumbrarse a medirse a sí mismo?, ¿por qué ha de convertirse en una epopeya el momento extraordinario en que el sujeto se someta un prueba, cuando en realidad podría formar parte de su propia iniciativa?

Algunas críticas, que siempre serían bien recibidas, podrían argumentar que la propuesta de ofrecer un "menú" de pruebas influiría en un aumento de trabajo adicional derivado de la valoración de tan amplio número de prácticas; sin embargo, hay que decir que hoy día está más que superado con la existencia de nuevas tecnologías que ofrecen programas informáticos[6] que minimizan el esfuerzo del docente en la fase más ardua: el tratamiento de marcas registradas.

Pero no sólo es necesario conocer los aspectos físicos relevantes que intervienen. La psicología moderna considera que existen variables psicológicas que pueden afectar al rendimiento físico o deportivo. Según Buceta (1998), todo profesor debe conocer las principales características de la relación de estas variables con el rendimiento, al objeto de analizar la problemática psicológica dependiente, y potenciar o modificar correctamente la situación de estas variables en beneficio del máximo rendimiento del alumno. Para este mismo autor, las principales variables que intervienen en la mejora del rendimiento físico deportivo son la motivación, el estrés, la autoconfianza, el nivel de actuación y la atención.

La motivación, referida al grado de interés que un sujeto tiene por una determinada actividad y las consecuencias que son generadas de su práctica; a corto, medio, o largo plazo, la motivación que pueda generar la realización de una o varias pruebas se puede considerar como la responsable del seguimiento que pueda hacer un alumno del programa didáctico escolar y /o extraescolar al efecto de mejorar el rendimiento en los próximos tests.

El estrés, como resultado de interpretar algo, que puede provocar la realización de forma obligatoria de una determinada prueba o tests, como potencialmente amenazante. Esta variable puede afectar al alumno, provocando situaciones de ansiedad, hostilidad, estado de ánimo depresivo, miedo, etc. El resultado será pérdida de atención y autoconfianza, y si la situación persiste, agresividad.

Por otro lado, el término estrés está íntimamente vinculado a la adaptación al esfuerzo, provocando una tensión general en el organismo a modo de excitante, que permite una adaptación más rápida a los esfuerzos realizados, y pueden reflejarse en las PAF (Platanov, 1991).

La autoconfianza se refiere a la seguridad que un alumno puede tener en su capacidad de decisión, reacción y estado de forma para realizar una actividad física. Dependiendo del grado de autoconfianza, el alumno se sentirá, en mayor o menor medida, motivado o estresado para la ejecución de la prueba y el entrenamiento posterior.

El nivel de activación es para Buceta (1998) una respuesta fisiológica y cognitiva, determinada por la motivación o el estrés. Este autor, refiriéndose a las características y efectos del nivel de activación, explica que:

«Cuando está presente la motivación, predominan pensamientos, creencias y actitudes caracterizadas por el interés, el deseo y el reto por los objetivos deportivos o sus consecuencias, o relacionados con el placer y la satisfacción de realizar la actividad; pero en presencia del estrés, la activación cognitiva[7] se relaciona con la incertidumbre de la situación, el miedo al fracaso por sus consecuencias, el temor a la evaluación social, la disconformidad con lo que está ocurriendo, etc., según sea el tipo de manifestación de estrés que esté presente (ansiedad, hostilidad, depresión, etc)».

Aunque esta variable está más en consonancia con la actividad mental, relacionada con la toma de decisiones en la actividad deportiva, en determinadas ocasiones puede estar presente en acciones físicas muy simples pero extremadamente complejas si el joven las interpreta como tales.

La atención está muy estrechamente relacionada con la toma de decisión y afecta en gran manera a la ejecución de una prueba. No en vano, de la atención prestada en el momento de la información de la prueba se obtendría un resultado. Asimismo, de la capacidad de mantener la atención y concentración durante la prueba, se concluirá con un resultado u otro. Se trata, en definitiva, de interpretar las demandas de una situación y actuar en base a ellas.

Esta variable está conectada con el nivel de activación; cuanto mayor sea éste, más atención se prestará a la prueba que se ejecuta, ya sea durante las prácticas en clases o en pruebas de control.

Por otra parte, el diseño educativo existente, y que persiste en su distribución horaria desde hace muchos años, no permite una correcta aplicación de los principios básicos en los que se sustenta cualquier mejora física. Por ejemplo, el principio de continuidad, apoyado en la adaptación al esfuerzo, necesitaría al menos la disposición de tres días semanales de clases de EF. Sólo a un nivel teórico muy precario se puede hacer entender este concepto a los escolares, siguiendo la estructura actual de horas lectivas.

«Las manifestaciones de la adaptación en el deporte son múltiples. Durante el entrenamiento, hay que amoldarse a cargas físicas de distintas tendencias, de coordinación, intensidad y duración complejas y utilizar un gran arsenal de ejercicios encaminados a educar las cualidades físicas, perfeccionar la maestría técnica y táctica y las funciones psíquicas»[8].

Por otra parte, la EF no contempla en ninguno de sus objetivos, y en modo alguno tampoco es una de sus finalidades, el entrenamiento de los alumnos; sin embargo, sí existen consideraciones que deben tenerse en cuenta, y que pueden repercutir tanto a favor como en contra a la hora de programar y seleccionar pruebas para la evaluación.

Año (1997) propone una lista de riesgos y ventajas del entrenamiento con niños y adolescentes. Hacemos referencia, sin detenernos en cada uno de ellos, a este listado, debido a la relación que existe entre el entrenamiento y la competición, es decir, al programa que puede seguir un alumno, en actividades extraescolares, para obtener un rendimiento posterior en las pruebas o tests de aptitud física realizadas en el centro educativo, y sobre lo cual debemos tener en cuenta lo siguiente.

Ventajas del entrenamiento con jóvenes y niños:

• Produce un mayor nivel de actividad infantil.
• Produce un aumento generalizado del movimiento coordinado.
• Sienta las bases para el aprendizaje y el rendimiento posterior.
• Expansiona las posibilidades motoras.
• Permite al niño y al adolescente formarse una imagen deportiva general y de su deporte en particular.
• Permite una mejor adaptación a la competición.
• Aumenta el crecimiento.
• Puede corregir defectos físicos que pudieran existir.
• Permite una integración progresiva en la sociedad.
• Aumenta el nivel de responsabilidad social.
• Supone un aprendizaje en el éxito o fracaso deportivo y social.
• Potencia la creación y regularización de hábitos.
• Contribuye a desarrollar el placer por el movimiento.

- Anula las limitaciones del sedentarismo.
- Sirve de estímulo para la higiene y la salud.

Riesgos del entrenamiento con jóvenes y niños:

- Sobrecarga.
- Defectos físicos derivados de la práctica deportiva.
- Cambios en el metabolismo.
- La práctica del entrenamiento es fácilmente manipulable.
- Múltiples abandonos entre quienes comienzan muy pronto.
- Desadaptación social.
- Exceso de sistemas autoritarios.
- Excesiva repetición y empleo de métodos analíticos.
- Utilización excesiva de refuerzo.
- Limitación del desarrollo posterior y anulación de otros campos de acción.
- Aumento de la agresividad infantil.
- Exceso de responsabilidad.

Quizás una característica determinante estará definida por el carácter autotélico del test, es decir, se hace indispensable contar con que el test debe tener prioritariamente utilidad en sí mismo.

En este sentido, el joven debe relacionar el beneficio de estas prácticas con algo natural o propio; sería recomendable disponer de tests dirigidos hacia zonas concretas del cuerpo, y de los grupos musculares más importantes en adolescentes. A partir de doce años, son los formados por abdomen-espalda y pecho-hombros, quedando en un segundo plano los músculos de las piernas y brazos. Igualmente, para cada ámbito de aplicación y deportes practicados por el sujeto, los grupos musculares más importantes están definidos, lo cual debemos utilizar como fuente de motivación para la transferencia de mejora; por ejemplo, un alumno que juega al fútbol preferiría realizar pruebas que le midan la capacidad en los músculos más implicados y que intervienen en mayor medida para su transferencia a una mejora deportiva, que en este caso correspondería a la musculatura de las piernas, abdomen y espalda sobre otras (Grosser y Müller, 1992).

JUSTIFICACIONES PARA LA
APLICACIÓN DE PRUEBAS
DE APTITUD FÍSICA

Del mismo modo, el conocimiento del rendimiento va a proporcionar una motivación especial en todos aquellos casos en los cuales los alumnos encuentren resultados inmediatos y transferibles. Así, una prueba de salto horizontal es obviamente medible por el alumno en cualquier espacio y tiempo, ya sea en período escolar o extraescolar; por otro lado, esta mejora es muy reforzante, debido a la trasferencia positiva que el beneficio puede tener en su posterior rendimiento deportivo (voleibol, baloncesto, balonmano, etc.); sin embargo, una prueba de dinamometría manual, independientemente de su validez científica, no es fácilmente entendible por el alumno. Por un lado, hasta el día de la prueba, el adolescente no conoce su marca, ya que él no dispone de este instrumental y, por otro, sólo muy de lejos puede vislumbrar alguna transferencia positiva hacia actividades deportivas que le interesen. En estas circunstancias, las posibilidades de un incremento de ejercicio físico se verían seriamente afectadas.

A estas alturas, y con la información que poseemos, no nos queda más remedio que expresar nuestro convencimiento de que no existen los tests pedagógicos como tales; sino que tendrán esta característica en función del servicio que hagan y del efecto que produzcan. La utilidad de un determinado test, que justifique su aplicabilidad a cualquier sexo o edad, estará determinada por el efecto posterior que provoque en los ejecutantes y que, de alguna manera, contribuya al reforzamiento de la práctica de actividad física, obteniéndose resultados directos o indirectos que reviertan en una mejora de la salud y sus relaciones afectivo-sociales.

NOTAS

[1] Estas dudas quedan una vez más de manifiesto en el artículo de un profesor de Educación Física, donde plantea su incertidumbre tras utilizar los tests de aptitud física de la batería Eurofit. Al proceder a su valoración añade: «Desde mi punto de vista considero adecuadas estas pruebas para que el propio alumno sea consciente de sus límites, así como de su evolución en las capacidades físicas. Sin embargo, considero un error poner un sobresaliente a aquel que llegue al nivel 11 de la course-navette y suspender a quien no llegue al 5, por ejemplo. Aunque el alumno no es responsable de sus capacidades genéticas, sin embargo, en el resto de las asignaturas sí se valora la agilidad mental o la memoria, igualmente creadas a partir de las características genéticas». No sin razón, este profesor plantea varios interrogantes, una prueba más de la dificultad del tema que tratamos, y continúa: «¿Deberíamos poner más nota al alumno que más fuerza tenga o más corra? ¿Debemos medir únicamente la evolución de cada alumno?, ¿No debemos utilizar estas pruebas para calificar? ¿Qué opináis?». Ortega Díez, (2000).

[2] *La educación funcional* (1932). También se refiere este autor a otros estudiosos, profundizando en las razones de la necesidad; donde el filósofo Pfuger, escribía en 1877 «... la causa de toda necesidad de un ser viviente es, al mismo tiempo, la causa de la satisfacción de esta necesidad». Y el biólogo Nageli, que decía: «la necesidad actúa como un excitante».

[3] Se sustenta en la base de que éstos están adaptados a la edad escolar y su utilización no está supeditada a la simple recogida de información, que posteriormente será analizada y valorada, sino que ha de servir de referencia para generar una motivación en el alumno, sobre la causa que provoca el efecto de los resultados conseguidos. Telama (1982); Otañez (1988); Grosser y Müller (1992); Vila (1993); Harris (1998); Cale (1998).

[4] Según Díaz Otañez, *Evaluación y Estadística aplicada a la Educación Física y el Entrenamiento* (1988), la periodicidad de los tests debe ser aquella que permita pasar las pruebas a los alumnos tres veces al año, para poder evaluar la evolución del rendimiento de los mismos.

[5] Define salud como «el nivel más elevado de bienestar físico, mental y social, así como la capacidad de funcionamiento, que permiten los factores sociales en los individuos y la comunidad se hallan inmersos». La OMS propone dos objetivos en su ambicioso programa para mejorar la salud «salud para todos en el año 2.000». Lanzando el lema «añadir vida a los años» y «añadir salud a la vida». «*Actividad física, condición física y salud: conceptos y criterios generales*». Guisado. Salud, Deporte y Educación - ICEPSS (1997).

JUSTIFICACIONES PARA LA
APLICACIÓN DE PRUEBAS
DE APTITUD FÍSICA

⁶ Por citar algunos ejemplos: *La Evaluación informatizada de la Educación Física de la E.S.O.* Martínez López (2000); *Evaluación en centros docentes y deportivos,* Calzada (1995).

⁷ En este sentido, el nivel de activación puede influir, a su vez, en los aspectos centrales del rendimiento; por un lado, en el funcionamiento mental, afectando en la toma de decisiones y, por otro, en la ejecución motora, incidiendo en variables relacionadas con el funcionamiento físico, como la tensión muscular o la coordinación. Buceta (1998).

⁸ En sentido general, la adaptación se entiende como la capacidad de un ser vivo a acostumbrarse o a amoldarse a las condiciones del medio ambiente. El fenómeno de adaptación, en la actividad física, debe entenderse como un proceso, durante el cual una persona se adaptará a factores internos y externos (pelota, campo, raqueta etc.), y como un resultado desencadenante de unas acciones. En este sentido, se hace preciso, promover una práctica extraescolar continua, que pueda motivar al alumno, y hacerle comprender no sólo en la teoría, sino en la práctica, que parte de la adaptación para obtener su mejora en el rendimiento se produce como consecuencia de su continuidad en el trabajo; y cómo no, es importante saber y hacer saber al alumno que cualquier nivel de competición, ya sea individual o colectiva, exige no sólo la continuidad y progresividad de las cargas físicas, sino también condiciones extremas de competición, que determinarán la formación de las reacciones de adaptación. Platanov (1991).

4 | EVOLUCIÓN DE LAS PRUEBAS DE APTITUD FÍSICA

Sólo con la intención de situarnos espacial y temporalmente en la evolución de la actividad física y su entorno, realizaremos este sencillo repaso histórico, centrándonos en los períodos en los que, de una manera u otra, se ha participado de una actividad física más intensa. Incluiremos, además, algunos estudios contemporáneos encaminados al análisis de resultados físicos y antropométricos en adolescentes, que creemos significativos, ya que, en buena parte, han sido la fuente de inspiración de este estudio.

En el último cuarto del siglo xx, se acrecentan en diversos países de Europa los estudios relacionados con la valoración antropométrica y de la aptitud física en grandes masas de jóvenes estudiantes.

La Educación Física será el medio ideal para acometer tales estudios, y a través de sus horarios se realizarían la mayor parte de las investigaciones.

En 1980, Farrally, Watkins y Ewing concluyeron un experimento realizado para valorar la condición física de los escolares escoceses de 13,15 y 17 años de edad. Nunca hasta esta fecha se hizo un estudio de este tipo en esta zona.

El experimento se llevó a cabo de 1978 a 1980 y su principal objetivo fue obtener información real que favoreciera futuros estudios y permitiera compararlos posteriormente con los ensayos realizados en otros países.

Las consideraciones principales al realizar este estudio fueron:

- Los tests se desarrollarían en la escuela.
- El tiempo del tests no excedería de 30 minutos por sujeto.

- Los aparatos utilizados deberían ser simples y relativamente baratos, ya que se suponía que serían las propias escuelas quienes realizarían las pruebas dentro de los programas.
- Sólo se necesitaría una habitación para el desarrollo de los tests. La intención era no interrumpir el desarrollo de los programas de Educación Física con agentes externos.
- Todos los tests deberían ser válidos, fiables y objetivos.
- Realizaron las siguientes mediciones antropométricas:

  Altura de pie.

  Altura sentado.

  Peso.

  Anchura ósea.

  Circunferencia muscular.

Para seleccionar los aspectos de la CF que querían medir, se inclinaron por la siguiente clasificación:

Fuerza.

Flexibilidad.

Resistencia (general y muscular).

Para la selección de pruebas decidieron escoger entre los tests reconocidos hasta el momento como válidos, ya que la opción de validar sus propios tests se presentaba como una alternativa que se prolongaría en el tiempo.

Se decidió medir la fuerza estática de brazos, manos, piernas, y la fuerza explosiva de las piernas. Se utilizaron las siguientes pruebas:

- Fuerza de agarre.[1]
- Fuerza de extensión del codo.
- Fuerza de extensión de la rodilla.
- Salto de longitud desde parado (sólo piernas), con las manos tras la espalda.
- Flexibilidad.
- Prueba de flexibilidad de tronco adelante - *sit and reach,* en versión de Wells y Dillon[2] (1952).

Ficha del alumno en Libro de Escolaridad para estudios de bachillerato (1947). La línea n° 8 se reserva para anotar los valores obtenidos tras la dinamometría de la mano derecha e izquierda. Cedida por Serafín Redecillas Romero.

- Resistencia.
- Asi mismo, se consideró importante evaluar la resistencia muscular general isotónica en las tres áreas del cuerpo (brazos, tronco y piernas) con los siguientes tests:
  1. Flexión de tronco (abdominales con manos cruzadas tras el cuello).
  2. Flexión de brazos con barra (cargando 12,73 kg).
  3. Squat de piernas con barra (cargando sobre los hombros 26,36 kg).
  4. Para valorar la resistencia general se eligió la prueba PWC 170 con bicicleta ergométrica.

En 1979, el CSD presenta los resultados de dos estudios, uno realizado sobre una muestra de 6.000 alumnos de 2ª etapa de EGB y otro sobre 2.500 jóvenes de edades correspondientes a estudios de Instituto.

Estos estudios se realizaron entre los años 1978-1979 y 1976-1977 respectivamente, y entre los objetivos principales de esta evaluación destacaban:[3]

- Conocer si se consiguen los objetivos deseados.
- Detectar las actitudes de los alumnos.
- Orientar y aconsejar a los alumnos en función de las aptitudes detectadas.
- Contribuir al mejoramiento de las actitudes y aptitudes de los alumnos.
- Reorientar las lecciones y las unidades didácticas en función de los resultados.

Para la valoración de la aptitud física, se contó con la aplicación delos siguientes tests:

- Abdominales en 1 min.
- Flexibilidad profunda del cuerpo.
- 50 m (velocidad).
- Lanzamiento de balón medicinal (3 kg).
- 1.000 m (resistencia).

En la aplicación de esta batería, no existen diferencias en la aplicación de ninguna prueba por edad o sexo.

- Las medidas antropométricas tomadas son:

Talla de pie.

Talla sentado.

Peso.

Envergadura.

Simon y col. (1982) continuaron un estudio realizado en 1968, a partir del cual querían elaborar una batería de tests de habilidad motora para los chicos y chicas de Bélgica, comprendidos entre los 12 y 19 años.

El principal objetivo era seleccionar una batería de tests para medir las cualidades motoras de una forma eficiente y fiable. Pensaron, además, que la elección de pruebas debía realizarse sobre aquellas que tuvieran demostrados sus resultados en sujetos de entre 12 y 18 años, ya que la respuesta, respecto a sujetos adultos, puede ser diferente.

En la primera parte del trabajo, se creyó necesario hacer un estudio preparatorio antes de comentar un estudio longitudinal para la selección de pruebas que habían de formar la batería de tests.

El propósito de este estudio era:

1.° Comprobar la consistencia de un gran número de tests con referencia a los diferentes grupos de edad.

2.° Identificar, por medio del análisis de factores[4] basado en un gran número de tests, los componentes básicos de la habilidad motora en cada grupo de edad.

3.° Seleccionar, sobre la base de los resultados de los varios análisis de factores, el test que mejor mide las diferentes cualidades básicas y, en base a esto, crear una batería de tests.

En una segunda fase del estudio seleccionaron, atendiendo a los ocho factores, 24 tests. Eligieron una muestra de 402 jóvenes de 12 a 19 años y administraron hasta un total de 24 tests a todos los sujetos, repitiendo su ejecución a los mismos individuos una semana después.

La consistencia de los diferentes tests se calculó mediante el coeficiente de correlación de Pearson, encontrando, tras la fase de análisis, resultados relativos a fiabilidad de cada prueba realizada.

Para la selección de tests que formarían la batería final se eligió un test por cada factor.[5]

En 1982, el Consejo de Europa para el Comité del Desarrollo del Deporte publicó un documento realizado por Telama y col., quienes realizaron un estudio para confeccionar una batería de condición motora en las escuelas finlandesas. En este sentido, se tuvo en cuenta:

La condición motora de los alumnos

Las habilidades motrices de los alumnos.

Como pilar de comienzo, se adaptaron baterías de tests internacionales a la situación de las escuelas finlandesas. Elaboraron un manual de pruebas para las escuelas y se estudió la correlación de factores personales y ambientales que podían afectar a la realización de las pruebas.

Por otra parte, estudiaron las habilidades motoras en la educación física escolar y su interrelación entre la condición motora, habilidades motoras y la composición corporal. En todos los casos, se tuvo una especial atención al considerar las pruebas o tests desde el punto de vista pedagógico.[6]

Para llevar a cabo la selección de los tests de condición motora, dedicaron atención especial a la validez de los tests y a la exactitud en sus mediciones, procurando eliminar errores aleatorios y sistemáticos,[7] convergiendo en mediciones objetivas. Además, estas mediciones debían ser adecuadas para el grupo de edad al que eran destinadas, de forma que discriminen a la población de diferentes niveles de edad.

Para Telama y col. (1982) las mediciones deben ser convenientes, lo cual implica que el test debe ser:

- Económico. Sin suponer un gasto importante para su realización, utilizándose el equipamiento existente en las escuelas.
- Debe expresar resultados de forma simple.
- Pedagógico. Debe motivar a los alumnos.
- Debe ser apropiado para realizar comprobaciones en el ámbito grupal.
- Su ejecución se debe realizar en un breve espacio de tiempo.
- No debe aumentar demasiado el trabajo extra del profesorado.
- El tests debe adaptarse a las diferentes etapas de los alumnos y a sus diferentes tipologías.

Para la confección de la batería, siguieron las indicaciones del Comité Internacional para la Estandarización de los Tests de CF, según el trabajo de Larson (1974). Eligiendo las siguientes pruebas:

- Carrera de distancia.

  1.500 m. Para niñas de más de 12 años.

  2.000 m. Para niños de más de 12 años.
- Abdominales en 30 seg (sit ups).
- Flexión en barra. Para niños de más de 12 años.
- 50 m esprint.
- Carrera de velocidad.
- Fuerza de agarre manual.[8]
- Salto de longitud desde parados.[9]

- Flexión de tronco adelante (sentado).

En el apartado de habilidades y capacidades motoras, eligieron los siguientes tests:

- Coordinación rítmica.
- Velocidad de piernas (con salto hacia adelante y hacia atrás).
- Velocidad de brazo (tests de Poyet).
- Coordinación completa.
- Equilibrio dinámico (en barra).
- Equilibrio estático.
- Cinco saltos desde parado.
- Regate en baloncesto.
- Pases de voleibol.
- Gimnasia de aparatos.
- Esquí de fondo.
- Patinaje.
- Natación.

Boa de Jesús presentó en 1982 un estudio realizado sobre los escolares adolescentes de Portugal. Su propósito era medir la condición física de los jóvenes portugueses de ambos sexos, de entre 13 y 18 años sobre una muestra de 6.700 sujetos.

Para la selección de los tests de condición física se basaron, sobre todo, en los estudios más recientes de aquella época, México, 1968 y Suiza, 1971. El Comité formado en esta última conferencia era de una representación tan importante que decidieron adoptar las pruebas establecidas por éste, además de seleccionar varias técnicas de comprobación utilizadas en la AAHPER[10].

Las pruebas seleccionadas para este fin fueron:

- Tests de 50 m esprint (sólo un intento).
- Salto de longitud desde parados (el mejor de dos intentos).
- Resistencia. Con distancias de 600 m para menores de 12 años, 800 m para niñas mayores de 12 años y 1.000 m para niños mayores de 12 años.

- Fuerza de agarre con dinamómetro manual (mejor de 2 intentos).
- Flexión en barra.
- Flexión en barra mantenida para niñas y niños menores de 12 años.
- Tests de agilidad de 4 × 10 m.
- Tests de abdominales en 30 seg (sit-up).
- Prueba de fexibilidad (sit and reach).

En este estudio realizado en todo el país se llevó un proceso de datos sencillo, obteniendo sólo valores promedios y de desviación estándar.

En Macolin, Suiza, a través de la Escuela Federal de Gimnasia y Deporte, se realizó un estudio para conocer el estado de aptitud física de sujetos adolescentes. Freudiger presentó los resultados en 1982 tras haber seleccionado las siguientes pruebas:

- Fuerza de tronco.
- Flexión de tronco adelante sin ayuda.
- Flexión de tronco adelante con la ayuda de un compañero.
- Fuerza de piernas.
- Salto de altura desde parados.
- Salto de longitud.
- Fuerza de brazos.
- Flexión de brazos en barra.
- Velocidad.
- 50 m esprint.
- Carrera de velocidad (4 × 10 m).
- Resistencia:

Carrera de 12 min (en exterior).

Carrera de 12 min (en interior).

Tests de paso de 5 min. (con altura de banco de 45 cm).

Carrera de 2.000 m en niños.

Carrera de 1.200 m en niñas.

En 1995, el Instituto Bonaerense del Deporte dirigió un programa de evaluación, diagnóstico e investigación de la aptitud física y la salud en la provincia de Buenos Aires.

Sus principales objetivos eran:

1.° Conocer el nivel de aptitud física de los jóvenes de esta provincia de entre 10 y 18 años.

2.° Disponer de más datos reales y actualizados al objeto de mejorar la planificación del área de EF.

3.° Elaborar tablas de parámetros orgánicos-funcionales, al efecto de poder comparar los resultados en el ámbito regional y nacional.

4.° Establecer un punto de partida a través del cual se pudieran realizar estudios y seguimientos de las necesidades del alumno desde el punto de vista de la aptitud física.

Para llevar a cabo el programa se seleccionaron los siguientes tests de aptitud física:[11]

- Flexión de tronco (para medir la flexibilidad del tronco).
- Extensión de brazos en 30 seg (para medir la fuerza resistencia de brazos).
- Abdominales en 30 seg (para medir la fuerza resistencia de los músculos abdominales).
- Salto horizontal (para determinar la potencia de piernas).
- Velocidad 10×15 m (para medir la velocidad de desplazamiento y la agilidad).
- Carrera de resistencia (para medir la potencia aeróbica máxima). Recorriendo 600 m los niños de 10 a 12 años, y 1.000 m los de 13 a 18 años.

No hubo diferenciación en la selección de los tests, ni en su ejecución, según parámetros de sexo, edad, talla o peso, excepto en la prueba de resistencia. Sólo se tuvieron en cuenta las características de edad y sexo, realizándose análisis estadísticos teniendo en cuenta la media aritmética de los resultados de cada prueba, el desvío y los percentiles (1-10-25-50-75-90-95).

Una de las principales finalidades, desde sus inicios, era realizar una selección y normalizar unos resultados que se correspondieran con la realidad provincial, que se pudieran realizar controles futuros, comparativos y que, además, tuvieran una validez no inferior a 5 años.

En este mismo país, y por segundo año consecutivo, se realizó, en 1995, un proyecto antropométrico coincidiendo con los Torneos Juveniles Bonaerenses del mismo año. La finalidad principal era realizar una evaluación de la aptitud física a través del biotipo de la muestra, que permitiera, a nivel colectivo, revelar las características físicas principales de los jóvenes a estas edades y, a nivel individual, conocer los déficit de los sujetos o su potencial especifico hacia determinados deportes.

- En la primera parte del proyecto, se realizaron las siguientes mediciones:

  Peso corporal.

  Talla de pie.

  Talla sentado.

- En base a estas mediciones, se realizaron los siguientes cálculos:

  Longitud de miembros inferiores.

  Índice de masa corporal.

- En la segunda parte se añadieron las mediciones de:

  Pliegues cutáneos.

  Diámetros óseos.

  Perímetros musculares.

- Y se realizaron los siguientes cálculos:

  Índice córmico.[12]

  Somatotipo.[13]

  Distribución de grasa.[14]

  Fraccionamiento de cuatro masas[15].

Uno de los estudios más recientes de nuestro país, relacionado con la evaluación en el área de educación física, es el llevado a cabo por el INCE[16], el cual, en el período de entre 1994-1997, realizó sus primeras actividades de evaluación de la Educación Física, atendiendo a un total de 145 centros y valorando a 3.756 alumnos. Uno de los objetivos de este estudio era conocer la condición física de los alumnos de 12 años. Los datos se obtuvieron en unos casos a partir de pruebas tomadas de la batería Eurofit y, en otros, a través de las propuestas hechas por los asesores técnicos de esta materia en el Centro de Desarrollo Curricular del MEC.

Las pruebas administradas a los alumnos fueron:

- Mediciones antropométricas:

  Estatura.

  Peso.

  Panículos adiposos.

- Condición física:

  Velocidad segmentaria. Golpeo de placas.

  Agilidad. Carrera de tacos (4 × 9 m).

  Fuerza estática. Dinamometría manual.

  Flexibilidad: Flexión profunda del tronco.

  Velocidad de reacción. Recogida de vara o bastón de Galton.

  Resistencia cardiorrespiratoria. Course navette.

- Habilidad perceptivo-motriz:

  Habilidad coordinativa. Slalom con bote de balón.

  Habilidad de recepción. Recepción de objetos móviles.

Por otra parte, las principales investigaciones relacionadas con la valoración funcional y antropométrica de los sujetos escolares en España se han realizado en el ámbito territorial de varias Comunidades Autónomas. Estas investigaciones presentan un carácter más ambicioso que las relacionadas anteriormente, ya que los autores han extremado en su metodología las medidas necesarias para imprimir un carácter más científico a sus resultados, garantizando los criterios básicos de calidad de las medidas y pruebas realizadas.

De forma generalizada se han utilizado los protocolos del Comité del Consejo de Europa para el Desarrollo de la EF a través de la batería Eurofit. Nos referimos a estudios realizados por Prat en Cataluña (1989); García Manso en Canarias (1992); Sainz Varona en Euskadi (1996); Rivas en Galicia (1990); y sobre todo, al realizado por Linares en la sociedad andaluza (1992), el cual tomaremos como referencia y, en ocasiones, como punto de partida para analizar aspectos de nuestra investigación, sobre todo en lo relativo a la selección de tests motores y comparación de resultados de pruebas físicas y medidas antropométricas.

Como resumen general, queremos añadir que, en el último cuarto del siglo xx, han sido muchos los autores que han investigado con detenimiento la aplicación de pruebas física, sus efectos biomecánicos y fisiológicos, lográndose importantes avances en este campo (Bosco, Fox, Astrand).

Langlade (1970) comparte los períodos históricos establecidos tradicionalmente, señalados por Borrad, Cozens y Hagman; según los mismos, las etapas de medición en la EF siguen el siguiente esquema:

Período antropométrico 1860-1880.

Período de medición de fuerza 1880-1915.

Período de medición de las capacidades cardio-funcionales 1900-1925.

Período de medición de habilidades atléticas 1904 en adelante.

Período de creación de baterías de tests o índices 1920 en adelante.

Sainz Varona (1996) coincide básicamente con el esquema anterior, pero aludiendo a otros tres periodos:

Período de medidas sociales 1920 en adelante.

Período de tests de conocimiento 1940 en adelante.

Período de tests de condición física 1940 en adelante.

En definitiva, no sería hasta mediados del siglo xix cuando se puede afirmar que comienza a existir una base científica en la valoración de las capacidades físicas,[17] siendo la década de 1930 el período de más amplio desarrollo en el avance de la Evaluación en la EF.

NOTAS

[1] A mediados de siglo, esta prueba ya estaba recogida en la ficha física del alumno que incluía el libro de calificación escolar para los estudios de bachillerato adoptados por el Ministerio de Educación Nacional. En la citada ficha física del alumno, además de recoger la dinamometría de mano derecha e izquierda, solicitaba resultados de capacidad pulmonar, visión, audición y presión sanguínea.

[2] Se evaluó el incremento en la distancia entre el apéndice espinoso de la cuarta vértebra lumbar y la séptima vértebra cervical, cuando el sujeto cambiaba la posición de pie erguido a una posición completamente flexionada.

[3] Además, se requería más información que pudiera dar respuesta a los objetivos propuestos. En base esto, se obtuvieron datos sobre: tests de habilidad deportiva, asistencia de los alumnos a clase, participación de los alumnos en clase, actitud de los alumnos en relación con grupo y el entorno.

[4] El análisis de factores se realizó en base a la clasificación realizada por Fleishman, el cual identificaba ocho cualidades básicas: Fuerza dinámica, Fuerza estática, Fuerza explosiva, Equilibrio corporal general, Equilibrio visual, Velocidad de cambio de dirección, Velocidad de movimiento de miembro. Posteriormente, este autor añadió una cualidad más, introduciendo la Resistencia cardiovascular.

[5] Según esta experiencia, se consideró, que se podía medir la misma dimensión en chicos y chicas con los mismos tests. Sólo se hizo alguna excepción, como la utilización de la prueba de salto vertical y salto horizontal desde parados como medida de la fuerza explosiva en chicos y chicas respectivamente, aunque con la posibilidad de poder ser sustituida, en caso necesario, por la prueba de salto vertical en chicas.

[6] Para los autores de este estudio, el test pedagógico se ajustará preferentemente a la validez de contenido y a la validez de construcción; esto es, debe saberse hasta qué punto el test es representativo de los diferentes parámetros de la condición física que se han establecido como objetivos de la enseñanza, y cuáles son los factores en los que consisten las actuaciones examinadoras.

[7] Se utilizaron varios enfoques, debido a la ambigüedad del concepto de validez, atendiendo a la validez predictiva, validez concurrente, validez de contenido y validez en la construcción o elaboración de las pruebas.

[8] Para eliminar al máximo las variaciones de medición, debido a problemas mecánicos, se utilizó para la ejecución de esta prueba un único instrumento.

[9] Ésta es la única prueba que se realizó contra las recomendaciones del Comité, realizándose desde una colchoneta y no desde el suelo.

[10] Asociación Americana para la Salud, la Educación Física y la Recreación. A primeros de los años sesenta, este organismo propone una batería al objeto de evaluar los factores o cualidades siguientes: tracciones, para evaluar la fuerza de brazos y cintura escapular; abdominales con piernas flexionadas; carrera de ida y vuelta; salto de longitud con salida en parado; carrera de velocidad de 50 yardas para medir la velocidad; y carrera de 600 yardas con el objetivo de evaluar la resistencia aeróbica.

[11] La batería que formaron estos tests la denominaron Programa de Evaluación, Diagnóstico e Investigación de la Aptitud Física y la Salud (PEDIFS).

[12] El índice córmico o esquelético es la relación establecida entre la medición de la talla de pie y la talla en posición de sentado en un mismo sujeto. Observando este cociente, se pueden realizar las clasificaciones de Bradicórmicos (tronco corto), Metricórmicos (tronco medio) y Macrocórmicos (tronco largo).

[13] En este estudio, el somatotipo es expresado en gráficos por edades y sobre la actividad deportiva del sujeto. La representación se realiza atendiendo a las categorías de Sheldon (endomorfía, mesomorfía y ectomorfía).

[14] Este resultado permite conocer la distribución de grasa en diferentes zonas del cuerpo, realizándose a estos efectos sobre tres regiones región superior, región media y región inferior.

[15] El cálculo de fraccionamiento de cuatro masas incluye los valores de promedio de masa grasa, muscular osea y residual, expresados todos ellos en porcentaje.

[16] Instituto Nacional de Calidad y Evaluación. http:// www.ince.mec.es/ef/ef04.htm.

[17] A partir de la década de 1930, aparece una nueva concepción bajo el nombre de «Medidas y Evaluación en Educación Física», en la que se integrarían los planes de formación profesional en la Educación Física y en el entrenamiento deportivo, de la mayoría de los institutos y escuelas del mundo. Prólogo de *Evaluación y estadísticas aplicadas a la Educación Física y el deporte*. Langlade (1970).

5 | PRUEBAS DE APTITUD FÍSICA

5.1. INTRODUCCIÓN

El Decreto 106/1992, por el que se establecen las enseñanzas correspondientes a la Educación Secundaria Obligatoria en Andalucía, y en su currículum del área de EF, señala como primer objetivo:

«Conocer y valorar su cuerpo y contribuir a mejorar sus cualidades físicas básicas y sus posibilidades de coordinación y control motor».

En esta misma disposición, se pretende concretar el referente al qué enseñar, con el objeto de alcanzar la consecución de cada objetivo a través del establecimiento de unos bloques diferenciados de contenidos. En este sentido, el currículum de EF define dos unidades concretas directamente relacionadas con el objetivo señalado anteriormente:

Bloque de contenido n° 1: Condición física.

Bloque de contenido n° 2: Cualidades motrices.

De una forma general, la CF se entiende como el conjunto de cualidades anatómicas, fisiológicas y motoras que tiene un individuo y que le permiten realizar esfuerzos físicos.

Aunque existen multitud de clasificaciones de los componentes que estructuran la CF –Monteiro y Goncalves (1994); Grosser y Starischa (1998); García Manso y col. (1996); Legido y col. (1995); Garth y col. (1996); Heyward (1996)–, en nuestro estudio, hemos realizado una clasificación sencilla atendiendo a las cualidades físicas que de forma general son consideradas, por la mayoría de los autores, como básicas.

Cualidades físicas básicas:

- Resistencia.
- Fuerza.

- Velocidad.
- Flexibilidad.

Respecto a la valoración de este bloque de contenido, el Decreto 106 expresa lo siguiente:

«Los alumnos valorarán sus propios progresos determinando los niveles de condición física a través de la aplicación compartida e individualizada de pruebas funcionales y tests motores. Ello les informará sobre sus posibilidades y sus limitaciones, lo que redundará en una mayor capacidad para prevenir accidentes».

El bloque de cualidades motrices pretende consolidar y perfeccionar las capacidades de coordinación y equilibrio, así como habilidades complejas realizando actividades de agilidad. El propósito de estas adquisiciones es, según la anterior disposición, consolidar los hábitos estables por la práctica del ejercicio físico y la mejora cualitativa del movimiento. Por tanto, la clasificación sobre la que hemos decidido trabajar es la siguiente:

Cualidades motrices:

- Agilidad.
- Coordinación.
- Equilibrio.

A partir del trabajo de estas cualidades, el currículum de EF propone un criterio de evaluación relacionado con el desarrollo de las capacidades físicas. El cual exponemos a continuación:

«Deberá valorarse el nivel de desarrollo logrado en las competencias físicas básicas, considerando en qué medida han evolucionado las más elementales, no tanto desde un punto de vista cuantitativo –incremento de fuerza, de velocidad– como desde un punto de vista cualitativo: precisión, flexibilidad, adecuación al objetivo, etc.

La apreciación del desarrollo logrado no debe hacerse teniendo como referencia los valores más normales en su grupo de edad sino el nivel de partida de cada alumno y alumna en las distintas competencias. Se tendrá cuidado de que la valoración no resulte discriminatoria en razón de factores como el sexo o determinadas características físicas o psíquicas que puedan condicionar el ejercicio».

A continuación se expone un estudio de las pruebas físicas que pueden medir el nivel o la capacidad del individuo respecto a cada cualidad física básica y motriz según la anterior clasificación. Este análisis pormenorizado de cada test nos ha servido de fundamentación teórica para avanzar en las siguientes fases de nuestra investigación.

5.2. LA RESISTENCIA

5.2.1.CONSIDERACIONES PRELIMINARES

La Resistencia expresa, en gran medida, el nivel o grado de CF de un individuo por esta razón, de entre las cualidades físicas de carácter básico, susceptibles de evaluación, haremos una mención especial a esta cualidad.

Creemos que será necesario realizar un breve repaso a los aspectos más importantes relacionados con la resistencia, ya que de una manera u otra, van a intervenir en los procesos de evaluación.

Para Zintl (1991) la Resistencia es «la capacidad de resistir psíquica y físicamente una carga durante un largo tiempo, produciéndose finalmente un cansancio (= pérdida de rendimiento) insuperable (manifiesto) debido a la intensidad y la duración de la misma».

Son múltiples las clasificaciones que se han realizado de la resistencia, y los criterios utilizados han sido numerosos (volumen de musculatura implicada, duración del esfuerzo, relación con otras capacidades físicas, etc.); sin embargo, la agrupación más extendida viene expresada por la vía energética utilizada durante el esfuerzo, desprendiéndose, a partir de aquí, la resistencia aeróbica y anaeróbica.

Cuando comienza la ejecución de un ejercicio se ponen en funcionamiento, de una forma automática, los mecanismos metabólicos, liberándose energía de los depósitos de ATP y fosfocreatina. Si el tiempo de duración del ejercicio es un poco mayor, a partir de 10-15 seg, la demanda de energía será satisfecha por energía glucolítica que también es del tipo anaeróbico; a partir de aquí, la energía suministrada proviene, en relación progresiva y creciente, del sistema aeróbico.

De forma general, se puede decir que los ejercicios que suponen un esfuerzo de hasta dos minutos se agrupan dentro del tipo anaeróbico, debido a que se utiliza durante este período de tiempo un sistema de energía de corta duración e inmediata.

Si utilizamos un test para valorar rendimientos de tipo anaeróbico, es necesario disociar si el tipo de esfuerzo se alimenta a través de un sistema energético que necesita oxígeno (lactácido) o, por el contrario, la producción de energía necesaria se puede suministrar, debido a su brevedad, sin la necesidad de oxígeno (alactácida).

Atendiendo al párrafo anterior, añadiremos que en el primer caso nos referimos a tests de capacidad anaeróbica lactácida o resistencia anaeróbica, y éstos deben tener una duración de entre unos 60 y 90 segundos. El segundo caso se refiere a tests de capacidad anaeróbica alactácida o de potencia anaeróbica; aquí la duración de la prueba ha de estar entre 10 y 15 seg, al objeto de recibir el suministro energético, en su mayor parte, de los fosfágenos.

Según Álvarez del Villar (1987) varios estudios realizados por los alemanes, con atletas de elite, demuestran que el máximo esfuerzo anaeróbico se obtiene en la carrera sobre 500 m.

Por otra parte, el grado de potencia aeróbica máxima (MPA) está relacionado con la capacidad de los sistemas respiratorio, circulatorio y metabólico del individuo.

«... se ha observado que los valores calculados de demanda de oxígeno para correr durante 12 minutos excedían ligeramente de los valores de la (MPA) funcional, medidos en la cinta rodante, mientras que el cálculo de demanda de oxígeno para correr durante 20 minutos era inferior a los valores medios de la (MPA). Esto indicó que solamente en carreras de una duración de 12 a 20 minutos, los sujetos adoptan un ritmo que refleja su capacidad aeróbica de trabajo»[1].

Hollmam y Hettinger (1980) citados por Zintl (1991), realizan una subdivisión de la resistencia aeróbica y anaeróbica en función del tiempo de duración del esfuerzo.

Resistencia aeróbica de corta duración (3-10 min).

Resistencia aeróbica de duración mediana (10-30 min).

Resistencia aeróbica de duración larga (más de 30 min).

Resistencia anaeróbica de duración corta (10-20 seg).

Resistencia anaeróbica de duración mediana (20-60 seg).

Resistencia anaeróbica de duración larga (60-120 seg).

Para Norber Auste (1994), la resistencia aeróbica dinámica general,[2] forma el pilar más importante de la CF.

Los alumnos comentan a menudo que «correr es de cobardes». Esta ironía viene referida, en gran medida, a la justificación ante el cansancio como síntoma inmediato tras realizar el trabajo de resistencia aeróbica, y en su sistema de entrenamiento más común, la carrera.

Se debe entender el cansancio como fenómeno complementario al entrenamiento, pero que se acusa y prolonga con el aumento de la duración e intensidad del entrenamiento, ya sea local o general[3].

5.2.2. CONSIDERACIONES DE LOS TESTS CARDIOVASCULARES

Sólo en términos generales, expondremos a continuación algunas apreciaciones que ha de llevar implícita toda prueba cardiovascular, incidiendo, además, en el aspecto de que la necesidad de cooperación del ejecutante para realizar un esfuerzo de carácter máximo, es imprescindible en las pruebas cardiovasculares; en este sentido, a través de nuestra información, debemos motivar a los alumnos al efecto de obtener unos resultados fiables.

Todo test cardiovascular[4] debe implicar lo siguiente:

- El esfuerzo debe ser prolongado en el tiempo.
- En el ejercicio deben participar grandes masas musculares.
- No deben existir dificultades técnicas que interrumpan o aminoren el desarrollo del esfuerzo para que la cantidad de trabajo determinada puede ser realizada.

Los grupos elegidos para realizar conjuntamente un test deben estar diferenciados, de forma que tengan un rendimiento homogéneo (por edades, sexo, y/o peso, etc.).

Como norma general para las pruebas de resistencia cardiovascular, coincidimos con la mayoría de los autores, y se tomará siempre la frecuencia cardíaca del sujeto durante un período de 15 seg,[5] posteriormente se multiplicará este resultado por cuatro para establecer la relación pulsaciones/minuto.

La ejecución de la prueba comenzará al producirse la señal acústica, momento en el que el cronómetro se pone en marcha.

5.2.3 FRECUENCIA CARDÍACA

Un aspecto a destacar que siempre se cuestiona el profesional de EF es determinar el nivel adecuado de intensidad en las clases. No existe una forma ideal para estipular qué intensidad se adapta mejor a cada uno de nuestros alumnos, pero se ha demostrado que en programas de resistencia, un punto de partida y que es aplicable a la mayor parte de los deportistas consiste en trabajar a un nivel suficiente para elevar la frecuencia cardíaca a un valor situado entre el 85 y el 90% del nivel máximo.[6] Teniendo esto en cuenta, un alumno de 16 años con una frecuencia cardíaca máxima de 200 latidos/min puede ejercitarse a un máximo de 170 pulsaciones/min, que se obtiene como resultante de trabajar a un 85% del nivel máximo del alumno.

A la hora de utilizar la frecuencia cardíaca (FC), como dato para realizar una estimación de valoración sobre una prueba, es importante saber que existe una variabilidad en el resultado, ya sea utilizando el método manual o electrónico. Pollock, Broida y Kendrick (1972), citados por Heyward (1996), presentan una correlación que oscila entre el 0,91 y 0,94 en las mediciones de frecuencia cardíaca manuales y electrónicas respectivamente.

Asimismo, en el estudio de Slater-Hammel y Butler, mencionado por Litwin y col. (1984) se encontraron errores en la toma de pulsaciones manuales mediante palpitación digital. En reposo, se podía llegar a una variabilidad de entre -12 y 14, y se alcanzaban errores, tras un período de 2 min. de reposo posesfuerzo, de entre -33 y 36.

Frecuencia cardíaca durante el ejercicio

Los departamentos de EF no disponen en la actualidad de instrumental para tomar de forma eficiente, el pulso durante el ejercicio a todo un grupo de alumnos; pero si cada uno de ellos obtiene una lectura inmediata tras la ejecución del ejercicio y en intervalos de 6 a 10 seg, podemos obtener un indicador razonable de lo que era la FC durante el período de actividad. Siempre teniendo en cuenta que se multipliquen los latidos en el caso de 6 seg. por diez y en el caso de 10 seg por seis, para convertir la FC en latidos/min.

Por otra parte, desde hace mucho tiempo se ha establecido que los individuos que poseen una considerable resistencia suelen tener un ritmo cardíaco lento en reposo. El entrenamiento habitual permitirá al alumno lograr un cierto volumen cardíaco en reposo, del mismo modo que durante el trabajo, con una FC lenta y un gran volumen sistólico, lo cual mejora la economía del músculo cardíaco en lo referente al requerimiento de energía y de oxígeno.

Frecuencia cardíaca en reposo

Registrar la FC en reposo del alumno es tan importante como su comprobación durante el ejercicio y la recuperación, ya que éstos suministran un medio de evaluar el programa de entrenamiento especial y el progreso durante todo el curso al mismo tiempo.

Para realizar el control de pulsaciones en reposo, el alumno debe contar el número de latidos que siente en 15 seg y multiplicar esa cifra por cuatro, para obtener una estimación precisa de la FC en latidos/minuto. De forma general, se establece un período de dos minutos previo a la prueba y tomas en los 15 seg de los minutos 1, 2, 3 y 4 subsiguientes al esfuerzo.

Después de un período de entrenamiento, la FC de reposo (específicamente tomada antes de levantarse de la cama por la mañana) debería disminuir durante la temporada; si esto no ocurre o si el pulso aumenta de forma repentina desde un nivel anterior bajo, podemos pensar en la existencia de un problema médico o emocional del alumno.

En todo caso, debemos prestar especial atención al alumno con una frecuencia cardíaca poco común para determinar la causa. Además, es determinante vigilar la frecuencia cardíaca del alumno, sobre todo conocer los valores de FC máxima.

En algunas ocasiones, para llevar a cabo la valoración de un test cardiovacular, es necesario registrar la FC del sujeto en reposo. En este caso, el ejecutante deberá estar tumbado sobre un banco o colchoneta durante un período de entre 5 a 10 min. Se considera que la FC está estabilizada, y a este efecto podrá anotarse, cuando se haya tomado dostres veces durante un período de 15 seg, obteniéndose idénticos resultados. A partir de este momento se podrán calcular las pulsaciones/min.

Cuando es necesario tomar la FC en una determinada posición, se debe realizar tras un período de uno o dos minutos, al efecto de que se estabilicen las pulsaciones; además, se deben realizar varios registros y obtener un promedio que permita obtener mayor fiabilidad de resultado.

5.2.4. CONSUMO MÁXIMO DE OXÍGENO

Cualquier esfuerzo medianamente prolongado necesita un abastecimiento energético, tanto a nivel de musculatura esquelética como de sistema cardiovascular. La resistencia a un determinado trabajo requiere necesariamente un aporte de oxígeno[7] a nivel pulmonar y un intercambio cardiovascular enfocado al abastecimiento de oxígeno a todos los músculos del cuerpo.

A la medida, traducida en capacidad, de aportar oxígeno, transportarlo e intercambiarlo, a través del sistema cardiocirculatorio, durante un período de máximo esfuerzo, se le denomina máximo consumo de oxígeno ($\dot{V}O_{2\,\text{máx.}}$). También se puede definir como la mayor cantidad de oxígeno que un individuo puede utilizar durante un trabajo físico respirando aire atmosférico.

De una forma sencilla, el $\dot{V}O_2$ (consumo de oxígeno) es igual al volumen de oxígeno inspirado ($V_I O_2$) por minuto menos el volumen de oxígeno expirado ($V_E O_2$) por minuto. Esta medida puede ser expresada tanto en términos absolutos como relativos.[8]

$$\dot{V}O_2 = V_I O_2 - V_E O_2$$

Existen además, otros factores importantes para determinar la resistencia de un individuo. En este sentido, además de saber el $\dot{V}O_{2\,\text{máx.}}$ del sujeto, se necesita conocer el porcentaje de $\dot{V}O_{2\,\text{máx.}}$ del que se dispone durante un período de tiempo. Es decir, cuándo y cómo se produce el cambio energético principal entre las vías aeróbica y anaeróbica; es lo que se conoce por umbrales aeróbico y anaeróbico. Por ejemplo, el test de Conconi fue desarrollado con el objetivo de determinar, sin pruebas de sangre, el umbral anaeróbico teniendo en cuenta las variaciones de la FC del sujeto y en las que se pretendía conocer la capacidad aeróbica del individuo. Sobre la base de estos resultados, se podía ajustar la intensidad exacta dentro de un programa de entrenamiento de resistencia.

Estimación del Consumo Máximo de Oxígeno ($\dot{V}O_{2\,máx.}$)

De forma generalizada se considera que el nivel esencial de $\dot{V}O_{2\,máx.}$ determinará el límite del potencial de desarrollo, y que la intensidad y la duración del ejercicio intervienen en ese grado de progreso.[9]

Ruiz Pérez (1987) en su estudio sobre el desarrollo motor consigue una recopilación de autores que apoyan el trabajo de larga duración de resistencia cardiovascular en estas etapas. Si el alumno no posee ninguna alteración cardíaca ni enfermedad excluyente, no existe el riesgo de sobrecarga ni enfermedad, ya que los fenómenos adaptativos son similares a los adultos (Mandel,1984; Karpovich,1979; Corbin, 1980; Astrand,1977). Existen otros autores, como Dien, que indican que las prácticas de larga duración, en edades tempranas, deben estar reducidas a 9-10 min, para a partir de la pubertad ir aumentando progresivamente.

Es importante tener en cuenta que un niño presenta, especialmente a edades tempranas, valores de $\dot{V}O_{2\,máx.}$ relativamente inferiores a los del adulto. Existen diversas interpretaciones, por un lado un menor contenido relativo de hemoglobina circulante por la sangre (aproximadamente sólo el 80% de la circulante en el adulto), que supone una menor capacidad de fijación y de transporte por la sangre del O_2. También es posible que influya la edad del individuo; de hecho, al analizar valores de $\dot{V}O_{2\,máx.}$ en niños de edades distintas pero de idéntico peso corporal y dimensiones, se obtienen valores superiores en los grupos de mayor edad.

Actualmente se ha profundizado en estudios para conocer el $\dot{V}O_{2\,máx.}$ de un individuo, simplemente con la realización de pruebas de campo aplicables a grandes masas de sujetos, y a través de cálculos matemáticos conocer el estado de forma del testado. Más adelante veremos algunas de las ecuaciones que tienen como objeto estimar el $\dot{V}O_{2\,máx.}$ tras conocer el resultado de una determinada prueba física.

5.2.5. CAPACIDAD AERÓBICA

La capacidad aeróbica es la facultad del corazón y del sistema vascular para transportar cantidades adecuadas de oxígeno a los músculos que trabajan, permitiendo las actividades que implican a grandes masas musculares durante períodos prolongados de tiempo.

La capacidad aeróbica está directamente relacionada con el $\dot{V}O_{2\,máx}$ del individuo. Además es importante diferenciar su valoración en términos absolutos, que representa el total de oxígeno consumido en el cuerpo por minuto (número de litros por minuto), y en términos relativos, que representa el consumo de oxígeno requerido para mover un kilogramo de peso corporal por minuto (mililitros por minuto y por kilogramos de peso del individuo)[10].

5.2.6. CAPACIDAD VITAL

La Capacidad Vital es la cantidad máxima de aire que puede espirarse forzadamente desde los pulmones después de una inspiración máxima.

Aunque existen medios más o menos complejos para realizar la medición de las capacidades pulmonares, si bien se necesita algún material y mucho tiempo, cuando se trata de precisar esta medida en muchos alumnos.

Monod y Flandrois (1986) consideran la capacidad vital como uno de los datos básicos necesarios para realizar una evaluación biométrica en un individuo. Según estos autores:

«... existe una buena correlación entre la capacidad vital, por una parte, y la ventilación máxima[11] y el consumo de oxígeno, por otra, cuando se estudian las variables sobre una población cuya edad está comprendida ente 7 y 30 años. Sin embargo, la dispersión de los valores individuales no permite sentar unas conclusiones precisas por la única medida de la capacidad vital».

Garth y col. (1996) realizaron un estudio sobre las predicción de volúmenes y capacidades pulmonares, uno de los cuales se basa en la investigación de Baldwin, que intenta pronosticar la capacidad vital de un individuo a partir de ecuaciones de regresión.

A continuación se presenta una predicción de la capacidad vital del alumno/a, según la anterior ecuación.[12]

Hombres:

CV (ml) = [27,63 - (0,112 × edad)] × estatura (cm)

Mujeres:

Cv (ml) = [21,78 - (0,101 × edad)] × estatura (cm)

Por otra parte, hay que tener en cuenta que los resultados de las pruebas que requieren un esfuerzo integral y a veces prolongado, y que de una forma general están encaminados a medir la capacidad aeróbica, ya sea resistencia o potencia aeróbica máxima, están sujetos a una serie de factores; desde la aportación energética primaria (potencia anaeróbica), la técnica que precise el ejercicio (como pruebas de escalón), hasta la motivación; factor este último determinante para llegar a conseguir el esfuerzo máximo durante la prueba y que aportará, según el caso, mayor o menor fiabilidad en la valoración y estimación de los resultados.

5.2.7. PRUEBAS DE CARRERA

Incluiremos aquí, todas aquellas que creemos se ajustan, de una u otra forma, a las condiciones y necesidades que se requieren dentro de la Educación Secundaria.

1 TEST DE COOPER

Tiene como principal objetivo medir la capacidad máxima aeróbica de media duración.[13] Aunque esta prueba está catalogada como de medición aeróbica, es necesario destacar el sobreesfuerzo que realiza el sujeto, en los últimos metros o minutos, con el objeto de aumentar la distancia recorrida crea una situación aeróbico - anaeróbica.

Posición inicial: el sujeto deberá estar situado de pie tras la línea de salida.

Ejecución: a la señal del controlador, el deportista deberá recorrer sobre la pista o terreno medido para este fin el máximo número de metros durante un tiempo total de 12 min.

Se registrará el número de metros recorridos por el sujeto. Para que la prueba tenga validez, el alumno deberá permanecer en movimiento durante los 12 min de duración de la misma, aceptándose, si es necesario y por un excesivo agotamiento del individuo, períodos de andadura.

Según la distancia registrada en esta prueba, se puede determinar el $\dot{V}O_{2\,máx.}$ de un individuo, ya que éste está relacionado con el agotamiento que sufre el cuerpo tras someterse a un esfuerzo constante. Sobre la marca conseguida y atendiendo a las siguientes ecuaciones se puede obtener una estimación del máximo consumo de oxígeno del alumno.[14]

$\dot{V}O_2$ (ml/kg/min.) = metros recorridos × 0,02 - 54 (Howald)[15]

$\dot{V}O_2$ (ml/kg/min.) = 22.351× distancia (km.) - 11.288

$\dot{V}O_2$ (ml/kg/min.) = (0.2 × v) + 3.5 (Colegio Americano de Medicina Deportiva, 1986)

Aunque algunos de estos resultados no son adaptables según edades, al profesor le pueden servir como aproximación para realizar una estimación comparativa sobre el consumo máximo de O_2 de cada alumno.

Se le puede reprochar a esta prueba que los intervalos de valoración por distancias son demasiado amplios, de forma que en las tablas de referencias realizadas por distintos autores pueden existir desde 100 hasta 400 m, asignándoles el mismo rendimiento. Por otra parte, a partir de rendimientos de 2.800 m. no es posible establecer más grados de rendimiento sobre el $\dot{V}O_{2\,max}$ relativo.

La validez de esta prueba es muy relativa, ya que depende de factores externos que pueden influir directa o indirectamente en su valoración. Aun teniendo en cuenta la imprecisión tanto en su control (exactitud de la medida, ya sea manual o mecánica), como en factores emocionales que precipiten, en una u otra medida, la frecuencia cardíaca o la calidad del esfuerzo realizado. Esta valoración puede expresar una información global sobre el nivel de resistencia de un individuo.

Una vez concluida la prueba, se tomará el pulso del ejecutante, con un control durante 10 seg; posteriormente, multiplicamos el dato obtenido por seis para establecer la relación pulsaciones/min.

Se ha comprobado que la resistencia cardiovascular influye en el tiempo de recuperación tras un esfuerzo.[16] En este sentido, el registro de las pulsaciones durante el tiempo de recuperación nos informará indirectamente el grado de resistencia del testado.

La instalación necesaria para poder llevar a cabo el test será un campo de deportes al aire libre, en su defecto, terreno medible, siendo el suelo duro y llano. Se requerirá, en su caso, cinta métrica y cronómetro.

2 CARRERA DE 2.400 METROS DE GEORGE-FISHER

Esta prueba está diseñada para medir la capacidad aeróbica del sujeto a través de la estimación del $\dot{V}O_{2\,máx.}$

Para su ejecución, el alumno se colocará en posición de salida alta tras la línea de salida. Al oír la señal de comienzo, el ejecutante deberá recorrer una distancia de 2.400 m.

Una vez concluida la prueba, se registrará la frecuencia cardíaca durante 10 seg, así como el tiempo empleado en recorrer la distancia.

A partir de los resultados de esta prueba, se ha desarrollado una ecuación de regresión para conocer el máximo consumo de oxígeno de un individuo teniendo en cuenta, además de los datos registrados tras la prueba, el sexo y peso del ejecutante.

Garth y col. (1996) exponen la siguiente ecuación:

$$\dot{V}O_{2\,máx.} = 100,5 + (8,344 \times S) - (0,1636 \times Pc) - (1,438 \times T) - (0,9128 \times FC)$$

Donde:

Pc = peso corporal; S = sexo, 0 para mujeres y 1 para hombres; T = tiempo de prueba en minutos y valor decimal; FC = frecuencia cardíaca por minuto.

La prueba se realizará en pista deportiva o terreno liso y llano medido para este fin, precisándose además un cronómetro.

3 TEST DE CARRERA SOBRE DISTANCIAS LARGAS: 5 - 6 - 8 - 10 - 12 - 15 - 20 - 25 KM

Aunque todas estas distancias están supeditadas a un requerimiento metabólico aeróbico, por sí mismos, estos tests no se utilizan como un método para estimar el consumo máximo de oxígeno; se hace necesario observar la estrecha relación que existe entre el resultado de cada prueba, según la distancia, y el valor del $\dot{V}O_{2\,máx.}$ que le corresponde.

Descripción: desde posición inicial de salida alta, el ejecutante deberá recorrer el trayecto indicado en el menor tiempo posible.

Se anotará el tiempo requerido por el alumno para acabar el recorrido, registrándose la frecuencia cardíaca del sujeto antes de comenzar la prueba e inmediatamente después de finalizar la misma. Si la disposición de tiempo lo permite, es recomendable además, hacer el registro en los primeros 15 seg de los minutos 1, 2, 3 y 4 subsiguientes.

Es común el criterio de que a mayor distancia mayor es la participación aeróbica en el sujeto y, por tanto, mayor es la validez de la prueba para medir este parámetro.

A continuación exponemos dos ecuaciones de predicción del consumo máximo de oxígeno según la distancia recorrida (García Manso y col., 1996).

$\dot{V}O_{2\,máx.}$ = 129.73 - (3.617 × tiempo sobre 5.000 m en minutos)

$\dot{V}O_{2\,máx.}$ = 120.8 - (1.54 × tiempo sobre 10.000 m en minutos)

Instalación y material: pista deportiva o terreno llano y su medido para este fin. El material necesario es un cronómetro.

4   PRUEBA DE COURSE NAVETTE O TEST DE LUC LEGGER

Su principal finalidad es medir la potencia aeróbica máxima del sujeto.[17]

Para su ejecución, el ejecutante se colocará detrás de una línea, de pie y en sentido del movimiento hacia otra línea separada a 20 m; una vez puesto en marcha el reproductor, el sujeto deberá escuchar atentamente el protocolo de la prueba, de forma que:

a) A la primera señal sonora, se desplazará a la mayor velocidad posible, hacia la línea situada a 20 m, sobrepasándola.

b) Esperará, en posición de salida alta, hasta escuchar la próxima señal sonora.

c) Repetirá este ciclo tantas veces como pueda, intentando seguir el ritmo entre señales.

d) La prueba concluirá cuando el sujeto no logre llegar a tiempo a la siguiente línea, escuchando durante el recorrido la siguiente señal.

Una vez concluida la prueba, se contabilizará el número de recorridos realizados, hasta el último trayecto en el que el sujeto se ha visto obligado a abandonar la prueba.

La prueba deberá realizarse en pista deportiva o terreno liso (interior o exterior) y plano. Sobre el terreno habrá dos líneas pintadas, colocadas de forma paralela y separadas a una distancia de 20 metros. El material necesario será un magnetófono o equipo similar, preparado para este fin, con un volumen suficiente para que el alumno pueda escuchar durante el recorrido, cualquier tipo de señal incluida en la cinta magnetofónica que contenga el protocolo esta prueba.[18]

Para García Manso y col. (1996) estas equivalencias teóricas en el test de Course navette, respecto al $\dot{V}O_{2\,máx.}$, tienen una validez de 0,84, y para obtener esta equivalencia de $\dot{V}O_{2\,máx.}$, en jóvenes de ocho a diecinueve años, se emplea la fórmula siguiente:

$$\dot{V}O_{2\,máx.}\ (ml/kg/min) = 31.025 + (3.238 \times V) - (3.248 \times E) + (0.1536 \times V \times E)$$

Esta prueba es utilizada generalmente para determinar la capacidad aeróbica de sujetos jóvenes con un nivel de entrenamiento medio o bajo, quedando progresivamente desestimada para atletas con un alto rendimiento. A través de los resultados, se pueden realizar equivalencias con el consumo máximo de oxígeno del sujeto, atendiendo a la velocidad que el individuo pudo realizar en el último palier realizado durante la prueba.

Según Legger (1998) no se puede medir la aptitud física de una manera general y añade que el Course navette tiene un elemento motivador en sí, que no poseen la mayoría de las pruebas, teniendo en cuenta, por otra parte, que al aplicarse la misma prueba a todas las edades, se pueden comprobar los resultados, de un mismo individuo, con los años. Además, una innovación muy importante de esta prueba, es la predicción del consumo máximo de oxígeno en todos los límites de edad.

La inclusión de esta prueba dentro de la batería Eurofit es una demostración más de que la mayoría de los estudiosos de la valoración del ejercicio, la consideran una de las pruebas más importantes para la medición de estas capacidades en niños y adolescentes, teniendo una gran objetividad y fiabilidad. El mismo autor añade:

«lo más importante de estas pruebas es estandarizar las condiciones y hacer la prueba, en sí, lo más específica posible. Pero a menudo aparece un conflicto, si la prueba es muy específica no se pueden controlar las condiciones, y si se realiza en laboratorio, no refleja la realidad. Creo que debemos encontrar un punto intermedio...».

5 CAT - TEST

La principal finalidad de esta prueba es precisar, de forma indirecta:

- El índice de $\dot{V}O_{2\,máx.}$ del individuo.
- La PMA (potencia máxima aeróbica) a través de obtener la intensidad de trabajo necesaria sobre pruebas de 300 a 1.000 m.
- Los umbrales aeróbico y anaeróbico.
- La curva de relación de la frecuencia cardíaca.

Para iniciar la prueba, el ejecutante se colocará en posición de salida alta tras la línea de salida, debiendo realizar tres pruebas[20] separadas por un descanso de 10 min:

a) Distancia de entre 800 – 1.000 o 1.200 m, deberán realizarse entre 6 y 8 min y a un ritmo aproximado de 140 pulsaciones/min.

b) Distancia de entre 800 – 1.000 y 1.500 m, deberá realizarse entre 6 y 8 min y a un ritmo de 160 pulsaciones/min.

c) Distancia de entre 1.000 y 1.500 m, se recorrerá a la máxima intensidad, prestando atención en conseguir la frecuencia cardíaca máxima.[21]

Al concluir la totalidad de la prueba, se registrará la frecuencia cardíaca del sujeto durante los primeros 30 seg iniciales de cada uno de los siguientes 5 min tras la prueba. Además, se anotará el tiempo empleado en cada recorrido.[22]

Instalación y material: pista deportiva o terreno liso y llano medido para este efecto. Es necesaria la utilización de un cronómetro.

6   TEST DE CARRERA SOBRE TIEMPOS DE: 15 – 20 – 25 – 30 MINUTOS

El principal objetivo de estas carreras es medir la resistencia aeróbica de media y larga duración.

Para realizar estas pruebas, el sujeto deberá partir situado de pie, detrás de la línea de salida. A la señal del controlador, el alumno recorrerá, el máximo número de metros, hasta concluir el tiempo predeterminado.

Pahlke y Peter, en Grosser y col. (1998), realizan un estudio y presentan una valoración de la carga de 15 min diferenciando sexo y edades de entre 7 y 13 años.[23]

Se registrará el número de metros superados por el sujeto y la frecuencia cardíaca al finalizar la prueba. Aunque estos tests sirven para determinar la capacidad aeróbica de un individuo, sin embargo, no conocemos cálculos que permitan determinar el consumo máximo de oxígeno.

Instalación y material: pista o terreno liso y llano. Cronómetro.

7 CARRERA DE 1.500 METROS

La prueba de carrera de 1.500 m tiene como principal objetivo medir la capacidad aeróbica del individuo.

Posición inicial: salida alta.

Ejecución: el ejecutante deberá recorrer la distancia de 1.500 m en el mínimo tiempo posible. Tras finalizar la prueba, se anotará el tiempo empleado por el alumno al recorrer 1.500 m, y se registrará la frecuencia cardíaca antes de comenzar la prueba e inmediatamente finalizada la misma.

Instalación y material: pista de atletismo o terreno liso y llano medido a este efecto. El material necesario es un cronómetro.

8 TEST DE LA UNIVERSIDAD DE MONTREAL

Objetivo: medir el $\dot{V}O_{2\,máx.}$ del sujeto.

Posición inicial: el alumno se colocará en posición de salida alta.

Ejecución: tras la señal de salida, el ejecutante comenzará a correr a una velocidad de 8 km/h, debiendo mantener el ritmo indicado por metrónomo (señales acústicas) durante 2 min; el individuo seguirá corriendo aumentando cada 2 min la velocidad de su carrera en 1 km/h.

El alumno mantendrá la prueba hasta el agotamiento y se medirá el número de metros recorridos en cada período de 2 min (sólo para comprobar si ha mantenido correctamente el ritmo de carrera, porque en realidad estos parámetros no son necesarios para la posterior fórmula).

Se anotará la velocidad máxima a la que el sujeto ha podido mantener la carrera.

Se apuntarán las pulsaciones antes de realizar la prueba e inmediatamente después de terminar.

El método de este test es similar a la prueba Course navette. Para calcular el $\dot{V}O_{2\,máx.}$ hay que atender a la siguiente fórmula (García Manso y col.).

$$\dot{V}O_{2\,máx.}\,(ml/kg/min) = 22.859 + (1.91 \times V) - 0.8664 \times E) + (0.0667 \times V \times E)$$

Donde:

V = Velocidad Máxima en km/h.   E = Edad en años.

El mismo objetivo que la anterior prueba presenta el test de los 5 minutos, cuyo objetivo es calcular el $\dot{V}O_{2\,máx.}$ de un sujeto.

La posición inicial es de salida alta. Al oír la señal, el sujeto deberá recorrer el máximo número de metros posible durante los 5 min de duración de la prueba.

Se anotará el número de metros recorridos por el sujeto durante 5 min., registrándose la frecuencia cardíaca del individuo antes de realizar la prueba e inmediatamente después de finalizar.

Observaciones: si debido al cansancio, el sujeto interrumpe el ritmo de carrera, deberá seguir andando hasta concluir los 5 min.

El cálculo del consumo máximo de oxígeno se realiza sobre la base de la siguiente fórmula (García Manso y col.):

$$\dot{V}O_{2\,máx.}\,(ml/kg/min) = 340.6 - 34.14 \times V + 1.01 \times V^2$$

Donde: V = velocidad de carrera (km/h).

Instalación y material: pista deportiva o terreno llano medido para este fin. Se precisará además cronómetro y metrónomo.

9   TEST DE CONCONI

El principal objetivo es estimar el valor de umbral anaeróbico del sujeto, en función de la frecuencia cardíaca y sin necesidad de extraer sangre al testado.

El principio básico de este test se cimenta en la linealidad existente entre el aumento de la carga y el aumento de la frecuencia cardíaca durante el período de esfuerzo. El momento en el que esa linealidad, ya sea por cargas superfluas o muy grandes, se pierde, coincidiría con el umbral anaeróbico.[24]

Existen varias formas de ejecutar la prueba y son seleccionadas en función de los medios disponibles. El protocolo clásico es el siguiente:

UMBRAL ANAERÓBICO

Posición inicial: salida alta.

Ejecución: el alumno comenzará a correr, según su forma física, a una intensidad de entre 60 y 70 seg. los primeros 200 metros. A partir de este primer trayecto, el sujeto aumentará el ritmo de carrera, disminuyendo 2 seg al tiempo del primer parcial en cada 200 m siguientes.

La prueba se prolongará hasta el agotamiento y se medirá el tiempo, en minutos y segundos, empleado en realizarla, así como el número de metros recorridos durante su duración.

Se registrará la frecuencia cardíaca del sujeto antes de realizar la prueba, inmediatamente después de terminar, y en los primeros 15 seg. subsiguientes de los minutos 1, 2, 3 y 4.

La distancia recorrida durante la prueba debe estar entre 2.400, y 3.200 m, y a su vez se empleará un tiempo de entre 10 y 12 min.

El punto sobre el que se encontrará el umbral anaeróbico dependerá de la forma física del sujeto, de forma que a mayor estado de forma, se localizará tras la realización una mayor velocidad de carrera.

Su fiabilidad en los resultados no está muy demostrada; sin embargo, su utilización en los entornos deportivos es amplia, debido a su gran valor práctico a la hora de determinar el umbral anaeróbico.[25]

Instalación y material: pista de atletismo de 400 m o terreno llano y marcado para este fin. Se precisa además de un cronómetro.

10 TEST DE TREFFENE (TEST DE VELOCIDAD MÁXIMA CRÍTICA)

El propósito de este test es estimar el umbral anaeróbico a través del valor de frecuencia cardíaca.[26]

Se parte, para su realización, de una posición inicial de salida alta. El sujeto realizará una carrera a la máxima intensidad durante 2 o 3 min, recorriendo una distancia de entre 800 y 1.000 m.

Se registrará la frecuencia cardíaca al finalizar la prueba.

Observaciones: no se especifica cómo se valora.

Instalación y material: pista de atletismo o terreno liso y llano medido para este fin. El material preciso es un cronómetro.

11 PRUEBA DE CARRERA DE KOSMIN Y OVCHINNIKOV

Tiene como objetivo medir la resistencia anaeróbica de media y larga duración.

La prueba comenzará con el alumno tras la línea de salida, colocado en posición de pie o salida alta. Tras la señal de inicio y durante un período de 60 seg, el sujeto deberá recorrer la máxima distancia posible.

Repetirá la acción de carrera de 60 seg durante 3 veces más, tras períodos de descanso, desde el primer recorrido, de 3, 2 y 1 min.

Se anotarán los metros recorridos en cada uno de los cuatro períodos de carrera.

Se deberá tomar la frecuencia cardíaca del sujeto 2 min antes del inicio de la prueba e inmediatamente después de finalizar. Si las condiciones lo permiten se tomará además en los primeros 15 seg de los minutos 1, 2, 3 y 4 subsiguientes.

Kosmin y Ovchinnikov[27] (1975) hallaron correlaciones respecto al rendimiento de esta prueba de 0,746 y 0,717 en sujetos corredores soviéticos principiantes de carreras de 800 y 500 m respectivamente, aumentando el coeficiente de correlación cuanto mayor era el nivel de los deportistas.

Instalación y material: terreno o pista deportiva, lisa, llana y medida para este fin. El material precisado es un cronómetro.

12 CARRERA DE 3.000 METROS

Tiene como principal objetivo medir la capacidad de resistencia aeróbica[28] del sujeto a través del $\dot{V}O_{2\,máx.}$.

Para la ejecución de la prueba, se partirá de la posición de salida alta tras la línea de salida. A la señal de inicio, el ejecutante recorrerá la distancia de 3.000 m en el mínimo tiempo posible.

Se contabilizará el tiempo empleado en realizar el recorrido registrándose, además, la frecuencia cardíaca del sujeto 2 min antes de la prueba, inmediatamente después de acabar, y los primeros 15 seg de los minutos 1, 2, 3 y 4 subsiguientes.

Javierre y col. (1993), en un estudio sobre doce atletas, obtuvieron una correlación de (0,76; p < 0.0004) entre la prueba de 3.000 m y la PAM[29]. Estos resultados están basados en la relación directa existente en entre el $\dot{V}O_{2\,máx.}$ y la velocidad mantenida necesaria para alcanzar la PAM.

Conociendo, tras la prueba de 3.000 m, la PAM, se puede obtener el $\dot{V}O_{2\,máx.}$ realizando la siguiente ecuación:

$$\dot{V}O_{2\,máx.} = PAM \times k$$

k = 3.08 a 3.70 (dependiendo del rendimiento del deportista). Utilizándose 3.08 (para principiantes) y 3.70 (para corredores de fondo).

Instalación y material: pista de atletismo, deportiva o terreno liso y llano medido para este fin. Cronómetro.

13 CARRERAS DE DISTANCIAS DE 2.000 Y 1.000 METROS

El objetivo de estas pruebas es medir la capacidad de resistencia aeróbica[30] del sujeto.

Para su ejecución, el sujeto se colocará en posición de salida alta. Al oír la señal, el ejecutante recorrerá la distancia prevista (de 2.000 o 1.000 m) en el mínimo tiempo posible.

Se contabilizará el tiempo empleado (minutos y segundos) en realizar el recorrido. Se debe registrar la frecuencia cardíaca del sujeto 2 min antes de la prueba, inmediatamente después de acabar y, si las condiciones lo permiten, en los primeros 15 seg de los minutos 1, 2, 3 y 4 subsiguientes.

García Manso y col. citan dos ecuaciones diseñadas para aproximar el consumo máximo de oxígeno a partir de estas distancias. En este caso, sobre medidas tomadas en millas, pero que se aproximan a las distancias estudiadas en este momento.

$$\dot{V}O_2 = 133.61 - (13.89 \times \text{tiempo sobre la milla en minutos})$$

$$\dot{V}O_{2\text{máx.}} = 128.81 - (5.95 \times \text{tiempo sobre las dos millas en minutos})$$

Instalación y material: pista de atletismo, deportiva o terreno liso y llano medido para este fin. Cronómetro

14 CARRERA DE 800 METROS

Tiene como principal objetivo medir la resistencia anaeróbica de larga y medio duración, también la resistencia aeróbica de corta duración.

Para su ejecución, el/los alumno/s se situarán en posición de salida alta. Tras la indicación de "listos-ya" el alumno correrá hasta completar los 800 m de distancia.

Previamente, se informa a los participantes de la necesidad de ejecutar la prueba en el menor tiempo posible. Se registrará el tiempo empleado por cada participante en minutos y segundos

Para completar la información, es conveniente tomar la frecuencia cardíaca del sujeto 2 min antes de la prueba, tras su finalización, y si las condiciones lo permiten, en los primeros 15 seg de los minutos 1, 2, 3 y 4 subsiguientes.

Fetz y Kornexl (1976) asignan a esta prueba un coeficiente de fiabilidad de entre 0,73 y 0,98 y coeficientes de objetividad de entre 0,85 y 0,98.

Instalación y material: pista lisa y superficie dura, medida correctamente para este fin. Los alumnos utilizarán ropa suelta, preferiblemente camisetas y pantalón corto; como aparato medidor se utiliza un cronómetro y un silbato.

15 CARRERA DE 600 Y 500 METROS

La prueba de 600 m contempla como objetivo medir la capacidad de resistencia aeróbica/anaeróbica del ejecutante. La distancia de 500 m se ajusta más para medir la capacidad de resistencia anaeróbica lactácida del individuo.

Para su realización, el sujeto se colocará en posición de salida alta. A la señal de inicio, el sujeto deberá comenzar a correr, con la máxima intensidad posible, hasta lograr recorrer la distancia de 600 m.

Se registrarán los segundos empleados en realizar la prueba, y se anotará la FC del sujeto inmediatamente después de acabar.

Instalación y material: pista de atletismo, deportiva o terreno liso y llano medido para este fin. Cronómetro.

16 CARRERA DE 300 METROS

Esta prueba se aplica con el objeto de medir la capacidad de resistencia anaeróbica del individuo.

Para su realización, el sujeto se colocará tras la línea de salida en posición de salida alta. Tras la señal de salida, comenzará a correr, a la máxima velocidad, hasta acabar la distancia de 300 m.

Tras su finalización, se registrará el tiempo, medido en segundos, empleado en recorrer los 300 m y se anotará la frecuencia cardíaca inmediatamente después de acabar la prueba.

Instalación y material: pista deportiva, de atletismo o terreno liso y llano medido para este fin. Cronómetro.

17 CARRERA DE 20 × 20 METROS

Su finalidad es medir la capacidad de resistencia anaeróbica del sujeto.

Se partirá para su ejecución de la posición de salida alta. A la señal de inicio, el sujeto correrá a la máxima velocidad un espacio de 20 m, pudiendo decelerar tras la meta, en el espacio de los 10 m siguientes.

Tras acabar la primera serie y haber decelerado durante 10 m, el sujeto se apresurará a dirigirse andando hacia la línea de llegada para, en sentido inverso, realizar la segunda serie. Este ejercicio se repetirá hasta un total de 20 veces.

Se registrará el tiempo empleado en realizar cada serie de 20 m; posteriormente, se computará el resultado de la suma de todos los tiempos pertenecientes a las 20 carreras realizadas.

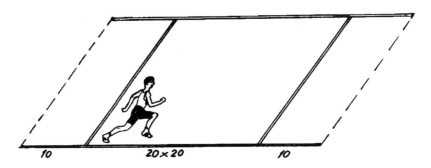

Este test es de mucha intensidad para escolares y complejo de aplicar por su duración.

Instalación y material: pista de atletismo, deportiva o terreno liso y llano medido para este fin. Cronómetro.

18 PRUEBA DE CONSUMO DE 400 METROS

Tiene como objetivo medir la capacidad de resistencia anaeróbica del sujeto.

Para su realización, el sujeto partirá de una posición inicial de salida alta.

La ejecución consta de dos fases:

Fase I. A la señal de salida, el ejecutante deberá recorrer la distancia de 100 m en el mínimo tiempo posible.

Fase II. Transcurridos 5 min de reposo, el ejecutante recorrerá la distancia de 400 m en el mínimo tiempo posible.

Se registrarán los tiempos empleados por el sujeto en realizar la fase I y la fase II. Posteriormente, se dividirá entre cuatro el tiempo empleado en recorrer la distancia de 400 m, y se comparará con la marca obtenida tras los 100 m.

La diferencia obtenida, tras restar ambos resultados, se denominará tiempo de "consumo"[31] establecido en segundos y décimas de segundo.

Desde el punto de vista pedagógico, los alumnos de cursos avanzados, sobre todo 16 - 18 años, donde sí sería correcto evaluar la resistencia anaeróbica, esta prueba puede ser, si los medios lo permiten, muy motivantes ya que obtendremos, a través de la misma, valores de otra cualidad básica como la velocidad.

Instalación y material: pista deportiva o terreno llano medido para este fin. Cronómetro.

19 TEST DE 10 × 400 METROS

Este test sirve para analizar el comportamiento de la frecuencia cardíaca del sujeto tras un notable esfuerzo anaeróbico.

Para su ejecución, el sujeto realizará 10 series de 400 m, a una intensidad de entre el 2% - 5% más rápido que el tiempo de competición en distancias de 5.000 o 10.000 metros. Con pausas entre series de 1 min.

Se registrará la FC tras finalizar cada serie. En cada serie, la FC debe bajar. En deportistas destacados puede llegar hasta 110 - 120 pulsaciones/min.

Esta prueba la diseñó Kepka (citado por García Manso y col.) para atletas corredores de 5.000 y 10.000 metros. Por su duración, esfuerzo y características, este test es poco apto para alumnos.

Instalación y material: pista de atletismo o terreno llano liso y medido para este fin. Cronómetro

5.2.8 PRUEBAS DE ESCALÓN

Dentro de este apartado están comprendidas las pruebas de campo que utilizan, como soporte principal para su ejecución, un escalón, el cual, servirá para provocar el agotamiento necesario que permita obtener unos resultados medibles que puedan ser utilizados para realizar una valoración.

Su mayor ventaja es que son aplicables, de una forma sencilla, a grandes grupos de individuos, aunque la valoración no es muy exacta y depende, en gran medida, de la correcta medición de la frecuencia cardíaca del individuo antes y después de la ejecución.

Por otra parte, los resultados de estas pruebas, como en general las que requieren de un esfuerzo global, están supeditadas, en gran medida, a la capacidad técnica del individuo y sobre todo a la motivación durante esfuerzo que permitirá prolongarse más o menos en cada prueba.

Hay que tener en cuenta que la correlación obtenida entre los resultados de las pruebas de escalón y el consumo máximo de oxígeno está situado entre el 0,32 y 0,77 (Cureton y Sterling, 1964); De Vries y Klafs

(1965); Gallagher y Brouha (1943); Mc Ardle y col. (1972) citados por Heyward (1996).

20 PRUEBA DE HARVARD

Su principal objetivo es medir la capacidad de resistencia aeróbica del sujeto.

Para su realización, el sujeto deberá estar colocado de pie, el cuerpo recto y situado frente al escalón. Tras la señal del controlador, el alumno comenzará a subir y bajar el peldaño de forma alternativa. La realización correcta del ejercicio implica que el recorrido se realice de la siguiente manera:

1.º Subir la pierna derecha.

2.º Subir la pierna izquierda.

3.º Bajar la pierna derecha.

4.º Bajar la pierna izquierda.

5.º Estado de posición inicial.

En cada posición de apoyo con los dos pies abajo y sobre el escalón, se debe extender por completo tanto tronco como piernas.

Se marcará un ritmo mediante metrónomo durante toda la prueba, para que el sujeto pueda realizar 30 repeticiones/min[32] correctamente, y durante un período de 5 min.

Transcurridos 2 min. y medio, se debe cambiar la dirección en la ejecución del ejercicio, de forma que se realizará el mismo movimiento pero comenzando la acción con el pie izquierdo.

Una vez concluido el ejercicio, el sujeto deberá adoptar la posición de sentado durante 1 minuto. Se registrará la frecuencia cardíaca durante los 30 seg siguientes a este minuto de descanso. Se anotará además, el tiempo durante el cual el sujeto ha podido realizar la prueba (si no ha acabado los 5 min).

Durante la práctica de la prueba, es importante mantener el ritmo de ejecución y saber diferenciar al sujeto que no puede mantenerlo por problemas de coordinación, en cuyo caso se le dejará continuar, de aquel que no puede mantenerlo por agotamiento cardiovascular, en cuyo caso se le detendrá antes de alcanzar los 5 min.

A partir de esta prueba, se puede determinar el Índice de eficiencia física[33] (IEF). Según Brouha[34], se debería registrar la frecuencia cardíaca de forma progresiva, es decir, durante los 30 seg de los períodos 1-1,30 min, 2 - 2,30 min y 3 - 3,30 min tras el ejercicio. A partir de estos datos, el índice mencionado se determinaría a través de la siguiente ecuación:

$$IEF = \frac{\text{duración del ejercicio} \times 100}{2 \times \text{suma de FCs de recuperación}}$$

Por otra parte, aunque no conocemos resultados precisos que puedan verificar estos criterios, Astrand (1991) refiriéndose a resultados de esta prueba, añade que «... cuanto menor era el número de latidos durante la recuperación y cuanto más prolongado era el tiempo de trabajo, tanto más elevado resultaba el porcentaje. En general, se observó que los sujetos con altos porcentajes, se desempeñaban mejor en muchas actividades que requerían una potencia aeróbica elevada, que otros con porcentajes inferiores».

Otros autores consideran que «...las pruebas consistentes en subir y bajar un escalón, que usan la frecuencia cardíaca de recuperación, tienden a tener una menor validez que las que utilizan el tiempo requerido por la frecuencia cardíaca para alcanzar un nivel determinado mientras se ejecuta una carga de trabajo estandarizada». Baumgartner y Jacksom (1975) citado por Heyward (1996).

Paish (1992) considera el índice de la prueba de paso de Harvard (HSTI), junto con el test de Cooper, como las más recomendables experiencias para medir la eficacia aeróbica de un sujeto.[35] El HSTI, en este caso, es valorado a través de dos fórmulas, según la capacidad del ejecutante para cubrir los 5 min de duración de la prueba, por un lado, o si, por el contrario, no han podido mantener el ritmo siendo incapaz de completar la prueba.

En el primer caso (prueba larga) la fórmula es la siguiente:

$$HSTI = \frac{15000}{P_1 + P_2 + P_3}$$

En el segundo caso (prueba corta), se debe anotar el tiempo en el que el sujeto interrumpe la prueba y sus resultados se valoran calculando la siguiente fórmula:

$$HSTI = \frac{\text{duración de saltos (seg)}}{5,5 \times P_1 + P_2 + P_3}$$

Correspondiendo P_1, P_2, P_3 a la frecuencia cardíaca de cada uno de los períodos de recuperación.

Instalación y material: superficie lisa y llana interior o exterior. El material necesitado será escalón de 50 cm de altura, cronómetro, báscula y metrónomo.

21 TEST DE RUFFIER

Tiene como principal objetivo medir la resistencia aeróbica de corta duración de un sujeto.

Para su realización, el sujeto se situará en posición de pie frente al escalón. A la señal del controlador, el alumno deberá subirse al escalón, desplazando primero una pierna y luego la otra hasta quedar apoyados los dos pies sobre la superficie, permaneciendo las piernas totalmente extendidas. Posteriormente volverá a la posición inicial.

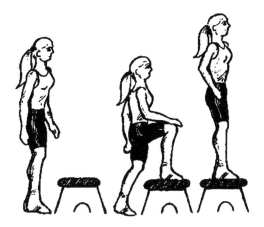

El alumno repetirá esta acción 90 veces y a un ritmo de 30 repeticiones por minuto, que se indicará mediante metrónomo.

La altura del escalón será individualizada para cada sujeto, estando en relación con la longitud de la pierna. En este sentido, la elevación del escalón será aquella que teniendo apoyado el pie sobre el escalón, la pierna y el muslo han de formar un ángulo de 90°.

Para valorar la prueba se medirá la frecuencia cardíaca del sujeto de la siguiente forma:

a) Sentado 5 min antes de la prueba (P_1).

b) Inmediatamente después de acabar la prueba (P_2).

c) En los primeros 15 seg del primer minuto tras la prueba (P_3).

Grosser y col. (1988) establecen un índice de rendimiento extraído a partir de estos datos,[36] y proponen la siguiente fórmula:

$$HSTI = \frac{P_1 + P_2 + P_3 - 200}{10}$$

Instalación y material: se precisa un escalón con graduación cada 5 cm y de las siguientes medidas: altura media = 30 cm, anchura de 40 cm, profundidad 50 cm, además se necesitarán cronómetro y metrónomo.

En la década de los ochenta, el test de Ruffier era la prueba más utilizada en Francia para valorar el estado físico de los deportistas. Originalmente este test consistía en realizar 30 flexiones completas de piernas con la espalda recta y durante 45 seg.

Monod y Flandrois (1986) recomiendan el índice de Ruffier-Dickson, ya que su aplicación está destinada a minimizar la importancia de las reacciones emotivas observables sobre los valores de reposo (P_0), calculándose de la siguiente manera:

$$\text{Índice} = \frac{(P_1 - 200) + (P_2 - P_1)}{10}$$

P_1 = pulsaciones en los 15 seg inmediatamente a la conclusión del esfuerzo.

P_2 = pulsaciones tras un minuto de recuperación.

Además, añaden que en este test predomina una participación muy importante del metabolismo anaeróbico; debido a esto, se explican las bajas correlaciones entre los resultados del test de Ruffier y los valores obtenidos por pruebas de potencia máxima aeróbica determinada en los mismos sujetos.

22 PRUEBA DE ESCALÓN DE 3 MINUTOS

Su principal propósito es medir la capacidad de resistencia aeróbica del sujeto (nivel de eficiencia cardiovascular).

Para la realización de esta prueba, el sujeto deberá estar colocado de pie, el cuerpo recto y situado frente al escalón. Tras la señal del controlador, el alumno comenzará a subir y bajar un escalón de forma alternativa. La ejecución correcta del ejercicio implica que el recorrido se realice de la siguiente manera:

1.° Subir la pierna derecha.

2.° Subir la pierná izquierda.

3.° Bajar la pierna derecha.

4.° Bajar la pierna izquierda.

5.° Estado de posición inicial.

En cada posición de apoyo con los 2 pies abajo y sobre el escalón, se deben extender por completo tanto tronco como piernas.

Transcurridos 2 minutos y medio, se debe cambiar la dirección en la ejecución del ejercicio, de forma que se realizará el mismo movimiento pero comenzando la acción con el pie izquierdo.

Durante la realización, se marcará el ritmo con metrónomo, para que el alumno realice la prueba a un ritmo de 24 de repeticiones/min durante un período de 3 min.

Una vez concluido el ejercicio, el sujeto deberá adoptar la posición de sentado durante 1 minuto. Se registrará la frecuencia cardíaca durante los 30 seg siguientes a este minuto de descanso. En el caso de que el sujeto no haya podido acabar los 3 min, se reconocerá el tiempo de ejecución aguantado.

Esta prueba está recomendada para ser empleada en mujeres adolescentes y de edad universitaria.

Su valoración, se basa en la aplicación de una ecuación que tiene en cuenta la duración del ejercicio y la frecuencia cardíaca de recuperación.[37]

$$\text{Eficiencia CV} = \frac{\text{duración del ejercicio} \times 100}{\text{recuperación de la FC} \times 5.6}$$

Instalación y material: superficie lisa y llana, interior o exterior. El material necesario es un escalón de 46 cm de altura, cronómetro y metrónomo.

23 PRUEBA DE ESCALÓN DE OSU

Su principal objetivo es la estimación del $\dot{V}O_{2\,más.}$ del individuo.

Para la realización de esta prueba, el sujeto deberá estar colocado de pie, el cuerpo recto y situado frente el escalón. Tras la señal del controlador, el alumno comenzará a subir y bajar un escalón de forma alternativa. La ejecución correcta del ejercicio implica que el recorrido se realice de la siguiente manera:

1.° Subir la pierna derecha.

2.º Subir la pierna izquierda.

3.º Bajar la pierna derecha.

4.º Bajar la pierna izquierda.

5.º Estado de posición inicial.

En cada posición de apoyo con los 2 pies abajo y sobre el escalón, se deben extender por completo tanto tronco como piernas.

El ejercicio se realizará en series, de forma que el sujeto realizará 18 series de 50 seg, a un ritmo de entre 24 y 36 pasos/min.

Las series de la prueba se realizarán en varias fases:

1ª fase: realizar seis series a un ritmo de veinticuatro pasos/min.

2ª fase: realizar seis series a un ritmo de treinta pasos/min.

3ª fase: realizar seis series a un ritmo de treinta pasos/min.

Cada serie se realizará durante un minuto de duración, en la cual habrá 30 seg de trabajo o período activo y 20 seg de descanso.

Se tomará la frecuencia cardíaca durante los 10 seg del período que sigue al descanso hasta finalizar cada minuto.

Se anotará el número de la serie en que la frecuencia cardíaca alcanza los 150 latidos.

Esta prueba fue diseñada para hombres de entre catorce y veinticinco años preferentemente.

El consumo máximo de oxígeno se estima a partir de la siguiente ecuación:

$$\dot{V}O_{2\,máx} = (1.69978 \times (\text{puntuación de la prueba}) - (0.06252 \times PC) + 47.12525$$

La puntuación de la prueba = al número de serie en el que la frecuencia cardíaca alcanza las 150 pulsaciones/min.

PC = peso corporal.

La prueba debe determinar cuándo el sujeto llega a las pulsaciones necesarias para la ecuación.

Instalación y material: superficie lisa y llana, interior o exterior. El material necesario es un escalón de 43 cm de altura, cronómetro, metrónomo y báscula.

24 TEST DE LOS ESCALONES

La principal finalidad de esta prueba es valorar la resistencia motriz general del individuo.

Para su ejecución, el alumno se sitúa de pie lateralmente una pared. Tendrá delante un cajón cuya altura coincide con la distancia existente entre el suelo y la rodilla del examinando.

Inicialmente, el alumno se subirá al cajón con ambos pies y extenderá hacia arriba el brazo más cercano a la pared hasta marcar con los dedos sobre ella a la máxima altura posible.

Desde esta posición, el cronómetro se pondrá en marcha y el examinando comenzará la ejecución de la prueba consiste en:

1.º Bajar de espaldas el escalón (primero una pierna y luego la otra).

2.º Acuclillarse frente al cajón hasta tocar con los dedos de ambas manos el suelo.

3.º Subir de frente el escalón (primero una pierna y luego la otra).

4.º Con ambos pies apoyados y con el cuerpo totalmente extendido, tocar la marca de la pared.

Una subida y bajada correcta se contará como una repetición completa del ejercicio.

La prueba consiste en registrar el número de veces que se repite el ejercicio de una forma correcta durante un período de 3 a 5 min.

No se contabilizarán aquellas repeticiones en las que el sujeto no toque la marca de la pared, o no realice el apoyo y paradas con ambos pies sobre el banco y suelo.

Albl, Baldauf y col. (en Fetz y Kornexl) presentan resultados de fiabilidad de entre 0,82 y 0,94 en sujetos masculinos de entre 13 y 15 años.

La instalación y material que se precisa para esta prueba consiste en un cronómetro, caja regulable en altura, tiza y pared.

25 PRUEBA DE ESCALÓN DE EASTERN MICHIGAN UNIVERSITY

26 PRUEBA DE ESCALÓN DE QUEENS COLLEGE

Estas dos pruebas tienen como principal objetivo la estimación del $\dot{V}O_{2\,máx}$. Tanto su realización como valoración son similares a la prueba de escalón de Osu.

Para la realización de este test, el sujeto deberá estar colocado de pie, el cuerpo recto y situado frente el escalón. Tras la señal del controlador, el alumno comenzará a subir y bajar un escalón de forma alternativa. La ejecución correcta del ejercicio implica que el recorrido se realice de la siguiente manera:

1.º Subir la pierna derecha.

2.º Subir la pierna izquierda.

3.º Bajar la pierna derecha.

4.º Bajar la pierna izquierda.

5.º Estado de posición inicial.

En cada posición de apoyo con los dos pies abajo y sobre el escalón, se debe extender por completo tanto tronco como piernas.

En el test de Easter Michigan University, el ejercicio se realizará en series, de forma que el sujeto realizará 20 series de 50 seg cada una a un ritmo, según la serie, de 24 a 30 pasos/min.

Las series de la prueba se realizarán en varias fases:

1ª fase: Realizar cinco series a un ritmo de 24 pasos/min con un escalón de 36 cm.

2ª fase: Realizar cinco series a un ritmo de 30 pasos/min con un escalón de 36 cm.

3ª fase: Realizar cinco series a un ritmo de 30 pasos/min con un escalón de 43 cm.

4ª fase: Realizar cinco series a un ritmo de 30 pasos/min con un escalón de 50 cm.

Cada serie se realizará durante 1 min de duración, en el cual habrá 30 seg de trabajo o período activo y 20 seg de descanso.

Para hallar la puntuación, se deberá registrar la FC inmediatamente después de los 5 primeros segundos de descanso y durante un período de 10 seg.

La prueba terminará anotándose la puntuación en la serie en la cual se alcanza las 168 pulsaciones/min. No conocemos una ecuación para calcular el dato de la serie en la cual se obtengan 160 pulsaciones/min, y se pueda obtener el $\dot{V}O_{2\,máx.}$.

Observaciones: según el autor, esta prueba está recomendada para mujeres de entre 18 y 25 años.

Instalación y material: se precisa un escalón de tres niveles (36, 43 y 50 cm), cronómetro, metrónomo y báscula.

En el test del Queens college, el ejecutante realizará la prueba a un ritmo de 24 pasos/min y durante 3 minutos. Al finalizar la prueba, el ejecutante queda de pie y, tras 5 seg de descanso, se registrará la FC del sujeto durante 15 segundos. Posteriormente, se multiplicará el resultado por cuatro para obtener la relación pulsaciones/min.

No disponemos de ecuación para estimar, a través del resultado de la frecuencia cardíaca, el $\dot{V}O_{2\,máx.}$ del sujeto.

Esta prueba está destinada para mujeres de edades entre 18 y 25 años.

Instalación y material: el material necesario es un escalón de 41 cm de altura, cronómetro y metrónomo.

5.2.9. OTRAS PRUEBAS

27 PRUEBA DE CARLSON-FATIQUE - (SKIPPING MODIFICADO)

Su objetivo es medir la resistencia aeróbica de larga y media duración.

Se partirá de una posición inicial en la que el sujeto estará colocado de pie con las piernas extendidas. A ambos lados y frente a él estarán colocados dos postes, unidos por una cuerda colocada horizontalmente y a la altura de la cadera del sujeto.

A la señal del controlador, el alumno deberá elevar alternativamente las rodillas (skipping) a la mayor velocidad posible durante 10 segundos. Descansará otros 10 seg y reproducirá igualmente esta acción hasta repetirlo 10 veces.

Se medirá cada contacto que realice una sola rodilla con la cuerda en cada período de 10 segundos. Además se tomará la frecuencia cardíaca del individuo un minuto antes de la prueba (de pie), 10 seg después de concluirla, y a los 2, 4 y 6 min subsiguientes.

Instalación y material: se requiere superficie lisa y compacta, interior o exterior. El material consistirá en dos postes, cuerda y cronómetro.

28 PRUEBA DE ANDAR DE ROCKPORT

Su principal objetivo es estimar la capacidad aeróbica en base a los resultados tras andar 1.609 metros.[41]

Para iniciar la prueba, el sujeto se colocará en posición de salida alta. Tras la señal, el ejecutante deberá recorrer andando, lo más deprisa posible, la distancia de 1.609 m (1 milla).

Se deberá anotar el tiempo empleado en realizar el recorrido de 1.609 metros. Y se registrará la frecuencia cardíaca al finalizar la prueba.

Para calcular el consumo máximo de oxígeno se ha de atender a la fórmula siguiente:

$$\dot{V}O_{2\,máx}\ (ml/kg/min) = 132.6 - (017 \times PC) - (0.39 \times edad) + (6.31 \times S) - (3.27 \times T) - (0.156 \times FC)$$

donde:

PC = peso corporal; S = sexo (0: mujeres; y 1: hombres); T = tiempo de la prueba en minutos y valor decimal (00:00); FC = frecuencia cardíaca en latidos/min.

El pulso ha de medirse durante 10 seg e inmediatamente después de haber acabado la distancia. Esta prueba es muy recomendada para personas con muy bajo nivel de entrenamiento o con una forma física muy baja; siendo una de sus principales ventajas, la baja incidencia de lesiones durante su ejecución.

Instalación y material: pista deportiva o terreno llano medido para este fin. Cronómetro.

29 PRUEBA DE CICLISMO DE COOPER

La principal finalidad de esta prueba es estimar el $\dot{V}O_{2\,mám.}$ del sujeto.

Posición inicial: el ejecutante se colocará subido en la bicicleta[42] tras la línea de salida. Con un pie apoyado sobre el suelo y tras la señal de inicio, el alumno intentará recorrer el máximo número de metros durante 12 min.

Se anotará el número de metros recorridos durante 12 m y se registrará la frecuencia cardíaca del individuo inmediatamente después de realizar la prueba, 2 min antes del comienzo y, si las condiciones lo permiten, en los primeros 15 seg de los minutos 1, 2, 3 y 4 subsiguientes a la prueba.

Si la distancia ha sido recorrida por terreno abierto, la medición de los metros se realizará mediante un hodómetro.

Se requiere un calentamiento completo, así como varias vueltas de adaptación al circuito.

Los criterios de calidad de esta prueba no son comparables a las condiciones de las pruebas con cicloergómetro, debido a que intervienen otros condicionantes como velocidad del viento, superficie del terreno, habilidad del ejecutante, etc.; sin embargo, el factor motivación puede ser elevado, sobre todo en alumnos que utilicen a menudo este medio.

Instalación y material: superficie lisa, dura y llana, medida para este fin. El material necesario será un cronómetro, cinta métrica y hodómetro (de automóvil).

30 PRUEBA DE NATACIÓN DE COOPER

Su principal objetivo es estimar el $\dot{V}O_{2\,máx.}$ del sujeto.

RESPUESTA
COMERCIAL
B.O.C. Nº 52 del 6-7-90
Autorización nº 10.047

HOJA
PEDIDO LIBRERÍA

Editorial Paidotribo

Apartado nº 122 F.D.
08080 Barcelona

Si desea recibir información sobre las novedades de PAIDOTRIBO, envíenos la presente tarjeta con sus datos completos, indicando además el título del libro en el que figuraba la misma y la librería dónde lo adquirió o consulte nuestra página Web: **http://www.paidotribo.com.**

(Por favor, escriba en letra de imprenta)

Nombre ....

Apellidos ....

E-Mail ....

Dirección ....

Población ....

C.P. .... País ....

Profesión ....

Título del libro ....

Librería ....

¿Cómo conoció este libro?

☐ Reseña   ☐ Anuncio

☐ Escaparate   ☐ Recomendación

☐ Catálogo   ☐ Aconsejado

☐ Otros ....

MATERIAS DE SU INTERÉS

☐ Ajedrez

☐ Artes marciales

☐ Deportes ¿Cuál? ....

☐ Educación Física / Pedagogía / Juegos

☐ Fisioterapia

☐ Medicina deportiva

☐ Homeopatía

☐ Libro práctico

☐ Masaje

☐ Nutrición

☐ Salud

☐ Tercera edad

Para iniciar la prueba, el sujeto se colocará en posición de salida desde trampolín. Tras la señal del controlador, el alumno deberá nadar con el estilo que desee durante 12 m, intentando avanzar el máximo número de metros.

Se medirá el número de metros superados y se anotará la frecuencia cardíaca del sujeto inmediatamente acabada la prueba.

Este test es poco aplicable, pero sin duda es una alternativa ya que se puede aplicar a grandes grupos.

Los criterios de calidad de esta prueba dejan mucho que desear, debido a que los resultados dependen, en gran medida, de la técnica de nado del sujeto.[43]

Se puede considerar como un test más para estimar una valoración aproximada del $\dot{V}O_{2\,máx.}$ y aplicado en un medio diferente, en el que el factor motivante puede ser elevado, sobre todo en alumnos que frecuenten a menudo la piscina.

Instalación y material: piscina con calles. Cronómetro.

31 FLEXIÓN DE BRAZOS EN SUELO

Por medio de este test, además de evidenciar la resistencia muscular del ejecutante, se puede evaluar la resistencia aeróbica de media y larga duración del sujeto.

Para su realización, el sujeto se situará en decúbito prono sobre el suelo, con los brazos flexionados y las manos apoyadas en el suelo, mirando hacia delante y ambos lados de la cadera; la barbilla permanecerá en contacto con la superficie.

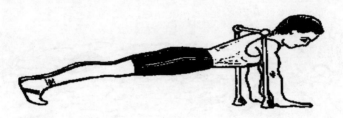

A la señal del controlador, el sujeto deberá realizar extensión completa de ambos brazos hasta tocar con la nuca una cuerda colocada horizontalmente para este efecto. Posteriormente, volverá a la posición inicial, flexionando los brazos, hasta contactar con la barbilla en el suelo.

Durante la ejecución de la prueba, se registrarán todas las repeticiones completadas de una forma correcta, hasta llegar al agotamiento del sujeto.[44]

No se permitirá que el sujeto despegue las manos del suelo durante la prueba, ni arquear tanto en flexión como extensión la espalda.

Esta prueba está indicada para alumnos con un nivel alto de resistencia muscular y cardiovascular. En su defecto es posible que el factor limitante para la conclusión del test sea la incapacidad muscular de completar el movimiento.

Instalación y material: interior o exterior, superficie lisa. El material necesario será colchoneta dura, postes, y cuerda y cronómetro.

32 FLEXIÓN – EXTENSIÓN DE PIERNAS

Este test, además de evidenciar la resistencia muscular del ejecutante, permite evaluar la resistencia aeróbica de media y larga duración del sujeto.

Posición inicial: el sujeto está colocado en posición de cuclillas, paralelo a la pared, los brazos estarán extendidos hacia abajo a ambos lados de las caderas, y las manos apoyadas sobre suelo.

Ejecución:

1.° A la señal del controlador, el individuo realizará una extensión total de piernas (sin salto), y extenderá hacia arriba todo el cuerpo (tronco y extremidades superiores) hasta tocar una marca fija o campanilla sobre la pared, situada en el punto medido de máxima extensión del sujeto (tocará con las yemas de los dedos del brazo cercano a la pared).

2.° El ejecutante volverá a la posición inicial.

Se anotará el número de veces que el alumno puede repetir el ejercicio durante un minuto. Además, se puede valorar el número de repeticiones que realiza el individuo en períodos de 10 seg (es decir a los 10 seg, 20 seg, 30 seg, etc.).

Se recomienda realizar un calentamiento adecuado y se pueden realizar varios intentos previos.

Alb, Baldauf y col. obtuvieron coeficientes de fiabilidad en pruebas realizados sobre niños, situándose en el 0,79 para 12 años y entre el 0,79 y 0,89 entre 13 y 15 años (en Fetzt y Kornexl).

Instalación y material: requiere un emplazamiento interior, con suelo liso y firme y preferiblemente sin obstáculos. El material necesitado será un cronómetro y cinta adhesiva, y/o campanilla.

33 SALTOS LATERALES DE PLINTO

Su principal finalidad consiste en medir la resistencia anaeróbica de larga y media duración del ejecutante.

Posición inicial: el ejecutante estará situado de pie con las piernas ligeramente flexionadas sobre el suelo y a un lado del plinto.

Ejecución: a la señal de comienzo, el ejecutante realizará saltos sobre la superficie del plinto, alternando en cada salto el sentido (a derecha e izquierda) del mismo y durante un tiempo total de 60 seg.

Se contabilizarán cada apoyo de los pies sobre el plinto. Se puede tener en cuenta los contactos realizados en cada período de 20 seg, y se controlará la frecuencia cardíaca del sujeto 2 min antes de realizar la prueba, tras finalizar la prueba y, si las condiciones lo permiten, en los primeros 15 seg de los minutos 1, 2, 3 y 4 subsiguientes.

Para Fetz y Kornexl (1976), esta prueba posee unos coeficientes de fiabilidad de 0,88 y 0,99.

Instalación y material: interior o exterior, suelo liso, firme y antideslizante. El material necesario será un plinto con una altura de 40 cm y un cronómetro.

34 TEST DE BURPEE

Su principal objetivo es la estimación de la capacidad anaeróbica del sujeto. En concreto, la resistencia anaeróbica lactácida.

Para comenzar su realización, el sujeto estará situado de pie, con los brazos extendidos a lo largo del cuerpo.

A la señal de "listos-ya", el alumno realizará varios movimientos o fases:

1.° Flexión de piernas hasta tocar, con las manos, el suelo a ambos lados de la cadera.

2.° Trasladar el peso del cuerpo a las manos, manteniendo los brazos extendidos y realizando una extensión del tronco y miembro inferior hacia atrás hasta el apoyo de los pies por las punteras.

3.° Volver a la posición número 1° (flexión de piernas y manos apoyadas en suelo a ambos lados del de la cadera).

4.° Situarse en posición de pie.

El sujeto realizará este ejercicio el mayor número de veces posible (pasando por todas sus fases) durante un minuto.[45]

Se trazarán dos líneas paralelas separadas entre sí por 40 cm. El sujeto apoyará los pies desde la posición inicial sobre una de ellas, quedando la otra línea debajo del cuerpo. En la fase de flexión, deberá superar esta línea con los pies.

Instalación y material: interior o exterior, suelo de superficie llana y dura. Cronómetro.

35 PRUEBA DE PRESS DE BANCA HORIZONTAL DURANTE 35 SEGUNDOS

A través de esta prueba se puede estimar la resistencia anaeróbica (local) de larga y media duración del alumno ejecutante.

Posición inicial: tumbado boca arriba sobre el banco de
press. La espalda estará firmemente apoyada sobre la superficie así como los dos pies sobre el suelo. El ejecutante,
tendrá los brazos extendidos hacia arriba y las manos en posición de agarre a la anchura de
los hombros sobre la barra suspendida y separada de los postes.

Ejecución: a la señal del controla-
dor, el sujeto hará descender la barra hasta llegar a tocar el pecho y elevará el peso hasta llegar a la posición inicial.

El ejecutante realizará tantas repeticiones como pueda durante
35 seg, contabilizándose el número de movimientos realizados correctamente.

Según el estado actual del grupo testado, se utilizarán cargas gra-
duadas a 1/4, 1/3 o 1/2 del peso corporal del sujeto. Es preciso observar
que esta prueba puede estar sometida a variaciones en su resultado según el aprendizaje obtenido previamente por ejecutante.

Instalación y material: preferiblemente una instalación cubierta, con
un suelo liso y firme. Se requiere como material, un banco de press de
banca, postes de apoyo de barra, barras de acero de entre 1,20 a
1,85 cm de longitud,[46] discos para añadir peso que se mantienen fijos
mediante unos topes de acero o plástico.

36 ELEVACIÓN DE PIERNAS SUSPENDIDO EN ESPALDERA

Con este test, además de evidenciar la resistencia muscular local del
ejecutante, se puede evaluar la resistencia anaeróbica de media y larga
duración.

Posición inicial: el sujeto estará agarrado con las dos manos a una barra de la espaldera, con el cuerpo suspendido y extendido, dando el dorso a la espaldera, y a una altura que posibilite la extensión total del cuerpo sin tocar el suelo.

Desde la posición inicial, el ejecutante realizará flexiones de la cadera con las piernas extendidas, hasta llegar a formar un ángulo de 90° con el tronco. Tras cada flexión, volverá a la posición inicial y repetirá el ejercicio cuantas veces le sea posible.

Se contabilizará cada realización completa y correctamente ejecutada (elevación de piernas - llegada a la horizontal - vuelta a la posición inicial).

Se contabilizarán las repeticiones sin límite de tiempo y no se registrarán ejecuciones en las que se separe la espalda de la espaldera, se tome impulso con el cuerpo, se flexionen las piernas o se impulse con los talones.

Alb, Baldauf y col. obtuvieron coeficientes de fiabilidad en pruebas realizadas sobre niños, situándose en el 0,70 para edades de entre 10 y 12 años, de 0,95 entre 13 y 15 años, y de 0,98 entre los 16 y 18 años. Por otra parte, el coeficiente de objetividad lo sitúan en el 0,76 para sujetos de entre 10 y 12 años, y de entre 0,95 y 0,98, para individuos de entre 13 y 18 años (Fetzt y Kornexl, 1976).

Se permitirán dos o tres intentos previos, y el ejecutante será previamente informado de todos los errores.

Instalación y material: pared interior o exterior para sujeción de espaldera. Se requiere además espaldera, dos postes y cinta o cuerda.

Batería: prueba cíclica I

Su principal objetivo es medir la resistencia anaeróbica de larga y media duración, así como la resistencia aeróbica de corta duración

Esta prueba consiste en realizar cuatro tipos de ejercicios diferentes, separados por un período breve de descanso.

- *Prueba a) Saltos sobre banco.*

Posición inicial: de pie frente a un banco colocado de forma transversal y cuya altura es de 30 a 35 cm de alto.

Ejecución: el sujeto realizará un salto sobre el banco hasta apoyarse con los pies en el mismo y volverá, haciendo recorrido inverso, a la posición inicial.

Se contabilizará cada contacto de los pies con el banco durante un período de 30 segundos.

- *Prueba b) Flexiones de brazos en suelo con apoyo en banco.*

Posición inicial: el sujeto está tumbado (decúbito prono) con los pies apoyados sobre el banco, los brazos extendidos y separados a la anchura de los hombros y manos apoyadas en el suelo.

Ejecución: el sujeto realizará flexiones de brazos, manteniendo el cuerpo recto, hasta tocar con la barbilla en suelo.

Reglas: se contabilizarán cada contacto de la barbilla con el suelo durante un período de 30 segundos.

Desde la posición inicial, se ajustará una cuerda colocada horizontalmente, apoyada sobre dos postes, a la altura de la espalda del ejecutante. Esto obliga a que en cada repetición la extensión de brazos sea completa.

- *Prueba c) Movimientos de "V" (flexión total de tronco y caderas con extensión de piernas y brazos).*

Posición inicial: el sujeto está tumbado en decúbito supino sobre una colchoneta, con extensión de brazos hacia atrás.

Ejecución: el ejecutante realizará movimiento de flexión total de cadera y tronco adelante, manteniendo ambas extremidades extendidas hasta tocar, con los dedos de las manos, la punta de los pies. El ejecutante volverá a la posición inicial.

Reglas: se contabilizará cada contacto de las manos con los pies durante un período de 30 segundos. No se registrarán ejecuciones que impliquen cambio de la técnica en el movimiento (flexión de piernas o contacto incompleto).

- *Prueba d) Extensión de tronco con apoyo ventral en banco.*

Posición inicial: el ejecutante estará tumbado boca abajo con apoyo ventral de cadera sobre un banco situado transversalmente. Puede tener una asistencia de ayuda con agarre de otra persona de los pies (manteniéndolos en contacto con el suelo). Los brazos estarán extendidos en prolongación del tronco y hacia delante y con las palmas de las manos en contacto con el suelo.

Ejecución: a la señal del controlador, el ejecutante realizará extensiones completas de tronco con elevación simultánea de brazos hasta tocar con la punta de los dedos una cuerda situada de forma horizontal, apoyadas sobre los postes y a la altura de la cadera del ejecutante.

Reglas: se contabilizará cada contacto de los dedos del ejecutante con la cuerda de referencia durante un período de 30 seg.

Regla general: tras cada período de ejercicio, el sujeto descansará 15 seg.

Se puede tomar el pulso 2 min antes de la prueba, inmediatamente después de concluir y, si las condiciones lo permiten, en los primeros 15 seg de los minutos 1, 2, 3 y 4 subsiguientes.

Se realizará un adecuado calentamiento, y se controlará correctamente, los períodos de descanso de 15 seg.

Instalación y material: interior o exterior, superficies lisas. El material necesitado es una colchoneta, banco sueco, cronómetro, postes y cuerda.

Batería cíclica II

Objetivo: medir la resistencia aeróbica de corta y media duración.

Esta batería engloba 8 pruebas, y deberá realizarse cada ejercicio durante 60 seg, seguido de 60 seg de descanso antes de comenzar el siguiente. Las pruebas son las siguientes:

a) Saltos con flexión y extension.
b) Elevar piernas en espaldera.
c) Flexiones sobre barra fija.
d) Lumbares laterales.
e) Flexión de brazos sobre silla.
f) Abdominales con balón medicinal.
g) Saltos en apoyo de manos.
h) Extensión de tríceps en paralela.

Batería-prueba de Qüer

Su principal objetivo es medir la resistencia aeróbica de corta duración del sujeto.

Incluye las siguientes pruebas:

a) Realización de 30 flexiones de rodillas en 30 seg (con metrónomo).
b) Skipping durante 30 seg.
c) Correr en el sitio 3 min.
d) Saltar a la comba durante 1 min.
c) Correr en el sitio 3 min.
d) Saltar a la comba durante 1 min.

5.3. LA FUERZA

5.3.1. CONSIDERACIONES PRELIMINARES

La fuerza muscular se manifiesta, en mayor o menor medida, en cualquier contracción muscular. Tradicionalmente se ha considerado la fuerza como un elemento básico y determinante del rendimiento físico y humano y, como tal, todos los científicos coinciden en la necesidad de medirla, ya sea por su valoración aislada, o como un dato más para conocer el estado de forma general del individuo.

Larson y Yocon (citados por Litwin y Fernández, 1984) precisan la fuerza con las siguientes definiciones:

Fuerza muscular: «Es la capacidad del músculo de aplicar tensión contra una resistencia».

Potencia muscular: «Es la realización de fuerza con una exigencia asociada de tiempo mínimo».

Resistencia muscular: «Es la capacidad de continuar un esfuerzo sin límite de tiempo».

Capacidad muscular: «Es la suma de fuerza, potencia y resistencia muscular».

Según Padró y Rivera (1996), en el concepto de fuerza habría que diferenciar el término fortaleza muscular como la fuerza máxima que un músculo o grupo de músculos pueden generar a una velocidad específica. La fortaleza muscular es un elemento de la aptitud física que está relacionado con la salud y que depende del tejido óseo, muscular, ligamentos y la capacidad de coordinar la actuación de distintos músculos. En este sentido, fortaleza muscular es lo que una persona demuestra cuando sus músculos pueden generar una determinada fuerza.

Según Paish (1992) en las edades de preadolescencia, la práctica de ejercicios de sobrecarga intensos, con el objetivo de desarrollar o provocar un aumento elevado de la fuerza está desaconsejada, ya que durante este período de desarrollo, aumenta sobre todo, el tamaño de los huesos grandes, correspondientes, en gran medida, a las extremidades. Un excesivo entrenamiento de fuerza afecta directamente a las diferentes partes del músculo, tanto ligamentos como tendones, provocando situaciones de estiramiento y esfuerzo excesivo, que posteriormente repercutirá, una vez que se halla detenido el crecimiento, en la eficacia del músculo.

Grosser y Müller (1992) en su análisis por edades, sobre las fases del desarrollo muscular, agrupan dos períodos diferenciados en el desarrollo de la fuerza, uno comprendido entre las edades de 12 y 16 años, como una fase de adaptación muscular de estabilización[47]; y otro período de entre 15 y 19 años, como una fase de adaptación muscular más avanzada, que ellos llaman "fase de forzar"[48].

Teniendo esto en cuenta, entre los 12 - 13 años (inicios de la adolescencia), se debe cuidar, de forma especial, la selección de las pruebas de fuerza, debido no sólo a su desaconsejada utilización,[49] sino a su influencia negativa en las prácticas extraescolares diarias del sujeto, que probablemente realizará con el fin de mejorar su resultado en la próxima valoración. En este sentido, para estas edades, no se deben utilizar pruebas de alta intensidad y, sobre todo, deberíamos evitar aquellas que necesiten una sobrecarga.

Gutiérrez Sainz (1992) considera que el momento óptimo para comenzar el entrenamiento de fuerza ocurre probablemente al alcanzarse el nivel suficiente de testosterona circulante. En realidad, antes de los 10 años, el aumento de la fuerza tras un entrenamiento específico es escaso debido a la ínfima capacidad de aumento del diámetro de las fibras musculares, aunque si mejorará notablemente la coordinación neuromuscular. Este aspecto influirá de forma decisiva para crear una base óptima necesaria para el entrenamiento de fuerza en la pubertad.

También es relevante comprender que la importancia de conocer la fuerza de un sujeto, tras la realización de un determinado test, tiene su principal justificación, en conocer la fuerza útil, como cualidad o capacidad de aplicar ésta en el cuerpo, y que permita el triunfo del sujeto, logrando mejores y más rápidos cambios de dirección, de velocidad, golpeados, empujes,[50] etc.

De entre las múltiples clasificaciones[51] realizadas sobre la fuerza, vamos a elegir la más extendida en la bibliografía consultada. Grosser y Müller (1989) definen los términos de esta clasificación como sigue:

Fuerza resistencia: «Es la capacidad de resistencia frente al cansancio en cargas prolongadas y repetidas». En este sentido, su aumento está supeditado a un incremento de los procesos metabólicos aeróbico y anaeróbico.

Fuerza máxima: «Es la máxima fuerza muscular posible que se puede realizar voluntariamente mediante un trabajo isométrico, o concéntrico, en contra de una resistencia». Intervienen, sobre todo, para su desarrollo, los mecanismos musculares de hipertrofia y coordinación intramuscular, a través esta última, del aumento, en la implicación durante el esfuerzo, de un mayor número de unidades motoras.

Fuerza explosiva: «Es la fuerza que actúa en el menor tiempo posible, es decir, que se opone al máximo impulso de fuerza posible a resistencias en un tiempo determinado». Es de mayor complejidad en cuanto a la intervención o participación de más mecanismos musculares que favorezcan su desarrollo, tales como la hipertrofia, la coordinación intramuscular, el abastecimiento energético, la velocidad de contracción y la capacidad reactiva del tono muscular.

Según McDougall (1993) en la reproducibilidad de los tests de fuerza hay que tener en cuenta la angulación de los segmentos articulares en movimiento y el grado de motivación del sujeto. Este último es debido a que la expresión de la fuerza depende del sistema nervioso central. En este caso, existe un factor de aprendizaje importante que permite mejorar el resultado del test simplemente debido a su repetición continuada. Esta variabilidad es del 10%, lo cual no indica que una modificación del 5% de la fuerza desarrollada por un sujeto, en dos tests sucesivos ha de interpretarse con mucha cautela.

Otro aspecto importante a considerar es que antes de realizar los tests para medir la fuerza, sea del tipo que sea, se debe esperar al menos 2 horas. tras una comida, y realizar un correcto calentamiento,[52] en el que su primordial propósito, deben ser los ejercicios de estiramiento, intentando llegar al punto óptimo de efectividad de los músculos.[53]

Para la selección de los test de fuerza que se exponen a continuación, se han elegido pruebas de carácter general, de fácil aplicación[54] tanto en su ejecución como por sus necesidades de instalaciones y material. Todas ellas deben ser además, aplicables a grandes grupos de alumnos, de técnica sencilla, y de valoración rápida y objetiva; estando, además, desestimados, todos aquellos test que impliquen, en edades muy tempranas, la utilización de sobrecargas adicionales o esfuerzos muy intensos.

Es importantísimo conocer que existe una gran variedad de fuerzas que definen a un sujeto, estando determinada según la edad y el sexo del individuo. Así mismo, debemos conocer que dentro de un mismo grupo de edad podemos encontrar diferencias sustanciales de fuerza, sobre todo antes de los 18 años, debido a que existen distintas variaciones en la maduración según el sujeto, de forma que en dos individuos de una misma edad se puede observar a través de rayos X una edad biológica que se puede encontrar entre 10 y 15 años.[55]

5.3.2. PRUEBAS DE SALTOS

37 PRUEBA DE ABALAKOV

Su principal objetivo es valorar la fuerza explosiva de las piernas. Valoración de la capacidad de salto del ejecutante.

Posición inicial: el sujeto se colocará el cinturón sobre la cintura, estará situado de pie, con las piernas ligeramente abiertas, y con una separación aproximada de entre quince y veinte centímetros. Tendrá una cinta métrica adosada a la cintura que se mantendrá tensada verticalmente sobre un punto de sujeción en el suelo.

Ejecución: el ejecutante flexionará las piernas tanto como desee, y realizará una extensión máxima de todo el tren inferior, pudiendo ayudarse durante el salto con el impulso de los brazos.

Durante la fase de vuelo, el cuerpo permanecerá extendido y la caída se producirá sobre el mismo lugar de batida.

Se anotará la distancia en centímetros de la cinta métrica desplazada, restándole a la distancia total, los centímetros utilizados en la posición inicial.

Se realizarán tres intentos.

Según Beuker (1976) referido por Grosser y col. (1988), esta prueba tiene una validez factorial atendiendo al "factor de dominancia velocidad ", de 0,75 en hombres y 0,58 en mujeres.

Instalación: espacio interior o exterior.

Material: cinturón de salto y cinta métrica preparada para salto.

38 PRUEBA DE TRIPLE SALTO DESDE PARADO

Su principal objetivo es medir la capacidad de fuerza explosiva del miembro inferior.

La ejecución de esta prueba requiere los mismos gestos técnicos que el triple salto atlético, con la diferencia de que no existe fase de carrera previa al salto.

Posición inicial: el sujeto está colocado de pie, con el pie de impulso lo más cerca posible de la línea de salida. El otro pie se encuentra retrasado y con la pierna semiflexionada.

A la señal del controlador, el ejecutante realizará un potente impulso con la pierna adelantada, lanzando la pierna retrasada hacia delante, al objeto de alcanzar, con el salto, la máxima longitud.

Con la pierna de caída realizará un nuevo y potente impulso hacia adelante, volviendo a caer con la misma pierna. Realizará otro nuevo salto adelante, intentando avanzar el máximo espacio posible, cayendo esta vez con los dos pies.

Se registrará la distancia superada por el ejecutante, medida en centímetros, desde la línea de salida hasta la huella más cercana a ésta, tras la caída del tercer salto.

La llegada se puede realizar con apoyo o caída de uno o dos pies, según la preferencia del ejecutante.

La última caída se puede realizar sobre una colchoneta espolvoreada con magnesia, al efecto de marcar claramente la huella de los pies.

Antes de la ejecución definitiva, el alumno deberá realizar varios intentos con impulsos de ambas piernas. Durante la prueba, se dará la posibilidad de tres intentos con cada extremidad.

Albl, Baldauf y col. (S/f) obtienen resultados de fiabilidad de 0,88 en sujetos masculinos de 12 años, no variando éstos en pruebas realizadas con niñas de la misma edad, y alcanzándose un 0,87 (Kuhlow, 1969). El mismo autor afirma que de 13 a 15 años la fiabilidad de esta prueba en jóvenes masculinos es bastante notable, obteniéndose resultados de 0,94; sin embargo, la fiabilidad en la ejecución con niñas de la misma edad es mucho menor, descendiendo hasta el 0,70. Entre los 16 y 18 años, el valor de fiabilidad en sujetos masculinos y femeninos presentan resultados de 0,93 (Albl, Baldauf y col.) y 0,94 (Kuhlow) respectivamente (Fetz y Kornexl, 1976).

Se requiere para la práctica de esta prueba, espacio liso y llano, interior o exterior. Se necesita además, cinta métrica, varias colchonetas y magnesia.

39 SALTO VERTICAL CON PIES JUNTOS (DETENTE VERTICAL)

Su principal propósito es medir la fuerza explosiva de la musculatura del miembro inferior.

Fase I (marcado de altura)

Posición inicial: el ejecutante se coloca de frente a una pizarra de pared. Los pies estarán totalmente apoyados y juntos, el tronco recto y los brazos extendidos por encima de la cabeza, a la anchura de los hombros. Las manos están abiertas y con las palmas apoyadas sobre la pared, al objeto de señalar, con los dedos medios impregnados de magnesia, la altura máxima del sujeto.

Fase II (para salto).

Posición inicial: el alumno se colocará lateralmente junto a la pared, a 20 cm aproximadamente. El tronco debe estar recto, los brazos caídos a lo largo del cuerpo y las piernas extendidas. Los pies paralelos a la pared, con una apertura aproximada de hasta la anchura de los hombros.

Ejecución: a la señal del controlador, el ejecutante podrá inclinar el tronco, flexionar varias veces las piernas (sin despegar los pies del suelo), y balancear brazos para realizar un movimiento explosivo de salto hacia arriba. Durante la fase de vuelo, deberá extender al máximo el tronco y el brazo más cercano a la pared, marcando en la pizarra, con el dedo medio impregnado de magnesia, la mayor altura posible.

Se medirá el número de centímetros que existe entre las dos marcas realizadas por el sujeto.

No se podrá girar el cuerpo durante la ejecución.

Se realizará un calentamiento completo.

Se realizarán varios intentos sin valoración, considerándose posteriormente la mejor marca de dos intentos tras descanso mínimo de 45 seg (Blázquez,1990).

Otros autores como Legido y col. (1995), se inclinan por una posición inicial lateral para la primera medida, en este caso, el sujeto se coloca lateralmente a la pared,[56] separado 20 cm de la misma, y con el miembro superior (derecho o izquierdo) abducido 180°, hasta apoyar la mano sobre la pared, marcando con el dedo medio la altura inicial.

La objetividad de la prueba es alta, alcanzando valores de entre 0,93 y 0,97 (Albl, Baldauf y col., (S/f) y Jeschke, 1971). Los valores de fiabilidad conocidos son diferentes en mujeres, dependiendo de la edad; así, para 12 años se obtienen coeficientes de 0,80; de 13 a 15 años valores de 0,85 y para mujeres de entre 16 y 18 años, se conocen resultados de 0,86 (Kuhlow, 1969). En jóvenes masculinos de 12 años, se obtienen resultados fiabilidad de entre 0,89 y 0,96. Los comprendidos entre 13 y 15 años alcanzan un valor de fiabilidad de prueba de 0,95 y entre 0,90 y 0,98 para ejecutantes de entre 16 y 18 años (Jeschke, Albl y Daldauf y col).[57]

Beuker (1976) en Grosser y col. (1988), participa de un coeficiente de validez de la prueba de 0,83 para hombres y 0,81 para mujeres. Asimismo, la fiabilidad prueba-reprueba la sitúa en el 0,87, comprobando además una objetividad superior a 0,72.

Beunen y Simon (1977-78) obtuvieron un coeficiente de fiabilidad de 0,78.

Instalación: espacio interior o exterior. Será necesario como material, saltómetro[58] o pizarra con barra métrica o medida en su caso, magnesia o tiza y esponja.

40 VARIANTE: PRUEBA DE DETENTE / PESO CORPORAL

Legido y col. (1995), elaboraron una tabla atendiendo a la marca obtenida en la prueba, con relación al peso y altura del ejecutante, siguiendo la siguiente fórmula:

$$\text{Valor} = \frac{\text{Peso corporal} \times \text{altura}}{100}$$

41 SALTO HORIZONTAL A PIES JUNTOS

Su principal objetivo es medir o valorar la fuerza explosiva del tren inferior.

Posición inicial: el sujeto se colocará de pie tras la línea de salto y de frente a la dirección del impulso, el tronco y piernas estarán extendidas y los pies juntos o ligeramente separados.

A la señal del controlador, el ejecutante flexionará el tronco y piernas, pudiendo balancear los brazos para realizar, posteriormente, un movimiento explosivo de salto hacia delante. La caída debe ser equilibrada, no permitiéndose ningún apoyo posterior con las manos.

Se anotará el número de centímetros avanzados, entre la línea de salto y el borde más cercano a ésta, midiendo desde la huella más retrasada tras la caída.

Se considerará la mejor marca de dos intentos, tras un descanso mínimo de 45 seg.

Es importante realizar un calentamiento previo completo, pudiendo realizar varios saltos sin valoración.

Nupponen (1981) afirma que el coeficiente de fiabilidad está por encima del 0,90. Telama y col. (1982) obtuvieron unos coeficientes de fiabilidad de 0,80 y 0,96 en niños y niñas de 12 años respectivamente; valores de 0,94 y 0,87 en niños y niñas de 15 años; y valores de 0,89 y 0,85 para sujetos masculinos y femeninos de 18 años respectivamente.[59]

Este test presenta, sobre todo en varones, una gran dispersión de resultados,[60] observándose en alumnos de la misma edad, resultados muy diferentes. Para Farrally y col. (1980) la fiabilidad del test de salto horizontal desde parado, como medida de la fuerza explosiva, presenta una fiabilidad de 0,96. Beune y Simon (1977-78) obtienen un coeficiente de fiabilidad de 0,91.

Fetz y Kornexl (1978) obtienen coeficientes de fiabilidad de 0,90 a 0,95, para sujetos de entre 13 y 18 años. Sitúan el coeficiente de objetividad de esta prueba entre el 0,88 y 0,94.

Como instalación, se requiere un espacio interior o exterior con superficie llana y lisa. El material necesario consiste en una cinta métrica, magnesia (con el objeto de espolvorear). Se puede utilizar una superficie blanda, como una colchoneta, para la caída del salto.

42   VARIANTE: SALTO HORIZONTAL CON BRAZOS ATRÁS

Tiene como objetivo medir la fuerza explosiva del tren inferior, aislando el efecto útil provocado por el impulso de los brazos adelante.

Lutamen y Comí (1978) citado por Farrally (1982) demostraron que el 10% del avance obtenido tras un salto horizontal, es resultado de la aportación del balanceo de brazos. Por tanto, proponen el salto horizontal con brazos atrás, utilizado ya, por el último autor, en 1980 para medir la CF de escolares escoceses de entre 13 y 17 años de edad.

5.3.3. PRUEBAS DE LANZAMIENTOS

No son pocos los educadores que ven el balón medicinal como un elemento anticuado o desfasado. En realidad, sólo algunos autores lo incluyen como material para entrenamiento y menos aún como elemento indispensable para la valoración de la capacidad muscular de los alumnos, ya que en cualquiera de sus variantes, presenta resultados poco fiables, paliándose este efecto, en parte, si se tienen en cuenta algunas medidas antropométricas del ejecutante, como la talla o el peso.

Habría que tener en cuenta, que los lanzadores de elite poseen generalmente una gran altura, masa y peso corporal, estando, pues, la marca conseguida altamente relacionada con estas características antropométricas, ya sea por su constitución genética o desarrolladas mediante el entrenamiento.

Por tanto, para cualquier tipo de prueba de lanzamientos de peso, se debería utilizar una valoración no absoluta, como sucede de una forma generalizada, sino relativa, es decir, atendiendo a las características de, talla y peso del ejecutante.

Debido a la intensidad de estas pruebas, se hace necesario realizar un correcto calentamiento previo.

De todas formas, cabría preguntarse, por qué no utilizan estos test en ninguna de sus versiones los grandes autores, o no están incluidos en baterías de valoración general como Eurofit.

43 LANZAMIENTO DE BALÓN MEDICINAL

Su principal objetivo es medir o valorar la fuerza explosiva de los músculos extensores del miembro superior, tronco y miembro inferior.

Posición inicial: el ejecutante se colocará en posición de pie, detrás de la línea de lanzamiento, con los pies separados a la anchura de los hombros. El cuerpo estará dispuesto hacia la dirección de lanzamiento, y tendrá el balón simétricamente agarrado con ambas manos.

Ejecución: a la señal del controlador, el alumno elevará, con ambas manos, el balón por encima y detrás de la cabeza, simultáneamente podrá extender el tronco, flexionar brazos y piernas, elevando talones, pero sin despegar la puntera del suelo. A partir de aquí, realizará un movimiento explosivo de lanzamiento hacia delante, con el objeto de trasladar el móvil a la mayor distancia posible.

El lanzamiento se medirá desde la línea demarcatoria hasta el punto de caída del balón, y se anotará el mejor de dos lanzamientos, registrando la distancia alcanzada en centímetros. Durante el lanzamiento, las manos accionan simétrica y simultáneamente por encima de la cabeza, no pudiendo desplazarse el lanzador mas allá de la línea de lanzamiento.

La mayoría de los autores diferencian el peso del balón según el sexo del ejecutante. Blázquez (1991) establece 3 kg para hombres y 2 kg para mujeres. Legido y col. (1995) recomiendan para esta prueba un peso de 3 kg sin diferencia de sexo, pero añaden que su aplicación en menores de 10 años se debe realizar con un balón de 2 kg. En las pruebas de ingreso al INEF, existe diferencia de sexos, asignando 5 kg para hombres y 3 kg para mujeres.[61]

44 VARIANTE: LANZAMIENTO DE BALÓN MEDICINAL CON APOYO DE UNA O DOS RODILLAS EN EL SUELO

La finalidad de esta prueba es la misma que en la ejecución del lanzamiento de balón tradicional; sin embargo, en este caso, se intenta aislar, en parte, la aportación de fuerza obtenida por la acción de las piernas.

Las reglas para el lanzamiento son las mismas que en el lanzamiento de balón medicinal desde de pie, pero con la diferencia de que el sujeto puede disponer de una mayor libertad de movimiento y capacidad de apoyo que en la modalidad de lanzamiento de balón medicinal desde sentado.

Para la realización de estas pruebas, se requiere un espacio interior o exterior, siendo necesario como material, balones medicinales de varios pesos y cinta métrica.

45 VARIANTE: LANZAMIENTO A UNA MANO CON APOYO DE RODILLA

Esta modalidad mantiene el apoyo de la anterior prueba, pero presenta la característica diferenciadora del lanzamiento. En este caso, el móvil es sostenido por los dedos y parte de la palma de la mano, y parte desde una completa flexión del brazo y apoyo del peso sobre la mandíbula del ejecutante para, en el momento de la ejecución, realizar una completa extensión del brazo, enviando el peso arriba y adelante a la máxima distancia.

46 LANZAMIENTO DE BALÓN MEDICINAL DESDE SENTADO

La finalidad de esta prueba es valorar la fuerza explosiva de los músculos extensores del tronco y miembro superior.

Posición inicial: el ejecutante se colocará sentado sobre el sueldo o una colchoneta, detrás de la línea demarcatoria de lanzamiento. El tronco permanecerá recto y las piernas extendidas y abiertas, a una anchura aproximadamente de 50 cm, manteniéndose los talones apoyados sobre el suelo.

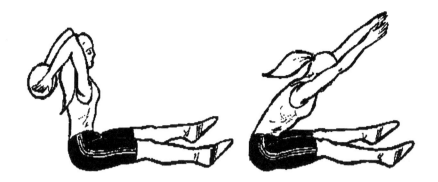

El ejecutante estará mirando hacia la dirección de lanzamiento y tendrá el balón simétricamente agarrado con ambas manos.

Ejecución: a la señal del controlador, el alumno elevará, con ambas manos, el balón por encima y detrás de la cabeza; simultáneamente, podrá extender tronco y flexionar brazos, sin despegar los talones del suelo ni flexionar piernas. A partir de aquí, realizará un movimiento explosivo de lanzamiento hacia delante, con el objeto de trasladar el móvil a la mayor distancia posible.

Durante la fase de lanzamiento, y hasta que el balón impacte con el suelo, el sujeto no podrá separar los pies de la superficie; no permitiéndose saltar en el momento del lanzamiento.

Se medirá la distancia existente entre la línea de lanzamiento y la marca dejada por el impacto del balón. Se anotará el mejor de dos intentos.

Para la realización de estas pruebas, se requiere un espacio interior o exterior; siendo necesario como material, una colchoneta, balones medicinales de varios pesos y cinta métrica.

47 LANZAMIENTO DE BALÓN MEDICINAL A UNA MANO

Tiene como objetivo estimar la fuerza explosiva de los músculos extensores de miembro superior, tronco y miembro inferior.

Posición inicial: el ejecutante se coloca tras la línea de demarcación y de frente a la dirección de lanzamiento, las piernas estarán en posición de paso, ajustándose la adelantada a la línea de expulsión, y apuntando el pié hacia el sentido del lanzamiento.

El balón está apoyado sobre la mano que coincide con la pierna retrasada; el mismo brazo estará flexionado para permitir acercar el balón a la cabeza del ejecutante. La otra mano puede tocar el balón en su parte superior para equilibrarlo.

Ejecución: a la señal del controlador, el ejecutante acentuará la flexión atrás de la pierna retrasada, cadera y brazo ejecutor, para posteriormente realizar un movimiento explosivo de extensión con lanzamiento hacia delante con una mano, sin despegar los pies del suelo y, con el objeto de trasladar el móvil a la mayor distancia posible.

Durante la fase de lanzamiento, y hasta que el balón impacte con la superficie, el sujeto no podrá separar los pies del suelo, no pudiéndose, además, saltar en el momento del lanzamiento.

Se medirá la distancia existente entre la línea de lanzamiento y la marca dejada por el impacto del balón. Se anotará el mejor de dos intentos.

Debido a la intensidad de la prueba, se debe realizar un completo calentamiento previo.

Se realizarán tres o cuatro intentos previos, indicando previamente la técnica de lanzamiento, con incidencia en los ángulos óptimos de lanzamiento (entre 40°-45°).

Para la realización de estas pruebas se requiere un espacio interior o exterior, siendo necesario como material, balones medicinales de varios pesos[62] y cinta métrica.

48 PRUEBA DE LANZAMIENTO DE PESO

Tiene como objetivo valorar la fuerza explosiva de la musculatura del tronco, piernas y extensores de los brazos.

Posición inicial: el ejecutante se colocará de pie, lateralmente a la línea de lanzamiento y con las piernas abiertas. Deberá apoyar el peso sobre la palma de la mano del brazo más alejado a la línea de lanzamiento. La bola de lanzamiento estará pegada a la barbilla del alumno.

Ejecución: desde la posición inicial, el ejecutante flexionará los diferentes miembros y, realizará, mediante extensión de piernas, tronco y brazo, un lanzamiento de la bola con el objeto de lanzar la carga a la mayor distancia posible.

Se registrará la distancia obtenida tras el lanzamiento desde la línea de demarcación hasta el lugar de impacto de la bola, pudiéndose realizar dos intentos y valorándose el mejor de ellos.

Durante todo el movimiento y hasta que la bola toque la superficie, tras el lanzamiento, ambos pies estarán en contacto con el suelo.

La aplicación de este test requiere la práctica anticipada de su técnica; a este efecto, se realizarán tres o cuatro intentos previos, indicando la técnica de lanzamiento, con incidencia en los ángulos óptimos de lanzamiento (entre 40°-45°).

Para algunos autores como Albl, Baldauf y col. (S/f) esta prueba posee un alto grado de fiabilidad, asignándole a las edades de entre 12 y 18 años un idéntico coeficiente de 0,94. La valoración obtenida por Fleishman (1964), es mucho más baja, concretándola en 0,70. Por otro lado, los valores de objetividad se sitúan entre 0,88 y 0,94 (en Fetz y Kornexl, 1976).

49 VARIANTE: LANZAMIENTO DE PESO DE ATLETISMO

Objetivo: medir la fuerza explosiva del alumno.

Posición inicial: el sujeto se coloca de espaldas a la dirección del lanzamiento desplazando el peso del cuerpo sobre la pierna derecha. La otra extremidad estará despegada del suelo con ligera flexión de 30 cm detrás y 10 cm desplazada lateralmente de la pierna de apoyo.

La línea de caderas estará perpendicular al eje de lanzamiento, así como la línea de los hombros.

La bola de peso estará en la mano derecha apoyada sobre la cara interior de los dedos y parte de la palma, pudiendo estar los dedos (todos unidos, pulgar separado, o pulgar y dedo meñique separados).

La bola de peso estará apoyada en el espacio anatómico localizado entre el cuello y la mandíbula, estando el codo opuesto al peso. El brazo izquierdo estará extendido hacia delante y hacia arriba, a una altura aproximada de la cabeza.

A partir de esta posición, el sujeto comenzará la ejecución, pudiendo flexionar y agrupar todo el cuerpo hacia delante, basculando sobre este mismo sentido, contrarrestando la posición avanzada del tronco con la elevación de la pierna izquierda por detrás.

A partir de esta posición, se produce un movimiento de desplazamiento brusco de la pierna de apoyo hacia atrás, aproximadamente de 50 cm, a la vez que todo el cuerpo gira 180° hacia delante, elevándose simultáneamente, con extensión completa de pierna de apoyo, tronco y brazo derecho para lanzar el peso a la máxima distancia.[63]

Se considerará nulo cualquier lanzamiento en el que el ejecutante sobrepase la línea de lanzamiento con cualquier parte del cuerpo.

Se medirá la distancia obtenida desde la línea de lanzamiento hasta el punto de impacto contra el suelo.

50 VARIANTE: LANZAMIENTO DE PESO DESDE SENTADO

Para eliminar la influencia de la musculatura de piernas y tronco. Esta modalidad está recomendada para niños y adultos.

La instalación requerida es un espacio liso y llano, necesitándose como material, bolas de peso de varios tamaños (7,25; 6; 5; 4 kg) colchoneta y cinta métrica.

51   LANZAMIENTO DE PESO HACIA ATRÁS

Su principal finalidad es medir o valorar la fuerza explosiva de tronco y miembros superior.

Posición inicial: el ejecutante se situará de pie y de espaldas a la dirección de lanzamiento. Las piernas estarán abiertas aproximadamente a la anchura de los hombros, el cuerpo permanecerá recto y el peso sujeto por ambas manos, quedando los brazos extendidos y situados delante del cuerpo.

Ejecución: a la señal del controlador, el ejecutante deberá flexionar piernas y tronco, balanceando los brazos, para posteriormente realizar un movimiento explosivo de lanzamiento hacia atrás, con extensión violenta de piernas, tronco y brazos, con el objeto de trasladar el móvil a la mayor distancia posible.

Durante la fase de lanzamiento, y hasta que el balón impacte con el suelo, el sujeto no podrá separar los pies de la superficie. No se podrá saltar en el momento de lanzamiento.

Se medirá la distancia existente entre la línea de lanzamiento y la marca dejada por el impacto del balón, anotándose el mejor de dos intentos.

Legido y col. (1996), utilizan una carga de peso de 7, 250 kg para hombres y 4 kg para mujeres. Para ejecutantes menores de 10 años y mayores de 50 años recomiendan manejar un peso de 3 kg.

Su objetivo es medir la potencia muscular del tronco y miembro superior.

Inicialmente, el ejecutante estará colocado tras la línea de lanzamiento, en posición de pie con ambas piernas extendidas. Mantendrá el peso asido con ambas manos, a la altura de la barbilla y de manera que éste llegue a tocar con la parte superior del pecho.

A la señal del controlador, el ejecutante realizará una potente y completa extensión de brazos hacia arriba y adelante para lanzar el móvil a la máxima distancia.

Se considerará nula cualquier ejecución en la que el sujeto despegue los pies del suelo o sobrepase la línea inicial.

Se anotará la distancia, obtenida por el alumno, desde la línea de lanzamiento hasta el punto de impacto del peso sobre el suelo.

El material necesario para realizar esta prueba consiste en una bola del peso o balón medicinal y una cinta métrica.

53 LANZAMIENTO DE PESO DESDE DEBAJO DE LAS PIERNAS

Su objetivo es medir la potencia de los músculos de piernas y tronco y miembros superiores.

Posición inicial: el ejecutante estará colocado tras la línea de lanzamiento, con las piernas ligeramente flexionadas y tronco inclinado hacia delante, de forma que el peso permanecerá agarrado con ambas manos entre las piernas ya que los brazos estarán totalmente extendidos y dirigidos hacia abajo.

A la señal del controlador, el ejecutante podrá balancear tronco y brazos hasta el definitivo lanzamiento de peso hacia delante y en sentido arriba-adelante, para conseguir alcanzar la máxima distancia posible.

Se considerará nula cualquier ejecución en la que el sujeto despegue los pies del suelo o sobrepase la línea inicial.

Se anotará la distancia obtenida por el alumno, desde la línea de lanzamiento hasta el punto de impacto del peso sobre el suelo.

El material necesario para realizar esta prueba consiste en una bola de peso o balón medicinal y una cinta métrica.

54 LANZAMIENTO LATERAL DE PESO A DOS MANOS

El objetivo de esta prueba es medir la potencia muscular general del sujeto, ya que están implicados una gran parte de la masa muscular corporal.

Inicialmente, el sujeto estará colocado en posición de pie, tras la línea inicial y de espaldas al sentido de lanzamiento. El peso estará agarrado simétricamente por ambas manos, con los brazos extendidos hacia abajo de forma que éste quede situado delante de la cadera del ejecutante.

A la señal del controlador, el ejecutante podrá balancear el peso, con movimiento de hombros y brazos a derecha e izquierda, hasta el desplazamiento final, en el cual el sujeto rotará 180° hacia un lado para, con un movimiento explosivo, lanzar la bola a la mayor distancia posible.

Se considerará nula cualquier ejecución en la que el sujeto despegue los pies del suelo o sobrepase la línea inicial.

Se anotará la distancia obtenida por el alumno, desde la línea de lanzamiento hasta el punto de impacto del peso sobre el suelo.

El material necesario para realizar esta prueba consiste en una bola de peso o balón medicinal y una cinta métrica.

55 LANZAMIENTO LATERAL DE PESO A UNA MANO

El objetivo es medir la potencia muscular del sujeto.

Inicialmente el sujeto se colocará en posición de pie, tras la línea inicial y de espaldas al sentido de lanzamiento. El peso estará agarrado por una mano, con el brazo extendido hacia abajo, de forma que éste quede situado delante de la cadera del ejecutante.

A la señal del controlador, el ejecutante podrá balancear el peso, con movimiento de hombros y brazos a derecha e izquierda hasta el desplazamiento final, en el cual el sujeto rotará 180° hacia un lado para, con un movimiento explosivo, lanzar la bola a la mayor distancia posible.

Se considerará nula cualquier ejecución en la que el sujeto despegue los pies del suelo o sobrepase la línea inicial.

Se anotará la distancia obtenida por el alumno, desde la línea de lanzamiento hasta el punto de impacto del peso sobre el suelo.

El material necesario para realizar esta prueba consiste en una bola de peso o balón medicinal y una cinta métrica.

5.3.4. PRUEBAS CON DINAMÓMETROS

Sólo en pocas ocasiones se han llevado a la práctica pruebas con dinamómetros entre escolares. Esto es debido fundamentalmente, a que son escasos los centros educativos que disponen entre su material de estos instrumentos; por otra parte, si los hay, son calibrados de forma diferente, provocando esto la imposibilidad de comparar los resultados obtenidos por diferentes aparatos.

Según Monod y Flandrois (1986) las pruebas que requieren la participación de la fuerza isométrica máxima, aun cuando sus resultados pueden expresar medidas interesantes, son difíciles de llevar a cabo, ya que sus resultados están asociados, en gran manera, a la motivación del ejecutante.

La obtención de resultados o valores de fuerza a través de pruebas de dinamómetro pueden ser diversas, obteniéndose según el miembro de ejecución, diferentes datos[64] de fiabilidad. Farrally y col. (1980) obtienen un valor de 0,89 en la medición de la fuerza estática tras prueba de extensión de rodilla. En la medición de la fuerza estática tras extensión del codo, se obtuvo un coeficiente de fiabilidad de 0,57; y de 0,91 en la fuerza de agarre.

56 PRUEBA DE DINAMOMETRÍA MANUAL

Tiene como objetivo medir la potencia muscular (fuerza estática) de los músculos flexores de mano y antebrazo.

Posición inicial: el sujeto se encontrará de pie, y sujetará el dinamómetro con la mano,[65] amarrándolo lo más firmemente posible con los dedos. El brazo estará ligeramente flexionado y permanecerá a lo largo del cuerpo, situándose la palma de la mano hacia el muslo, pero sin tocarlo.

A la señal del controlador, el ejecutante deberá presionar el dinamómetro apretando la mano con la mayor fuerza posible; no durante la ejecución, no se puede sacudir el aparato, ni cambiar la postura del cuerpo ni la posición del dinamómetro o utilizar ningún apoyo.

Se reconocerá la mejor lectura de dos intentos, registrándose la puntuación en kilogramos.

Clarke (1966), demostró que existe una correlación de 0,80 entre la fuerza de agarre y las medidas más generales de fuerza muscular, implicando que esta sola medición reveló dos tercios de la información que proporcionaría una batería de test más extensa. Este aspecto fue considerado de gran importancia, hasta el punto de incluir la prueba de fuerza de agarre, como una de las seleccionadas en 1980 para valorar la CF de los escolares escoceses entre 13 y 17 años (mencionado por Telama y col., 1982).

La fuerza de agarre manual es el test que más depende del crecimiento (Telama y col., 1982). El mismo autor obtuvo coeficientes de fiabilidad, por edades, atendiendo al test de fuerza de agarre presentando en sujetos masculinos de 12, 15 y 18 años valores respectivos de 0,96; 0,88 y 0,89. En sujetos femeninos de 12, 15 y 18 los valores alcanzados fueron de: 0,94; 0,88 y 0,69.

Es significativo mencionar la diferencia existente en resultados de fiabilidad entre ejecuciones masculinas y femeninas en un estudio de fiabilidad, tras la repetición de la prueba en un período de dos meses, en el que se obtuvieron resultados respectivos de 0,92 y 0,69.

Beunen (1972) y Simon (1978) obtuvieron un coeficiente de fiabilidad (test-retest) del 0,85 en jóvenes de entre 11 y 19 años.

Para la realización de esta prueba, se requiere dinamómetro manual y cronómetro.

57 DINAMOMETRÍA LUMBAR

Su objetivo es medir la potencia de los músculos lumbares.

Posición inicial: el sujeto estará subido sobre una plataforma de madera, a la cual estará fijado un dinamómetro, la posición será de pie, con las piernas juntas y extendidas, permaneciendo el tronco recto e inclinado hacia delante y formando ángulo recto con las piernas. El ejecutante agarrará, con los brazos totalmente extendidos, la anilla del dinamómetro.

A la señal del controlador, el alumno realizará extensión de tronco de una forma máxima, sin flexionar brazos, rodillas o tronco.

Durante la ejecución no se podrá sacudir el aparato, cambiar la postura del cuerpo, posición del dinamómetro, o utilizar ningún apoyo.

Se registrarán, en kilogramos, la mejor lectura de dos intentos.

Esta prueba está recomendada para la evaluación de grandes masas de gente, ya que no requiere el aprendizaje de una técnica especial, ni un estado mínimo de forma física para su ejecución.

Para su realización, se requiere dinamómetro, cuerda o cadena con empuñadura y anclajes, y/o gancho para sujeción.

58 DINAMOMETRÍA PARA MEDIR LA FUERZA DE LA ESPALDA

Su principal objetivo es medir la potencia muscular (fuerza estática) de los músculos de la espalda.

Para su realización, el sujeto se colocará de pie sobre un banco, al cual estará fijado un dinamómetro de extensión. El ejecutante permanecerá con las piernas rectas y abiertas a la anchura de los hombros, e inclinará ligeramente el tronco adelante, a la vez que agarra, con ambas manos, una asidera que conecta ésta con el dinamómetro a través de una cadena.

La medida de la cadena debe ser adecuada para que el sujeto mantenga en todo momento las piernas y brazos extendidos, de forma que sólo se pueda realizar el esfuerzo con la extensión de los músculos del tronco.

Ejecución: a la señal del controlador, el ejecutante deberá extender la espalda, estirando el dinamómetro con la máxima fuerza posible.

Se registrará el mejor de dos intentos. La puntuación se anotará en kilogramos.

Durante la ejecución no se podrá sacudir el aparato, cambiar la postura del cuerpo la posición del dinamómetro o utilizar ningún apoyo.

El material necesario es un dinamómetro especialmente diseñado para este fin y cadena de al menos 50 cm unida a una anilla.

59 DINAMOMETRÍA PARA MEDIR LA FUERZA DE LAS PIERNAS[66]

Su finalidad es medir la potencia de la musculatura de las piernas.

Descripción: el sujeto se situará de pie sobre suelo firme, al cual estará fijado un dinamómetro de extensión. El ejecutante permanecerá con las piernas semiflexionadas y abiertas a la anchura de los hombros, estando el tronco (la espalda) totalmente recto, a la vez que agarra, con ambas manos una asidera que conecta con el dinamómetro a través de una cadena.

La medida de la cadena debe ser la adecuada para que el sujeto mantenga, en todo momento, la espalda y brazos extendidos, de forma que sólo se puede realizar esfuerzo con la extensión de los músculos de las piernas.

Ejecución: a la señal del controlador, el ejecutante realizará una potente extensión de piernas estirando el dinamómetro con la máxima potencia posible. La fuerza se ejercerá mientras el sujeto intenta estirar las piernas.

Variante: igualmente se puede realizar el ejercicio con la ayuda de un cinturón colocado en la cintura del alumno, de forma que éste quede tensado sobre la cadena. En el momento de la ejecución, el alumno tendrá las manos libres realizando un esfuerzo mediante la extensión de piernas.

Para su realización, se necesita un dinamómetro específicamente diseñado para este fin y una cadena de al menos 50 cm.

5.3.5. OTRAS PRUEBAS

60 PRUEBA DE ABDOMINALES SUPERIORES

Su principal finalidad es valorar la potencia de los músculos abdominales y la resistencia muscular local.

Posición inicial: el sujeto estará colocado en posición de decúbito supino, piernas abiertas a la anchura de los hombros y las rodillas ligeramente flexionadas. Los brazos estarán extendidos en prolongación del tronco, por detrás de la cabeza, de forma que el dorso de las manos descanse sobre la colchoneta.[67] Los pies estarán inmovilizados tras la barra inferior de la espaldera.

Ejecución: a la señal acústica del controlador, el ejecutante realizará una flexión de tronco adelante completa, hasta tocar con las manos la barra inferior de la espaldera, e inmediatamente volver a la posición inicial.

El sujeto repetirá el ejercicio cuántas veces pueda durante un período de 15, 30 ó 60 seg, contabilizándose el número de repeticiones realizadas correctamente en el período determinado.

Se debe realizar un calentamiento completo y realizar 3-4 intentos previos sin registrar.

Para Jeschke (1971), la fiabilidad de esta prueba se sitúa entre el 0,86 y 0,91 en sujetos masculinos de 12 años; del 0,86 a 0,93 13 a 15 años y de 0,85 a 0,89 en individuos de 16 a 18 años. Telama (1982) obtiene, sobre una duración de prueba de 30 seg, y un test - retest tras dos meses, una fiabilidad en la misma del 0,83. Beune y Simon (1977-78) propusieron resultados generales del 0,84 en jóvenes de entre 11 y 19 años. Farrally y col. (1980) obtienen un coeficiente de fiabilidad de 0,73 en niños de entre 13 y 17 años.

Albl, Baldauf y col. (S/f) y Jeschke (1971), presentaron resultados de objetividad de entre 0,71 y 0,97 en sujetos de entre 12 y 18 (en Fetz y Kornexl, 1976).

Gusi y Fuentes (1999) en un estudio sobre validez comparativa en dos pruebas de abdominales, realizado a un grupo de tenistas de entre 14 y 16 años, obtuvieron que el sexo no afectó significativamente en la reproductibilidad de ambos tests (p>0,005). En las pruebas de encorvadas y sit up con rodillas flexionadas,[68] se obtuvieran resultados de fiabilidad de 0,97 y 0,95 respectivamente, y mostraron coeficientes de variación bajos entre las diferentes aplicaciones, siendo, por tanto, para estos autores, «pruebas de valoración fiables útiles y aplicables».

61 VARIANTE: ABDOMINALES CON MANOS ENTRELAZADAS EN LA NUCA

Para la realización de estas pruebas se requiere colchoneta, cronómetro y la ayuda de un compañero/a.

62 VARIANTE: ABDOMINALES CON GIRO Y MANOS ENTRELAZADAS EN LA NUCA

Para la realización de estas pruebas se requiere colchoneta, cronómetro y la ayuda de un compañero/a.

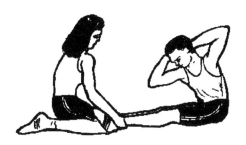

63 VARIANTE: ABDOMINALES SOBRE BANCO INCLINADO Y MANOS ENTRELAZADAS EN LA NUCA

Para la realización de esta prueba se requiere espaldera, banco y cronómetro.

64 VARIANTE: PRUEBA DE " V "

Su principal objetivo es medir la potencia de los músculos abdominales del sujeto.

Posición inicial: el ejecutante se colocará en posición de decúbito supino, con tronco y miembros superior e inferior juntos y totalmente extendidos, estando ambos en contacto con la superficie de la colchoneta sobre la que están apoyados.

A la señal del profesor, el alumno comenzará a realizar movimientos de agrupamiento mediante flexión de tronco adelante; al mismo tiempo, las extremidades se desplazan hacia la línea media del tronco hasta llegar a tocar las manos con las puntas de los pies, permaneciendo, durante todo el recorrido, brazos y piernas totalmente extendidas. Se volverá a la posición inicial.

Se anotarán el número de repeticiones correctas que puede realizar el sujeto ejecutante. También se puede registrar el tiempo empleado en realizar diez repeticiones correctas.

El material necesario para realizar esta prueba consiste en una colchoneta y un cronómetro.

Según Grosser y Müller (1989) este ejercicio no es recomendable para el entrenamiento de la musculatura abdominal y potenciación de los músculos flexores de la cadera ya que:

«...provoca, en la primera fase del movimiento (brazos y piernas extendidas), una carga extrema para la zona entre la columna lumbar y el coxis a causa de un arqueo instantáneo de la columna».

Para la realización de estas pruebas es necesaria la utilización de colchoneta, cronómetro y, en su caso, banco y espaldera.

65 PRUEBA DE ELEVACIÓN DE PIERNAS SOBRE SUELO (ABDOMINALES INFERIORES)

Su principal objetivo es medir la capacidad de resistencia de fuerza de la musculatura del tronco.

Posición inicial: el sujeto está tumbado sobre la colchoneta en posición de decúbito supino. El cuerpo permanecerá totalmente extendido y los brazos en prolongación del cuerpo, por detrás de la cabeza, y con las manos agarradas a la barra inferior de la espaldera.

A la señal del controlador, el sujeto deberá realizar elevación de piernas hasta la vertical, formando un ángulo de 90° con el tronco, para volver de nuevo a la posición inicial.

Se registrará el máximo número de repeticiones realizadas correctamente (incluye el ciclo completo de levantar piernas y volver a la posición inicial) en un tiempo predeterminado en segundos.

Las piernas permanecerán extendidas durante todo el recorrido de la prueba. No se podrá aprovechar el impulso de bajada para realizar una nueva subida, ni golpear las colchonetas con los talones.

Según Beuker, esta prueba, presenta un índice de validez[69] en hombres y mujeres del 0,72 y 0,64 respectivamente. La fiabilidad tras realizar el test - retest es de 0,70 y alcanza valores de objetividad superiores al 0,72 (en Grosser y col., 1988).

Beunen y Simon (1978) obtienen valores de fiabilidad de 0,77 en jóvenes de entre 11 y 18 años.

66 VARIANTE: ELEVACIÓN DE PIERNAS SOBRE PLANO INCLINADO (ABDOMINALES INFERIORES)

Para la realización de estas pruebas se requiere espaldera, banco y cronómetro.

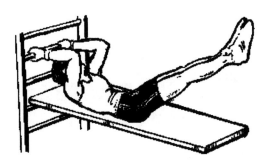

67 PRUEBA DE EXTENSIÓN DE TRONCO

Su principal finalidad es valorar la fuerza explosiva y resistencia muscular de los músculos extensores del tronco.

Posición inicial: el sujeto está colocado en decúbito prono sobre la colchoneta. Los brazos estarán colocados detrás de la cabeza, con las manos entrelazadas; la barbilla permanecerá apoyada y en contacto con la colchoneta, los pies juntos y firmemente sujetos por un compañero.

A la señal acústica del controlador, el sujeto realizará una extensión de tronco, elevándose hasta tocar con la cabeza o cuello, una cuerda o listón situado en sentido horizontal, amarrada sobre dos postes y a una altura equivalente a la medida que existe desde la parte superior de la rótula al sueldo (colocado el sujeto en posición de pie). Posteriormente volverá a la posición inicial.

Se contabilizarán el número de ejecuciones (subida - bajada) realizadas correctamente en un período de 15 seg.

Se debe calentar correctamente y se realizarán varios intentos previos sin contabilizar.

La fiabilidad de esta prueba es muy variable según la edad de los ejecutantes. Albl, Baldauf y col. (S/f) asignan un coeficiente de fiabilidad de 0,62 para niños de 12 años; 0,92 a niños de entre 13 y 15 años; y 0,55 a sujetos de entre 16 y 18 años. Fleishman (1964) obtiene una fiabilidad general del 0,76. En el mismo estudio, se presentan resultados de objetividad muy variables, asignando un 0,81 para individuos de 12 años; 0,94 en jóvenes de 13 y 15 años, y 0,59 para adolescentes de entre 16 y 18 años (en Fetz y Kornexl, 1976).

68 VARIANTE: EXTENSIÓN DE TRONCO SOBRE PLINTO

Tiene como principal objetivo valorar la fuerza explosiva y resistencia de fuerza de los músculos extensores del tronco.

El sujeto estará colocado en posición de decúbito prono sobre el plinto y en sentido longitudinal del mismo. El apoyo será completo desde los miembros inferiores hasta la cadera, sobresaliendo el resto del cuerpo por el extremo del banco, y manteniendo las manos entrelazadas tras la nuca.

Para contrarrestar el desequilibrio del cuerpo hacia delante se situará un compañero encima del plinto, pudiendo estar sentado a horcajadas sobre las pantorrillas del ejecutante o sujetando las mismas con ambas manos.

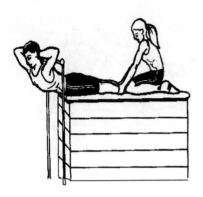
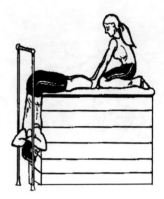

A la señal del controlador, el ejecutante realizará una flexión completa del tronco adelante, hasta tocar con la frente sobre la superficie vertical del plinto.[70].

A partir de esta posición, realizará una extensión completa del tronco hacia atrás hasta tocar con la nuca sobre un listón colocado horizontalmente.

Se registrará el número de repeticiones correctas realizadas por ejecutante.

Se podrá asimismo, fraccionar la prueba en períodos de tiempos concretos, como 30 seg o 1 min, así como anotar el número de repeticiones correctas que puede realizar el ejecutante en un período de tiempo de 10 seg.

No se registrarán aquellas repeticiones en las que el sujeto no acabe el recorrido, llegando hasta el punto final, o separe las manos de la nuca.

Para la realización de esta prueba, se necesita plinto, cinta métrica, dos postes con cuerda o listón y cronómetro.

69 EXTENSIÓN DE TRONCO CON DESPLAZAMIENTO LATERAL

Tiene como principal objetivo, valorar la fuerza explosiva y resistencia de fuerza de los músculos extensores del tronco.

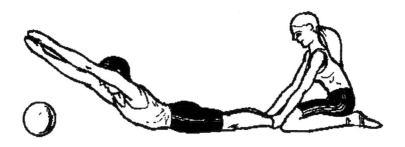

Posición inicial: el sujeto estará colocado en decúbito prono sobre la colchoneta. Los brazos estarán extendidos adelante en prolongación del tronco y las manos unidas por los pulgares. Los brazos y mentón permanecerán en contacto con el suelo, delante de la cabeza del ejecutante. A la altura de los codos estará apoyado un balón medicinal de aproximadamente 30 cm de diámetro.

Ejecución: a la señal del controlador, el ejecutante deberá realizar el mayor número posible de extensiones, elevando lateralmente el tronco, cabeza y brazos, hasta superar la altura del balón y descender hasta tocar la colchoneta con el mentón y las manos. Este movimiento se repetirá a alternativamente a derecha e izquierda.

Se registrará el número de repeticiones (movimiento de ida y vuelta) que el ejecutante pueda realizar de una manera correcta durante 10 segundos. También se puede cronometrar el tiempo empleado en realizar diez repeticiones correctas.[71]

No se contabilizarán las repeticiones en las que el sujeto no toque sobre la colchoneta con las manos y mentón.

Albl, y Baldauf y col. (S/f) obtienen un coeficiente de fiabilidad de entre 0,94 y 0,96, en varones de 12 años; valores de 0,77 en alumnos de entre 13 y 15 años; y valores de 0,94 en sujetos de entre 16 y 18 años. Los mismos autores obtienen una objetividad de prueba de entre 0,88 y 0,94 (en Fetz y Kornexl, 1976).

El material requerido para la realización de esta prueba es una colchoneta, balón medicinal y cronómetro.

El propósito de este test es medir la fuerza máxima del tren inferior (piernas).

Posición inicial: el ejecutante estará de pie, con una barra de discos colocada tras la nuca y con apoyo sobre los hombros. El agarre se realizará con ambas manos a cada lado de la barra.

La colocación de la barra puede ser individual, si ésta queda previamente apoyada sobre los postes y a la altura de los hombros del ejecutante o, con ayuda de dos colaboradores, que elevarán la barra y la depositarán sobre los hombros del ejecutante.

Ejecución: a la señal del controlador, el alumno realizará flexión completa de piernas, manteniendo, en todo momento, la espalda recta. Una vez llegado a la flexión máxima, volverá mediante extensión de rodillas hasta la posición inicial. Durante la ejecución, los pies estarán, en todo momento, con la planta apoyada.[72]

Se anotará el peso que el ejecutante es capaz de elevar en una sola repetición completa y máxima del ejercicio.[73]

Farrally y col. (1980) obtienen un coeficiente de fiabilidad de 0,96, aplicando a ejecutantes, de entre 13 y 17 años, una carga de 26,36 kg.

Navarro (1997) en su análisis biomecánico del entrenamiento de la fuerza explosiva de las piernas, utilizó entre otras, la prueba de squat, calculando la fuerza máxima de cada sujeto a través de la fórmula de Brzycki (1993) que utilizaba los resultados registrados según carga y número de repeticiones realizadas.

$$Fm\ (1RM) = \frac{CL}{(1{,}0278 - 0{,}0278) \times RM}$$

Donde: Fm (1RM) = Fuerza máxima del sujeto (una repetición máxima).

CL = Carga levantada.

RM = Número de repeticiones realizadas con dicha carga.

71 VARIANTE: SEMI-SQUAT

Una variante de esta prueba es el semi-squat, consistente en realizar una flexión incompleta, aproximadamente a unos 90°. Para realizar la valoración de sus resultados habría que restarla a cada valor de la tabla obtenido tras la prueba de sentadilla 30 kg (Bosco, 1994).

Estas pruebas, con utilización de cargas elevadas, no están recomendadas para niños ni sujetos sedentarios o desentrenados.

Para la realización de la prueba se requiere una barra de acero, discos de carga y postes de sujeción.

72 FLEXIÓN Y EXTENSIÓN CON UNA SOLA PIERNA

Su principal objetivo es medir la potencia y resistencia muscular de los músculos extensores de la pierna.

Posición inicial: el sujeto se colocará de pie, de forma lateral a una pared, y elevará el brazo cercano a la misma hasta tocar con la mano, el punto más elevado posible. En este punto, el controlador marcará una línea horizontal.

El ejecutante flexionará levemente la cadera de la pierna más alejada a la pared, manteniendo el equilibrio con la pierna de apoyo. Aproximadamente 20 cm detrás del sujeto, se colocará una cuerda, situada de forma perpendicular a la pared, y estará apoyada o atada a dos postes,

a una altura que se corresponderá con la distancia que existe entre la superficie del suelo y la altura del borde inferior de la rótula.

Ejecución: a la señal del controlador, el alumno realizará una flexión de la pierna de apoyo hasta tocar con los glúteos, o con la cara posterior de los muslos, la cuerda. Posteriormente, mediante una extensión de piernas, volverá a la posición inicial.

Se anotará el número de veces que se realiza correctamente el ejercicio completo (flexión-extensión) durante un período de tiempo de 10 segundos. El ejecutante podrá tocar la pared, con el objeto de mantener el equilibrio, durante todo el recorrido de la acción.

Según el nivel de los ejecutantes, y para una medición más exacta, se puede cronometrar el tiempo empleado por el alumno en realizar diez repeticiones correctas.

La causa de error principal está generalmente provocada por el mantenimiento de una excesiva inclinación de tronco hacia delante durante la fase de extensión.

Por la intensidad del test, se necesita un previo calentamiento, y se hará necesario familiarizarse previamente con la técnica de la prueba.

La intensidad de esta prueba provocará, en algunos casos, la imposibilidad de su ejecución.

Para Albl, Baldauf y col. (S/f) la fiabilidad en la ejecución difiere según las edades de los sujetos. Para niños de 12 años, el coeficiente es bajo, 0,60 puntos. Se obtiene mejores resultados de fiabilidad en sujetos de entre 13 y 15 años 0,87; volviendo a descender la fiabilidad de la misma hasta el 0,77 en sujetos de entre 16 y 18 años. La objetividad de pruebas se sitúa entre valores de 0,69 y 0,89 (en Fetz y Kornexl, 1976).

El material requerido para la realización de esta prueba consiste en dos postes, cinta o cuerda y cronómetro.

73 FLEXIÓN DE BRAZOS SOBRE BARRA FIJA

La finalidad de este test es valorar la resistencia muscular del miembro superior y el cinturón escápulo-humeral.

Posición inicial: el sujeto se coloca suspendido de la barra fija. El agarre se realizará con las palmas de las manos mirando hacia delante y con una separación aproximada a la anchura de los hombros. El cuerpo quedará totalmente extendido.

Ejecución: a la señal del controlador, el ejecutante flexionará los brazos, elevando el cuerpo hasta superar con la barbilla la barra fija. A continuación volverá la posición inicial.

Tras cada descenso, el ejecutante realizará extensión completa de brazos hasta llegar a la posición inicial. Para garantizar esta fase, se podrá colocar una cuerda horizontal anudada sobre dos postes a la altura de los dedos de los pies del ejecutante (durante la posición inicial).

Se registrará el número de tracciones (elevación y descenso) realizadas correctamente, durante un tiempo de 30 seg.

Las variantes de esta prueba son muchas, pudiéndose realizar el control del número de repeticiones en un tiempo dado, número de repeticiones sin tiempo establecido, o tiempo empleado en realizar 3, 5, 7, u otras repeticiones.

La fiabilidad del test es en general alta; sin embargo, los valores difieren, según los autores, entre 0,91 de Telama y col.; 0,75 de Nupponen; 0,69 de Farrally y col. (obtenido sobre la variante de aplicación de una carga de 12,73 kg).; 0,95 de Fleishman; y entre 0,88 y 0,97 para sujetos de entre 12 y 18 años de Albl, Baldouf y col.; ambos citados en Fetz y Kornex (1976).

El material requerido para la ejecución de esta prueba consiste en barra fija, cinta o cuerda y cronómetro.

74 FLEXIÓN DE BRAZOS MANTENIDA EN BARRA FIJA

Su principal objetivo es valorar la resistencia muscular o fuerza resistencia del miembro superior.

Posición inicial:

Fase I. El sujeto se colocará suspendido de la barra fija. El agarre se realizará con las palmas de las manos mirando hacia delante y con una separación aproximada a la anchura de los hombros. El cuerpo quedará totalmente extendido.

Fase II. Con ayuda de un controlador, el ejecutante elevará el cuerpo mediante flexión de brazos hasta superar el mentón y la altura de la barra, sin tocarla.

Ejecución: a partir de la posición inicial de flexión, el ejecutante deberá mantener la tensión sin tocar la barra con la barbilla, ni realizar balanceos del cuerpo.

Se registrará el tiempo que el sujeto es capaz de mantener la posición de flexión de una manera correcta, hasta que el mentón descienda bajo el nivel de la barra.

Beunen (1977) y Simon (1988) obtuvieron tras el test-retest, un coeficiente de fiabilidad, en jóvenes de entre 11 y 18 años, del 0,87.

El material requerido para la realización de esta prueba consiste en una barra fija y un cronómetro.

75 DOMINADAS DE BÍCEPS EN TRACCIÓN VERTICAL

Tiene como propósito valorar la resistencia muscular del miembro superior, principalmente la fuerza del biceps.

Posición inicial: el sujeto se colocará suspendido de una barra fija, el agarre de manos será con palmas hacia el cuerpo y a una anchura aproximada de los hombros. El tronco y miembros permanecerán totalmente extendidos.

A la señal del controlador, el ejecutante realizará flexión completa de brazos, hasta superar con el mentón la altura de la barra; después descenderá, mediante extensión completa de brazos, hasta la posición inicial.

Se anotará el número de repeticiones realizadas correctamente, no contabilizándose las medias flexiones. No se permitirán además, balanceos del cuerpo ni flexión del miembro inferior.

76 VARIANTE: DOMINADAS VERTICALES DE BÍCEPS × PESO CORPORAL

Según Legido (1995) esta prueba puede valorarse de una forma relativa, para lo cual se tiene en cuenta el peso del ejecutante aplicando la siguiente ecuación:

$$\text{Dominadas verticales} = \frac{N^\circ \text{ de repeticiones} \times \text{peso corporal}}{100} + 10$$

Ejemplo:

$$\text{Dominadas verticales} = \frac{12 \times 65}{100} + 10 = 17,8$$

El resultado de 17,8 según su tabla de valor representa 90 puntos (sobre 100).

El material necesario para realizar la prueba consiste en una barra fija y, en su caso, una báscula.

77 DOMINADAS CON TRACCIÓN INCLINADA EN BARRA

Esta prueba tiene como objetivo medir la resistencia muscular del miembro superior.

Posición inicial: el sujeto se agarra a una barra situada horizontalmente a un metro del suelo. La pres comenzará con disposición de palmas de manos hacia arriba y mirando al tronco, con una separación aproximada a la anchura de hombros del practicante. Los brazos estarán flexionados de forma que la barra toque su pecho, manteniéndose el tronco y piernas extendidas, con apoyo de talones en suelo.

78 VARIANTE: TRACCIÓN INCLINADA EN BARRA CON AGARRE HACIA DELANTE

Posición inicial: es equivalente a la prueba anterior, viéndose modificado solamente el agarre.

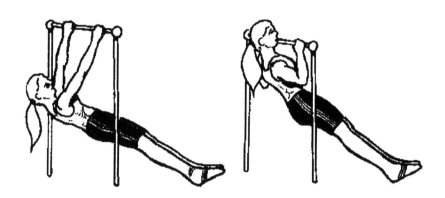

Ejecución: a la señal del controlador, el ejecutante realizará un descenso del cuerpo con extensión completa de brazos para volver a elevarse hasta la posición inicial. El tronco y piernas permanecerán extendidas durante todo el recorrido de la prueba.

En ambas modalidades, se anotará en el número de repeticiones realizadas correctamente.

No se permitirán balanceos del cuerpo, flexión de tronco o miembro inferior, y no se contabilizarán las medias flexiones.

La fiabilidad de esta prueba es de 0,77 a los 12 años. Alcanza un 0,93 en las edades de entre 13 y 15 años; situándose en un 0,89 entre los 16 y 18 años. La objetividad en jóvenes de doce años alcanza el 0,79, elevándose a resultados entre 0,93 y 0,98 en sujetos de entre 13 y 18 años[74].

Para la realización de esta prueba se requiere una barra fija situada a 1 m del suelo y un cronómetro.

79 PRUEBA DE TREPA DE CUERDA

Su principal objetivo es medir la potencia y fuerza resistencia muscular del miembro superior y cinturón escápulohumeral.[75]

Posición inicial: el alumno se sentará en el suelo, con las piernas abiertas y la cuerda entre ellas. Agarrará con ambas manos una cuerda suspendida verticalmente.

A la señal del controlador, el ejecutante comenzará a ascender, mediante tracciones de brazos, hasta tocar con una mano la señal, situada a 4 m por encima de la señal de salida.

Durante la salida y fase de ascenso, no se permitirá al ejecutante ayudarse con impulsos de piernas.

Se registrará el tiempo empleado en alcanzar la marca superior de la cuerda. Si al ejecutante no le es posible concluir el recorrido, se anotará la altura alcanzada mediante la observación de las marcas intermedias, simultáneamente al tiempo empleado en conseguirlo.

Debido a la intensidad de la prueba, se debe de realizar un calentamiento completo. Además, es imprescindible que el alumno realice ensayos previos hasta conocer la técnica correcta de subida.

Esta prueba necesita un alto grado de aptitud física. Debido a esto, su aplicación estaría recomendada hacia alumnos con una notable potencia y resistencia muscular,[76] ya que también es posible que en ciertos alumnos exista imposibilidad de realizar la prueba.

La fiabilidad en la ejecución de este test se considera elevada; los coeficientes están situados entre 0,93 y 0,98 para edades de entre 12 y 18 años. Asimismo, la objetividad es alta, conociéndose valores de entre 0,92 y 0,96 puntos[77].

80 VARIANTE: TREPA DE CUERDA CON FLEXIÓN DE CADERA Y PIERNAS EXTENDIDAS

Esta prueba es de mayor intensidad, ya que incorpora la contracción de la musculatura abdominal.

El material requerido para realizar la prueba es una cuerda de trepa, marcada y colgada verticalmente del techo y un cronómetro.

81 EXTENSIÓN DE BRAZOS EN PARALELAS

La finalidad de este test es valorar la potencia y fuerza resistencia de los músculos del miembro superior (músculos extensores de los brazos).

Posición inicial: el sujeto se colocará con apoyo de manos sobre las paralelas, manteniendo los brazos extendidos y el tronco recto; las piernas quedarán suspendidas.

Ejecución: a la señal del controlador, el ejecutante descenderá todo el cuerpo mediante flexión total de brazos, hasta tocar, con el mentón, una cuerda situada aproximadamente a 30 cm delante del apoyo de manos, y que estará tendida sobre ambas barras. Posteriormente, el ejecutante volverá a la posición inicial.

Se anotará el número de repeticiones realizadas correctamente (flexión-extensión) durante 10 seg, con el objeto de valorar la potencia muscular. Por otra parte, se puede registrar el tiempo empleado en realizar diez repeticiones o llegar al agotamiento, contabilizando el máximo número de repeticiones que puede ejecutar el examinando de una manera correcta, sin límite de tiempo. En este caso, se estimarán preferentemente resultados de resistencia muscular.

Durante todo el recorrido el tronco permanecerá recto. Se considerarán errores realizar sacudidas de cadera, balancear el cuerpo, y no realizar el movimiento de flexión o extensión de una manera completa.

Meyer y Blesh (1962) obtienen un coeficiente de fiabilidad de entre 0,96 y 0,99; Albl, Baldauf, y col. (S/f) logran también unos altos valores que garantizan la fiabilidad de esta prueba, coincidiendo en 0,95 en todas las edades de entre 12 y 18 años. Los mismos autores obtienen unos altos coeficientes de objetividad, situados entre 0,92 y 0,96 (en Fetz y Kornexl, 1976).

El material necesario para la realización de esta prueba consiste en paralelas, cuerda y cronómetro.

82 FLEXIÓN DE BRAZOS EN SUELO

Tiene como objetivo medir la fuerza resistencia de la musculatura del miembro superior y pectorales.

Posición inicial: el ejecutante se colocará en decúbito prono, con apoyo de manos en suelo y una separación aproximada a la anchura de los hombros. Los brazos permanecerán extendidos y los pies estarán apoyados sobre el suelo, de forma que el cuerpo formará un plano incli-

nado, pero manteniendo una línea recta entre tobillos, cadera y hombros.

El ejecutante estará ubicado entre dos postes, sobre los cuales se amarrará una cuerda en sentido horizontal y que se ajustará a la altura de la nuca del ejecutante.

Ejecución: a la señal del controlador, el alumno realizará un descenso del cuerpo mediante flexión de brazos y manteniendo el cuerpo recto hasta tocar con el pecho y la barbilla el suelo. A continuación extenderá los brazos, elevando el cuerpo hasta la posición inicial.

Se anotará el número de repeticiones (flexión y extensión) realizadas correctamente. No se permitirá despegar las manos del suelo durante la ejecución de la prueba, ni se contabilizarán medias flexiones.

Se considerará error arquear el tronco durante la ejecución de la prueba, así como no extender los brazos completamente en el momento de la extensión.

Variantes: se contabilizarán el número de repeticiones en 30 o en 60 seg.

En los recientes estudios del Instituto Bonaerense del Deporte (1995) sobre estudiantes de doce a dieciocho años, en la provincia de Buenos Aires, apreciaron que en la prueba de flexiones de brazos en suelo, con una duración de 30 seg, existe una gran diferencia de rendimiento según el sexo del ejecutante; de forma que, mientras los varones mejoran su rendimiento con la edad, las mujeres presentan grandes dificultades, donde prácticamente no se registran diferencias a estas edades. Por otra parte, existe una gran diferencia de datos, sobre todo entre 12 y 15 años, y 16 y 18 en varones y mujeres respectivamente, observándose extremos de rendimiento alto y casi incapacidad para ejecutar la prueba.

Grosser y col. (1988) exponen resultados de Beuker (1976). Donde se obtiene para esta prueba valores de validez del 0,69 para hombres y

0,41 para mujeres. Los resultados de fiabilidad, tras realizar la prueba-reprueba, alcanzan el 0,85; presentando valores de objetividad superiores al 0,72.

Albl, Baldauf y col. (S/f) obtuvieron coeficientes de objetividad de prueba situadas entre 0,84 y 0,95. Para Fleishman (1964) la fiabilidad alcanza resultados más dispersos, sobre todo entre los 16 y 18 años, donde existen valores de entre 0,93 a 0,95 y de 0,76 (en Fetz y Kornexl, 1976).

Para la realización de esta prueba se requiere un cronómetro, postes y listón o cuerda.

83 FONDOS DE BRAZOS SOBRE PLANO INCLINADO

Objetivo: medir la fuerza resistencia de la musculatura del miembro superior.

Posición inicial: se utilizará un plano inclinado de 40 cm de altura, preparado para este fin, banco sueco o la base de unas escaleras sobre las que se extiende una colchoneta. El ejecutante se colocará en posición de decúbito prono, con apoyo de manos en la superficie elevada y a una separación aproximada de la anchura de los hombros. Los brazos permanecerán extendidos y con apoyo de pies en suelo, de forma que el cuerpo formará un plano inclinado, manteniendo una línea recta entre los tobillos, cadera y hombros.

El ejecutante estará ubicado entre dos postes, sobre los cuales se amarrará un listón o cuerda en sentido horizontal, que se ajustará a la altura de la nuca del ejecutante.

Ejecución: a la señal del controlador, el alumno realizará un descenso del cuerpo, mediante flexión de brazos, manteniendo el cuerpo recto,

hasta tocar con el pecho y la barbilla en suelo. Seguidamente extenderá brazos, elevando el cuerpo hasta la posición inicial.

Se anotará el número de repeticiones (flexión y extensión) realizadas correctamente. No se permitirá despegar las manos del suelo durante la ejecución, ni se contabilizarán medias flexiones.

Variantes: se contabilizarán el número de repeticiones, en 30 o en 60 seg.

Material: colchoneta, plano inclinado, banco sueco, cronómetro, postes y listón o cuerda.

84 FONDOS DE BRAZOS CON APOYO DE RODILLAS Y MANOS

Su principal objetivo es estimar la fuerza resistencia de la musculatura del miembro superior.

Posición inicial: el ejecutante estará colocado en cuadrupedia (manos y rodillas apoyadas sobre el suelo). Los brazos estarán extendidos, perpendiculares al cuerpo, y el apoyo de manos con una separación aproximada a la anchura de los hombros.

El tronco estará extendido y existirá un ángulo recto en las articulaciones de cadera y rodillas.

El ejecutante estará ubicado entre dos postes, sobre los cuales se amarrará un listón o cuerda en sentido horizontal, que se ajustará a la altura de la nuca del ejecutante.

Ejecución: a la señal del controlador, el alumno realizará un descenso del cuerpo mediante flexión de brazos, manteniendo el tronco recto hasta tocar el suelo con el mentón.

Se anotará el número de repeticiones (flexión y extensión) realizadas correctamente. No se permitirá despegar las manos del suelo durante la ejecución, ni se contabilizarán medias flexiones.

Según varios autores, para esta prueba, al ser de poca intensidad, es más razonable limitar el tiempo a 30 o 60 seg.

Según Legido y col. (1995), la valoración relativa de esta prueba corresponde en equivalencia, al doble del número de flexiones realizadas en la prueba de fondo de brazos sobre plano inclinado.

El material necesario para la realización de esta prueba consiste en una colchoneta, cronómetro, postes y listón o cuerda.

85 FLEXIÓN DE BRAZOS EN SUELO CON APOYO DE PIES SOBRE BANCO

Objetivo: Estimar la fuerza resistencia de la musculatura del miembro superior y músculos pectorales.

Posición inicial: el ejecutante se colocará en decúbito prono, con apoyo de manos en suelo o colchonetas y con una separación aproximada a la anchura de los hombros. Los brazos permanecerán extendidos y las piernas estarán igualmente extendidas, pero apoyadas, las punteras de ambos pies, sobre un banco sueco.

El ejecutante estará ubicado entre dos postes, sobre los cuales se amarrará un listón o cuerda en sentido horizontal que se ajustará a la altura de la nuca del ejecutante.

Ejecución: a la señal del controlador, el alumno realizará un descenso del cuerpo mediante flexión de brazos, manteniendo el tronco recto hasta tocar, con el pecho y la barbilla, en suelo. Seguidamente se extenderán los brazos, elevando el cuerpo hasta la posición inicial.

Se anotará el número de repeticiones (flexión y extensión) realizadas correctamente. No se permitirá despegar las manos del suelo durante la ejecución, ni se contabilizarán medias flexiones.

Variantes: se contabilizarán el número de repeticiones, en 30 o 60 seg.

Se considerará error arquear el tronco, no extender por completo los brazos y no tocar, con la barbilla y el pecho, el suelo.

Jeschke (1971) presenta un coeficiente de objetividad de entre 0,89 y 0,93. La fiabilidad también es alta, obteniendo un valor de 0,90 en sujetos masculinos de 12 años, valores de 0,84 y 0,92 en adolescentes de entre 13 y 15 años; y 0,93 en sujetos de entre 16 y 18 años (en Fetz y Kornexl, 1976).

86 VARIANTE: FLEXIÓN DE BRAZOS EN SUELO CON APOYO DE PIERNAS SOBRE BANCO

La posición inicial de esta prueba es igual que la anterior, solamente se modifica el apoyo de piernas. En este caso, las extremidades inferiores estarán posadas a partir del borde inferoanterior de las rótulas, sobre un banco sueco.

Esta prueba es más recomendable para niñas, mujeres y sujetos poco entrenados.

El material necesario para realizar esta prueba consiste en una colchoneta, banco sueco, postes, listón o cuerda y cronómetro.

87 PRUEBA DE PRESS DE BANCA HORIZONTAL (FUERZA MÁXIMA)

Objetivo: valorar la capacidad de fuerza máxima del miembro superior (pectorales)[78].

Posición inicial: tumbado boca arriba sobre un banco de press. La espalda estará firmemente apoyada sobre el banco así como los dos pies sobre el suelo. El ejecutante tendrá los brazos extendidos hacia arriba, las manos agarrarán firmemente la barra de carga.

Ejecución: a la señal del controlador, el ejecutante hará descender la barra hasta llegar a tocar el pecho, y elevará el peso hasta llegar a la posición inicial.[79]

Se registrarán los kilogramos que el sujeto es capaz de elevar en una ejecución máxima,[80] mediante extensión completa de brazos.

Se permitirá, arquear levemente el tronco en el momento de la elevación, posteriormente la espalda deberá estar apoyada sobre el banco.

88 VARIANTE: PRUEBA DE PRESS DE BANCA (FUERZA RESISTENCIA)

El alumno realizará el máximo número de repeticiones con una carga fija de 20 kg.

Para su valoración, se multiplicará el número de repeticiones realizadas por la carga levantada, obteniendo así el número de kilos levantados en la prueba. Se dividirá esta cantidad por diez y el resultado equivaldrá, según Legido y col. (1996), a la máxima carga posible en una repetición.

Para la realización de la prueba se requiere un banco de press de banca y postes de apoyo, barra de acero de entre 1,20 a 1,85 cm de longitud y discos para añadir peso que se mantengan fijos mediante unos topes de acero o plástico.

89   EXTENSIÓN DE BRAZOS EN BANCO

El objetivo principal de esta prueba es medir la fuerza muscular del miembro superior, sobre todo de los músculos extensores de los brazos.

Inicialmente el ejecutante se colocará en posición de tendido supino entre dos bancos suecos, colocados paralelamente a una distancia que el sujeto pueda apoyar, sobre las superficies, los talones en uno y ambas manos en otro.

El sujeto permanecerá con el tronco y piernas rectos, formando un plano inclinado, ya que los brazos estarán igualmente extendidos.

A la señal del controlador, el ejecutante flexionará ambos brazos de una forma completa, hasta la posición más extrema y volverá posteriormente a la posición inicial.

Se contabilizarán el número de repeticiones correctas realizadas por el ejecutante durante 30 seg.

No se contabilizarán aquellas repeticiones en las que el ejecutante despegue pies o manos de la superficie de contacto o realice el recorrido, de flexión y extensión, incompleto.

El material necesario para llevar a cabo esta prueba consiste en dos bancos suecos y un cronómetro.

90 PRUEBA DE CURL DE BÍCEPS CON BARRA

El objetivo es medir la fuerza muscular en el miembro superior, sobre todo de los músculos flexores de los brazos.

Inicialmente el sujeto se colocará de pie, con el tronco y piernas extendidas. El ejecutante mantendrá agarrada, con ambas manos, una barra estándard con pesas en los extremos, de forma que las manos estén a una separación aproximada de la anchura de los hombros y con las palmas de las manos hacia arriba. Los brazos permanecerán totalmente extendidos rozando la barra sobre las caras anteriores de los muslos.

A la señal del controlador, el ejecutante realizará flexión de brazos completa, llevando la barra hasta situarla en la parte más elevada y anterior del tronco, cerca de la barbilla. Después el sujeto volverá a la posición inicial.

Se contabilizarán el número de repeticiones correctas que el individuo es capaz de realizar en 30 segundos. Igualmente, se puede efectuar un test de fuerza máxima, de forma que se aumentaría progresivamente los kilogramos de peso en los extremos de la barra, hasta que el sujeto sólo sea capaz de realizar, como máximo, una repetición correcta.

91 PRUEBA DE CURL DE BÍCEPS CON MANCUERNAS

El objetivo es medir la fuerza muscular en el miembro superior, sobre todo de los músculos flexores de los brazos.

Inicialmente el sujeto se colocará de pie, con el tronco y piernas extendidas. El ejecutante mantendrá agarrada, en cada mano, una mancuerna o barra pequeña con pesas en los extremos, de forma que las palmas de las manos estén hacia arriba. Los brazos permanecerán totalmente extendidos rozando la barra sobre las caras anteriores de los muslos.

A la señal del controlador, el ejecutante realizará flexión alterna completa de brazos, llevando la barra hasta situarla en la parte más elevada y anterior del tronco, cerca de la barbilla. Después el sujeto volverá a la posición inicial.

Se contabilizarán el número de repeticiones correctas que el individuo es capaz de realizar en 30 seg. Igualmente, se puede efectuar un test de fuerza máxima.

5.4. LA VELOCIDAD

5.4.1. CONSIDERACIONES PRELIMINARES

La velocidad, como cualidad física, representa la capacidad de desplazarse o realizar movimiento en el mínimo tiempo y con el máximo de eficacia.

La velocidad de desplazamiento está condicionada por diversos factores y depende también de las características de la misma. Si la actividad es cíclica, la velocidad va a depender en parte de la fuerza y resistencia muscular así como de la técnica que interviene la acción motriz.

Harre (1987) citado por García Manso y col. (1996) la define como «La capacidad que se manifiesta por completo en aquellas acciones motrices donde el rendimiento máximo no quede limitado por el cansancio».

Para Grosser y col. (1992) la Velocidad en el deporte se define «...como la capacidad de conseguir, en base a procesos cognitivos, máxima fuerza volitiva y funcionalidad del sistema neuromuscular, una rapidez máxima de reacción y de movimiento en determinadas condiciones establecidas».

Sin embargo, si la velocidad ha de utilizarse en una actividad acíclica, los factores determinantes, aparte de los indicados anteriormente, serán los relacionados con las capacidades coordinativas y de toma de decisión.[81]

Dentro de la velocidad, que en física se expresa como el espacio recorrido en un período de tiempo determinado, hay que considerar los aspectos fisiológicos que permiten que ésta se lleve a cabo de una forma más o menos eficiente, dependiendo en su mayor parte, de la capacidad anaeróbica aláctica del sujeto, y siendo mayor la aportación de la potencia anaeróbica láctica si aumenta el espacio del movimiento a realizar.

En cualquier acto de velocidad, ya sea velocidad de movimientos cíclicos o acíclicos, se acepta de forma general que existen tres fases durante la acción de velocidad (aceleración, máxima velocidad y resistencia a la velocidad).

5.4.2. ACELERACIÓN

La aceleración se define como el cociente entre el incremento de velocidad y el tiempo que es necesario para llevarlo a cabo.

Para García Manso y col. (1996) esta fase de la velocidad está determinada por la distancia de la carrera, ya sea de 60, 100 o 200 m, y está relacionada con la técnica de salida y la fuerza explosiva del sujeto. Según los mismos autores, «...en los atletas destacados, esta fase se prolonga hasta los 50-60 metros, lo que nos indica que una carrera de 100 metros ha de cimentarse en una buena y larga fase de aceleración. Los sujetos con bajo nivel presentan una fase de aceleración más corta y menos intensa. Analizando los velocistas más destacados podemos observar que a los 10 metros de carrera ya se encuentran al 45% de su máxima velocidad, por el 35% que tenía en el momento de despegar los tacos. A los 20 metros están al 80%, a los 30 metros al 90%, y los 40 metros ya están por encima del 95%, para alcanzar su máxima velocidad entre los 10 - 20 metros restantes».

Para llevar a cabo la evaluación de la aceleración, se utilizan normalmente tests de carreras[82] de corta distancia y pruebas de fuerza explosiva.

1.° En las pruebas de carreras cortas, debido a su rápida ejecución, y al poco tiempo de duración de la prueba, es necesario controlar los elementos que puedan influir en la misma, ya que por pequeña que sea está influencia, la variación en el resultado puede ser decisoria.

En estos casos, es necesario concretar en los alumnos la posición de salida, asegurándonos que siempre realizan la misma modalidad.

Por otro lado, debido a que la medición se realiza en segundos, décimas y centésimas, la actuación del examinador, a la hora de poner en marcha el cronómetro para iniciar la prueba y detenerlo al terminar, ha de ser experta y que garantice un mínimo de fiabilidad.[83]

Un tercer aspecto decisivo en estas pruebas, y que nos debe hacer desistir de realizar, en su caso, este tipo de tests, son las condiciones climatológicas. Aquí incluyen la velocidad del viento y las condiciones del suelo, refiriéndose este último aspecto, al inconveniente de pérdida de velocidad en caso de suelo mojado, debido a las condiciones atmosféricas.

2.° Pruebas de fuerza explosiva. Como hemos dicho anteriormente, la aceleración está directamente relacionada con la fuerza explosiva del sujeto. Los tests más utilizados para medir esta capacidad han sido expuestos en el apartado de la fuerza, podemos enumerar aquí las siguientes pruebas:

- Prueba de Abalakov.
- Prueba de triple salto desde parado.
- Salto vertical con pies juntos.
- Test de Seargent
- Salto horizontal con pies juntos.
- Salto horizontal con brazos atrás.
- Etc.

5.4.3. MÁXIMA VELOCIDAD

El mantenimiento de la máxima velocidad está altamente relacionado con la marca del individuo en la carrera de los 100 metros. Según García Manso y col. (1996) esta relación es directa.

La máxima velocidad del sujeto está determinada por la capacidad de realizar:

- Una gran amplitud de zancadas.
- Una gran frecuencia de zancada.

La amplitud de zancada es mejorable mediante el entrenamiento; sin embargo, es necesario concienciar al alumno que la frecuencia de paso está drásticamente determinada por las condiciones genéticas del individuo, siendo apenas mejorable desde la edad de los 12 - 13 años.[84]

La valoración de la máxima velocidad se realiza con carreras de distancia no superiores a los 60 m. Si se quiere precisar más el carácter de máxima velocidad, será necesario controlar los últimos 30-40 m, es decir, nos acercamos a las características de las carreras de velocidad de reacción pero con salida lanzada.[85]

5.4.4. RESISTENCIA A LA VELOCIDAD

¿Durante cuanto tiempo se puede mantener la máxima velocidad? Los grandes velocistas mantienen este estado durante el máximo tiempo posible. Y en la mayoría de los casos, en los últimos metros de una carrera de 100 m, la velocidad disminuye progresivamente. Es lo que se llama resistencia a la velocidad.

Los tests específicos de valoración de la resistencia a la velocidad se acercan, y en muchos casos coinciden debido a la similitud en la utilización de la fuente energética, a los descritos en el apartado correspondiente a la resistencia anaeróbica. Así, estarían incluidas las carreras de entre 150 y 400 metros.[86]

Por otra parte es necesario saber, llegado el momento de valorar el resultado de un test de velocidad, que esta cualidad es independiente de la talla del sujeto[87], en este sentido, en los casos en los que existe un aumento de la velocidad al tratar niños de más edad, y por tanto de mayor altura, habría que buscar la respuesta en la consiguiente mejora de la coordinación neuromuscular.

5.4.5. PRUEBAS DE VELOCIDAD

A continuación exponemos diferentes pruebas que por sus características y sencillez pueden medir fácilmente la velocidad del alumno en las clases de EF.

92   PRUEBA DE VELOCIDAD DE 10 × 5 METROS

Su principal objetivo es medir la velocidad de desplazamiento y agilidad del individuo.

El sujeto se colocará detrás de la línea de salida, en posición de salida alta y en dirección hacia la línea situada a 5 m de distancia.

A la señal del controlador, el examinando correrá lo más rápido posible hacia la siguiente línea, hasta llegar a pisar la línea con un pie. Inmediatamente, realizará un cambio de sentido en su carrera para desplazarse igualmente hacia la línea de salida inicial, la cual volverá a pisar, al menos con un pie; y realizará este recorrido de ida y vuelta un total de cinco veces, teniendo en cuenta que en el último desplazamiento, deberá atravesar la línea de salida para pisar detrás de ella, momento en el cual se detendrá el cronómetro.

El ejecutante deberá realizar cinco recorridos (ida y vuelta) completos, pisando cada línea para garantizar que el espacio recorrido es de 50 m.

Según Beunen y Simon (1977-78), la carrera de velocidad (Shutte rum) 10×5 m, presenta un coeficiente de fiabilidad de 0,80 en jóvenes de entre 11 y 19 años.

Los resultados, tras esta prueba, expuestos por el Instituto Bonaerense del Deporte (1995) apuntan que en los varones la velocidad de desplazamiento evoluciona progresivamente hasta la edad de 18 años; sin embargo, en las mujeres sólo se observa mejora hasta los 13 años, no existiendo cambios significativos a partir de esta edad.

Para realizar esta prueba se requiere una superficie de terreno plana y llana, con dos líneas paralelas situadas a una distancia de separación de 5 m, tiza para señalar las líneas y cronómetro.

93 PRUEBA DE SPRINT DE 20 METROS

Su principal propósito es medir la velocidad de reacción y la velocidad cíclica máxima en las piernas.

Para iniciar la prueba, el sujeto se colocará en posición de salida alta tras la línea de salida. A la señal del controlador (listos, ya) el examinando deberá recorrer la distancia de 20 m en el menor tiempo posible, hasta sobrepasar la línea de llegada.

Se medirá el tiempo empleado en recorrer la distancia de 20 m, existente entre la señal de salida y hasta que el sujeto sobrepasa la línea de llegada.[88]

Esta prueba es de aplicación a niños jóvenes y adultos.

Para Jeschke (1971); Albl, Baldauf y col. (S/f) la fiabilidad de esta prueba se sitúa entre el 0,85 y 0,97 para jóvenes masculinos de entre 12 y 18 años. Kuhlow (1969) situó la fiabilidad de esta prueba en adolescentes femeninos de entre 12 y 15 años entre el 0,74 y 0,83. Por otro lado, la objetividad de la carrera de 20 m, según Jeschke, Albl, Baldauf y col. se sitúa entre 0,82 y 0,90 (en Fetz y Kornexl, 1976).

Para realizar esta prueba se requiere un terreno liso y plano, con dos líneas que demarquen la salida y el final de 20 metros. El material necesario es tiza y cronómetro.

94 CARRERA DE 30 METROS CON SALIDA DE PIE

El objetivo de esta prueba es medir la velocidad de reacción y aceleración del sujeto

Descripción: el alumno ejecutante se colocará en posición de salida alta tras la línea de salida. A la señal del controlador (listos, ya), el examinando deberá recorrer la distancia de 30 m en el menor tiempo posible, hasta sobrepasar la línea de llegada.

Se medirá el tiempo empleado en recorrer la distancia de 30 m, existente entre la señal de salida y hasta que el sujeto sobrepasa la línea de 30 metros.[89]

Para Fleishman (1964), la fiabilidad de esta prueba se sitúa en el 0,86.

Albl, Baldauf y col. (S/f) la fiabilidad en sujetos masculinos de 12 años se sitúa entre el 0,93 y 0,95; 0,88 en sujetos de 13 a 15 años y 0,92 en sujetos de entre 17 y 18 años. Por otro lado, la objetividad alcanzada según Jeschke (1971) se sitúa entre el 0,82 y 0,90 (Fetz y Kornexl, 1976).

Para Paish (1992) la prueba más idónea para medir la velocidad del sujeto es a través de la prueba de sprint de 30 m.

Para realizar esta prueba, se requiere un terreno liso y plano, con dos líneas que marquen la salida y el final de los 30 metros. El material que se precisa es tiza y cronómetro.

95 CARRERA DE 30 METROS CON SALIDA LANZADA

Su objetivo es medir la velocidad de aceleración del sujeto.

Inicialmente, el examinando se colocará en posición de salida alta, detrás de una línea situada a 15 o 20 m previa a la línea de cronometraje.

A la señal del examinador el ejecutante comenzará a correr lo más rápido posible con el objetivo de alcanzar la máxima velocidad al comenzar los 30 m cronometrados (señalados con banderines).

Se cronometrará el tiempo empleado en recorrer los últimos 30 m.

Los últimos 30 m deben estar señalados correctamente, utilizando banderines o postes para que el examinando pueda ver con claridad el espacio cronometrado.

El cronometrador se debe situar en la línea de meta, y activará el cronómetro a la señal de un segundo cronometrador situado al inicio de los 30 m, el cual bajará el brazo enérgicamente en el instante de pasar el examinando.

Para Grosser y Starischka (1988) esta prueba tiene una validez elevada, situándose en el 0,80.

Se precisa de una superficie de terreno liso y plano de, al menos, 70 m de longitud, tiza, banderines y cronómetro.

96 PRUEBA DE CARRERAS DE DISTANCIAS DE 40-50-60 METROS

Tiene como objetivo medir la velocidad de aceleración del sujeto

El sujeto arrancará de la posición de salida alta tras la línea de partida.

A la señal del controlador (listos, ya), deberá recorrer la distancia marcada en el menor tiempo posible, hasta superar la línea de llegada.

Se medirá el tiempo empleado en recorrer la distancia establecida (segundos, décimas y centésimas de segundo).[90]

Para realizar esta prueba se precisa terreno liso y plano, tiza para marcar líneas y cronómetro.

97 CARRERA DE 150 Y 300 METROS

Su objetivo es medir la resistencia a la velocidad del ejecutante.

Para iniciar la prueba, el sujeto se colocará en posición de salida alta tras la línea de partida.

A la señal del controlador (listos, ya), deberá recorrer la distancia marcada en el menor tiempo posible, hasta superar la línea de llegada.

Se medirá al tiempo empleado en recorrer la distancia establecida (en segundos, décimas y centésimas de segundo).

La longitud en la elección de la distancia está condicionada por el propósito que perseguíamos; a partir de estas distancias, está regulado por el metabolismo energético que intervenga de una manera predominante.[91]

García Manso, Valdivieso y Caballero (1996) presentan ecuaciones que permiten calcular equivalencia entre distancias a partir de un tiempo de partida:

- Equivalencias entre el tiempo en 100 y 200 metros:

  2,1 × tiempo en 100 m - 0,84 = tiempo en 200 m.

- Equivalencia entre el tiempo en 200 y 400 metros:

  2,3 × tiempo en 200 m - 1,7 = tiempo en 400 m.

- Equivalencias entre el tiempo entre 100 y 400 metros:

  4,83 × tiempo en 100 m - 3,632 = tiempo en 400 m.

Se puede predecir la marca de una carrera de 100 m a partir de una carrera de 60 m. En este caso, Legido y col. (1995) toman la marca de 60 m. y el tiempo de paso de los primeros 30 m, se resta al tiempo del primero el tiempo del segundo, y se divide el resultado por 3. El cociente resultante, se multiplicará por 4 y a la cifra obtenida se le suma el tiempo de la carrera de 60 m.

Además, ofrecen una fórmula sencilla para calcular las equivalencias entre las distancias de 30 y 100 m.

$$0,875 \times X + (\text{factor salida}) = Y$$

Donde Y es el tiempo en segundos, X es la distancia de carrera en metros, factor salida es una constante igual a 1,1 o 1,25 según si el cronometraje es manual o electrónico, y 0,0875 es el tiempo teórico empleado en cada metro.

Para realizar estas pruebas de carrera se precisa una superficie de terreno llano y plano, tiza para marcar líneas y cronómetro.

98 CARRERA DE IDA Y VUELTA DE 7 × 30 METROS

Su objetivo es medir la resistencia a la velocidad cíclica y acíclica del sujeto.

Para iniciar la prueba, el sujeto se colocará detrás de la línea de partida, en posición de salida alta, y en dirección hacia la línea y banderín situados a 30 m.

A la señal del controlador, el examinando correrá lo más rápido posible hacia la siguiente línea, hasta llegar a pisarla con el pie. Inmediatamente, realizará un cambio de sentido en su carrera para desplazarse hacia la línea de salida inicial, la cual volverá a pisar con un pie. Realizará este recorrido un total de siete veces (implica una distancia total de 210 m), teniendo en cuenta que, en el último desplazamiento, deberá atravesar la línea de salida hasta sobrepasarla, momento en el cual se detendrá el cronómetro.

El ejecutante deberá realizar siete recorridos de 30 m, pisando, en cada uno de ellos, la línea para garantizar que el espacio recorrido es de 30 m.

Según Grosser y Stariscka (1988) para sujetos jóvenes de 17 y 18 años se considera una marca muy buena resultados inferiores a 35 seg y de entre 36 a 39 seg respectivamente.

Para realizar esta prueba se requiere una superficie de terreno llano y plano con dos líneas paralelas situadas a una distancia de 30 m, tiza para señalar las líneas, banderines y cronómetro.

99 PRUEBA JAPONESA EN PISTA DE VOLEIBOL

Su objetivo es medir la velocidad de reacción acíclica.

Al iniciar la prueba el sujeto se colocará en posición de salida alta detrás de la línea de partida.

A la señal del controlador, el sujeto se desplazará de lado a la máxima velocidad hasta la siguiente línea, y tocará con la mano exterior la línea del suelo. El ejecutante realizará carreras de ida y vuelta hasta haber tocado diez veces una línea, momento en el cual se detendrá el cronómetro.

Se medirá al tiempo empleado desde la voz de "ya" hasta el décimo contacto con la línea del suelo.

Para realizar esta prueba se requiere un completo calentamiento.

El material necesario consiste en un terreno liso y plano, o pista de voleibol, con dos líneas paralelas separadas a una distancia de 4,5 m para hombres y 3 m para mujeres, tiza para señalar en el suelo y cronómetro.

100 PRUEBA DE SKIPPING

Esta prueba pretende medir la frecuencia de zancada máxima del sujeto.

Inicialmente, el ejecutante se colocará de pie con el cuerpo erguido y detrás de una cuerda apoyada sobre dos postes que está situada horizontalmente a una altura que, al elevar las rodillas, permite situar el muslo en posición horizontal.

A la señal del controlador, el ejecutante realizará skippings (carrera en el sitio elevando mucho las rodillas) a la máxima velocidad. Durante la ejecución, los muslos se han de levantar al menos hasta la horizontal, pudiendo participar los brazos rítmicamente en el movimiento. Se realizarán dos series de 10 seg, con un descanso intermedio de 20 seg.

Se contabilizarán el número de elevaciones correctas (tocar la cuerda o listón) durante las dos series de 10 seg, y se realizará el promedio entre ambas.

Durante la prueba, el testador se colocará preferiblemente sentado lateral al ejecutante, pudiéndose anotar las elevaciones de una sola rodilla y al final multiplicarlas por dos.[92]

En el momento en que los músculos no lleguen a la horizontal se debe suspender la prueba.

La realización de esta prueba, precisa de un terreno liso y plano, dos postes regulables en altura, cuerda o listón flexible y cronómetro.

101 PRUEBA DE SKIPPING CON UNA SOLA PIERNA

Su objetivo es medir la máxima frecuencia de zancada del alumno en acción cíclica de sus piernas.

Inicialmente, el ejecutante se coloca de pie frente una pared. Tendrá el cuerpo recto, pies juntos y brazos extendidos hacia delante hasta apoyar las palmas de las manos sobre la pared de a la altura de la cabeza.

Delante y a ambos lados del examinando habrá dos postes sobre los cuales se apoyará una cuerda dispuesta en sentido horizontal y situada a la altura del borde superior a de la cresta ilíaca, a una distancia del sujeto de 20 cm.

A la señal del controlador, el examinando comenzará a elevar una pierna alternativamente, tocando la cuerda con el muslo a la máxima velocidad posible.

Se registrará el número de veces que el muslo toca la cuerda durante un período de 10 o 15 segundos. Si se requiere una medición más exacta, se puede cronometrar el tiempo empleado en realizar un número de 20 toques.[93]

Se realizarán tres intentos. Se considerará error, y no se contabilizarán, las repeticiones en las que el muslo no toque la cuerda.

Esta prueba está recomendada para niños, jóvenes y adultos.

Albl, Baldauf y col. (S/f) presentan coeficientes de 0,93 en la fiabilidad de esta prueba para sujetos masculinos de 18 años (en Fetz y Kornexl, 1976).

Para realizar este test se requiere un terreno liso y llano, pared, dos postes, cuerda o listón y cronómetro.

102 PRUEBA DE 9-3-6-3-9

Esta prueba tiene como objetivo medir la velocidad cíclica y acíclica máxima del ejecutante.

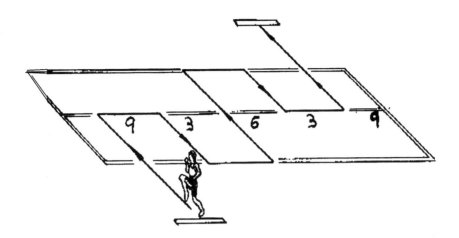

Al iniciarse la prueba, el examinando se colocará en posición de salida alta detrás de la línea de partida, que coincidirá con la línea lateral de la pista de voleibol.

A la señal del controlador, el ejecutante correrá lo más rápido posible los trayectos señalizados en el suelo. Todos estos recorridos se pueden realizar en el interior de la pista de voleibol, de lado a lado y sobre las siguientes distancias:

Ida: 9 metros.

Vuelta: 3 metros.

Ida: 6 metros.

Vuelta: 3 metros.

Ida :   9 metros.

Se cronometrará el tiempo empleado por el corredor, desde la voz de "ya" hasta sobrepasar la última línea.

Tras recorrer cada distancia, el ejecutante deberá pisar o sobrepasar con un pie la línea señalizada.

Para realizar esta prueba se requiere un calentamiento completo. Se realizará sobre un terreno liso y llano o pista de voleibol, y será necesario tiza, banderines y cronómetro.

103 PRUEBA DE RECOGIDA DE PICA

El objetivo de esta prueba es medir la velocidad de reacción y segmentaria del sujeto.

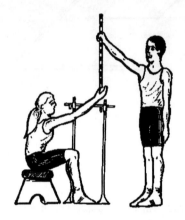

El ejecutante estará sentado a horcajadas sobre una silla, mirando hacia el respaldo. Tendrá el tronco recto, un brazo extendido y apoyado con la muñeca sobre el respaldo de la silla, manteniendo los dedos de la mano extendidos.

El examinador estará colocado de pie frente al ejecutante, y sujetará con su mano la parte superior de una pica graduada, sosteniéndola de forma vertical a un centímetro de la palma de la mano del ejecutante, haciendo coincidir el cero de la pica sobre el borde superior de la mano.

El testador hará una señal al examinando para llamar su atención. A partir de este momento, durante los próximos 3 seg, el examinando soltará verticalmente la pica, teniéndola que agarrar el examinando lo más rápidamente posible.

Se registrará la marca obtenida por el ejecutante en el borde superior de su mano. Al inicio de la prueba, la mirada del examinando debe dirigirse al bastón y no a las manos del ejecutante.

Se realizarán dos intentos dando por bueno el mejor resultado.

Para Albl, Baldauf y col. (S/f) la fiabilidad de esta prueba alcanza el 0,83 en alumnos de 12 años; 0,90 para sujetos de entre 13 y 15 años, y

0,91 para sujetos de entre 16 y 18 años. Asimismo, la objetividad se sitúa en valores de entre 0,83 y 0,95 (en Fetz y Kornexl, 1976).

Richter y Beuker obtienen una fiabilidad del 0,58, y una objetividad de entre el 0,72 y 0,91 (en Grosser y Starischka, 1978).

Legido y col. (1995) realizan una variante, a la que llaman " prueba de reflejos ", la cual se realiza con un lápiz centimetrado de unos 15 cm. de largo, y haciendo coincidir, la parte inferior del lápiz sobre la parte superior de la mano semicerrrada del examinando. El testador, dejará caer el lápiz sin previo aviso, y el ejecutante deberá cerrar la mano con la máxima velocidad posible.[94]

Para realizar esta prueba se requiere una silla con respaldo, pica graduada en centímetros de unos 60 cm de largo, debiendo estar graduada a partir del tercio inferior hacia arriba.

104 PRUEBA DE SOLTAR Y COGER UNA PICA

Su objetivo es medir la velocidad de reacción y segmentaria del sujeto.

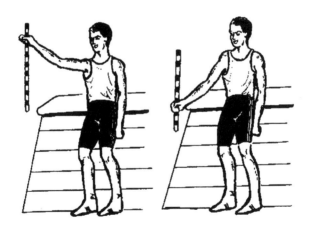

Inicialmente, el ejecutante estará en posición de pie con el cuerpo erguido junto al extremo de un plinto que tendrá la altura de su cadera. A su vez, el alumno tendrá cogida, con el pulgar y el índice la pica por su extremo superior, y levantará el brazo ascendiendo sobre el extremo estrecho del plinto, hasta hacer coincidir verticalmente el cero de la pica con la altura de la superficie superior del plinto.

En un momento determinado por el ejecutante, éste ha de soltar el bastón, que caerá verticalmente hacia el suelo y paralelo al cajón del plinto, instante en el que el ejecutante deberá agarrarlo en el mínimo tiempo posible. Podrá golpear, durante el descenso del brazo, sobre la superficie del plinto.

Se mide la distancia del agarre realizado desde la parte inferior del dedo meñique hasta la marca cero.

Se realizarán cuatro intentos y se valorará el promedio de los dos mejores. Es necesario realizar varios intentos previos para conocer el desarrollo de la prueba.

Según Albl, Baldauf y col (S/f) en sujetos masculinos de 12 años, el coeficiente de fiabilidad es del 0,85; para sujetos de entre 13 y 15 años de 0,79; y para adolescentes de entre 16 y 18 años la fiabilidad es del 0,83. El índice de objetividad de esta prueba, para estos mismos autores, está situado entre el 0,67 y 0,78 (en Fetz y Kornel, 1976).

Para la realización de esta prueba se requiere pica de gimnasia centimetrada con pintura o cinta adhesiva. La marca cero deberá estar por encima de los diez primeros centímetros medidos desde el extremo inferior de la misma. Cajón o plinto con superficie blanda para indicar el tope y prohibir el descenso excesivo del brazo tras el movimiento

105 TEST DE VELOCIDAD DE REACCIÓN LITWIN

Esta prueba tiene como objetivo medir la velocidad de reacción del sujeto.

Inicialmente, el sujeto se coloca de pie con el tronco recto y de espaldas a una línea de salida. A 2,40 m de la primera línea existirá otra línea paralela a ésta, y una tercera línea, paralela a las dos anteriores, estará situada a 6 m de la primera línea o de salida. Sobre este último trazo, se colocarán tres latas de tamaño medio; serán de distintos colores y estarán separadas entre ellas por una distancia de 1,5 m.

A la señal del controlador, el ejecutante deberá girarse 180° lo más rápido posible y dirigirse hacia las latas. En el momento en que el corre-

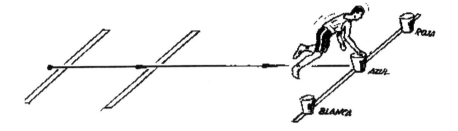

dor pasa por la línea situada a 2,40 m de la salida, el testador le gritará el color de una lata, a la cual se debe dirigir el testado y depositar sobre ella un objeto de pequeño tamaño (moneda, piedrecita, etc.).

Se registrará el tiempo empleado por el ejecutante desde la señal de salida hasta que se introduce el objeto en la lata.

Se realizarán cuatro intentos y se sumará el tiempo de las cuatro tentativas. Esto constituirá el resultado final de la prueba.[95]

El material que se requiere es una cinta métrica, tizas, tres latas, moneda, banderines y cronómetro.

106 BATERÍA DE SALIDAS

El objetivo de esta prueba es medir la velocidad de reacción del sujeto.

Esta batería está propuesta por Legido y col. (1995) y para su realización el ejecutante deberá realizar siete salidas desde las siguientes posiciones:

1°. Sentado, mirando hacia el sentido de la carrera, piernas extendidas y manos apoyadas en el suelo.

2°. Sentado mirando hacia el sentido de la carrera. Las piernas estarán flexionadas y los brazos rodeando las rodillas.

3°. Posición de rodillas, mirando hacia el sentido de la carrera. Los glúteos descansarán sobre los talones y las manos estarán apoyadas en los muslos.

4°. Posición de rodillas y mirando hacia el sentido de la carrera. Los brazos estarán rectos, las manos apoyadas en suelo y el tronco permanecerá paralelo al suelo.

5°. Posición de decúbito supino, con los pies en sentido de la carrera y manos pegadas a los lados del cuerpo.

6°. Posición de decúbito supino, con la cabeza pegada a la línea de salida y las manos pegadas a los lados del cuerpo.

7°. Posición de decúbito prono, con la cabeza el sentido de la carrera y pegada a la línea de salida, cuerpo y brazos rectos y con las manos pegadas al lado del cuerpo.

Se registrará el tiempo transcurrido desde la señal de salida de "ya" hasta que el sujeto sobrepasa la línea de 10 m.

Para obtener la valoración final, se eliminarán el mejor y el peor resultado y se realizará el promedio de los cinco resultado restantes.

Para realizar esta prueba se requiere terreno liso y llano, tiza para marcar la línea de salida y llegada (10 m) y cronómetro.

Otras salidas:

107 TAPPING-TEST CON LOS BRAZOS

El objetivo de esta prueba es medir la velocidad cíclica de movimiento de los brazos.[96]

Inicialmente, el ejecutante se sitúa frente a una mesa regulada para que la superficie esté a la altura del ombligo del examinando; tendrá el tronco y las piernas extendidas pudiendo estar los pies ligeramente abiertos. El brazo ejecutor debe estar apoyado con una mano sobre la superficie de la mesa, a un lado de la tabla central. El otro brazo podrá situarse cómodamente a un lado del cuerpo.

A la señal de "ya" del controlador, el examinando desplazará la mano a derecha e izquierda de la tabla con la mayor velocidad posible, tocando sobre los círculos laterales de la mesa.

Se registrará el número de ejercicios completos (toque de izquierda y derecha) realizados durante 10 segundos. Para una medición más exacta se puede cronometrar el tiempo necesario para realizar veinte ciclos completos (izquierda y derecha).

Antes de realizar la prueba, el ejecutante debe realizar varios ejercicios de ensayo. Se considerará error el toque insuficiente sobre la mesa; en este caso, si se está contabilizando el número total de ciclos completos, se añadirán tantos como fallos se detecte.

Albl, Baldauf y col (S/f) presentan, en esta prueba, resultados de fiabilidad del 0,91 para sujetos de 18 años (en Fetz y Kornexl, 1976).

Beunen y Simon (1977-78) obtienen sobre pruebas realizadas en jóvenes de entre 11 y 18 años un coeficiente de fiabilidad de 0,79 (en Grosser y col., 1992).

La batería Eurofit incluye esta prueba en su batería y señala que el material necesario para llevarla a cabo es una mesa con dos círculos de 20 cm de diámetro separados 20 cm entre sí. Existe entre ambos una placa de 10 × 20 cm (la parte ancha hacia el sujeto). Además, durante la ejecución, el examinando ha de tener el brazo no dominante apoyado por la mano sobre la placa central.

Para realizar esta prueba se requiere una mesa regulable en alturas, una placa de 50 × 30 × 1 cm, fijada y situada entre los dos círculos y un cronómetro.

108 TAPPING CON AMBAS PIERNAS

El objetivo de esta prueba es medir la velocidad cíclica de movimiento de las piernas.

Inicialmente, el ejecutante se encontrará sentado sobre una silla o banco, de forma que tenga la espalda recta y las piernas flexionadas, estando los muslos paralelos al suelo. Los pies estarán apoyados en el suelo a un lado de la tabla, que se encontrará delante del ejecutante, presentando de frente el lateral de 30 centímetros. Las manos pueden estar agarradas a ambos lados de los muslos sobre el borde de la silla.

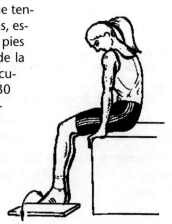

A la señal del examinador, el ejecutante comenzará a mover ambos pies alternativamente a un lado y otro de la tabla, tocando con los dos pies cada vez en un lado y a la máxima velocidad.

Se registrará el número de toques que realizan los pies a cada lado durante un período de 15 segundos. Para una medición más exacta, se podrá cronometrar el tiempo empleado en realizar 20 toques correctamente.

Se considerará error no tocar el suelo o tocar la tabla central.

109 VARIANTE: TAPPING CON UNA SOLA PIERNA

Para realizar esta prueba se requiere una silla y un banco regulable en altura, cajón o tabla de 30 × 50 × 1 cm y cronómetro.

Según Albl, Baldauf y col. (S/f) esta prueba alcanza una fiabilidad, en sujetos masculinos de entre 16 y 18 años, del 0,81. A su vez, el índice de objetividad llega al 0,81(en Fetz y Kornexl, 1976).

110 TAPPING DE FRECUENCIA DE PIES SOBRE ESCALÓN

El propósito de esta prueba es medir la velocidad gestual y frecuencia de las piernas.

Inicialmente, el ejecutante se colocará de pie frente a un banco con un pie en el suelo y el otro apoyado sobre el banco o escalón.

A la señal del controlador, el examinando deberá subir y bajar del banco realizando veinte apoyos alternativos con cada pie (40 con ambos) y a la máxima velocidad posible. El cronómetro

se detendrá cuando el pie que inicialmente estaba en el suelo haya realizado veinte apoyos sobre el banco.[97]

Para ejecutar esta prueba se requiere un escalón, cajón o banco de 120 cm de altura y un cronómetro.

111 GIRO DE PIERNAS JUNTAS Y EXTENDIDAS DESDE SENTADO

El objetivo de esta prueba es medir la velocidad de contracción abdominal (interviene la fuerza explosiva y resistencia dinámica local de la musculatura abdominal).

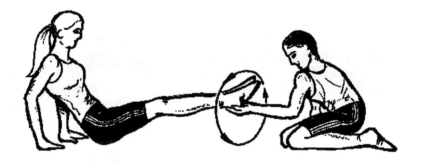

Al inicio de la prueba, el ejecutante estará sentado sobre una colchoneta con las piernas juntas y extendidas, apoyando los talones sobre la superficie de la colchoneta. El tronco estará recto pero ligeramente inclinado hacia atrás para compensar el posterior peso de las piernas. Los brazos estarán echados hacia atrás a ambos lados del tronco y las manos apoyadas sobre la colchoneta.

Un compañero se sitúa de rodillas delante del ejecutante y mantendrá su antebrazo a 10 cm por encima de las puntas de los pies del examinando, apuntando horizontalmente hacia él y con el puño encima de la línea vertical de su tobillo.

A la señal del controlador, el ejecutante deberá describir durante 10 seg. el máximo número de círculos con las piernas extendidas alrededor del puño del compañero, sin que los pies toquen ni el puño ni el piso.

Se contabilizará el número de círculos completos realizados durante 10 segundos. Se considerará error flexionar las piernas o separarlas.

Se requiere un calentamiento específico de la musculatura abdominal, y es recomendable hacer unas prácticas previas.

Según Albl, Baldauf y col. (S/f) esta prueba presenta índices de fiabilidad del 0,86 en adolescentes masculinos de 13 y 15 años (en Fetz y Kornexl, 1976).

Para la ejecución de esta prueba se requiere colchoneta y cronómetro.

112 PRUEBA DE FLEXIÓN Y EXTENSIÓN DE CODO

Su principal objetivo es medir la capacidad de velocidad segmentaria en flexión-extensión del brazo, así como la de agarrar y soltar objetos con la mano (Grass García, 1985).

El alumno se colocará de pie frente a una mesa, en la cual existirán dos cajas colocadas una detrás de la otra y separadas entre sí a unos 15 cm de distancia. En el interior de la caja más cercana al ejecutante se encontrarán doce cubos de 12 cm de arista.

A la señal del examinador, el sujeto cambiará las piezas, de una en una, de la primera caja a la segunda. Posteriormente realizará esta operación dos veces más, es decir, volverá a depositar las piezas en la primera caja y las cambiará de nuevo a la caja vacía.

Se registrará el tiempo empleado en realizar el cambio de las piezas a otra caja tres veces.

La realización de esta prueba precisa de una mesa, dos cajas de 30 cm de lado y 24 cm de profundidad, doce cubos de madera de 2,5 cm de lado y un cronómetro.

113 PRUEBA DE CIRCUNDUCCIÓN DE PIERNA

Su principal objetivo es medir la capacidad de velocidad segmentaria del sujeto en movimiento de circunducción de la pierna (Grass García, 1985).

El sujeto se colocará de pie, apoyándose con ambas manos sobre dos sillas situadas a ambos lados del cuerpo. El ejecutante tendrá una pierna apoyada sobre el suelo y la otra, con flexión de cadera y rodilla a 90°, junto a un cubo o caja, estando el pie justo debajo de su borde superior.

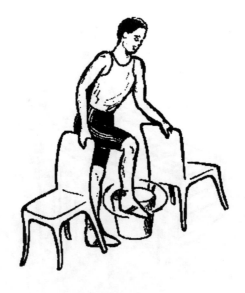

A la señal del controlador, el ejecutante, sin mover la posición del tronco, brazos y pierna de apoyo, deberá realizar circunducciones de cadera en torno al cubo, de forma continuada y a la máxima velocidad.

Se registrará el número de vueltas completas realizadas por la pierna durante 20 seg.

Para realizar esta prueba, se requieren dos sillas, una caja o cubo, y un cronómetro.

114 PRUEBA DE CIRCUNDUCCIÓN DE BRAZO

Su principal objetivo es medir la capacidad de velocidad segmentaria del sujeto en movimiento de circunducción del brazo (Grass García, 1985).

Inicialmente, el sujeto se colocará de pie, con el tronco inclinado adelante y de frente a un cubo o caja colocada sobre el suelo. Las piernas estarán ligeramente flexionadas y con el brazo ejecutor extendido hacia el suelo, de forma que la mano quede colocada por debajo del borde superior de la caja o cubo.

Ejecución: a la señal del controlador, el ejecutante, sin mover la posición de piernas y tronco, deberá realizar circunducciones de brazos en torno al cubo, de forma continuada, a la máxima velocidad.

Se registrarán el número de vueltas completas que realiza el brazo durante 20 seg.

El material que precisa esta prueba consiste en una caja o cubo[98] y un cronómetro.

5.5. LA FLEXIBILIDAD

5.5.1. CONSIDERACIONES PRELIMINARES

Álvarez del Villar (1987) define la flexibilidad:

«Como la cualidad que, con base en la movilidad articular y elasticidad muscular, permite el máximo recorrido de las articulaciones en posiciones diversas, permitiendo al sujeto realizar acciones que requieran gran agilidad y destreza».

Seleccionar pruebas de flexibilidad es una tarea difícil, ya que por un lado existen pocos tests válidos y fiables y, por otro, es muy complicado aislar la movilidad de cada grupo articular sin involucrar a los demás. Aquí se plantea hasta qué punto intervienen unos y otros.

En el laboratorio se utiliza el goniómetro[99] como elemento más fiable, debiendo realizarse, según Paish (1992) dos intentos en cada prueba de flexibilidad y registrando el mejor de ellos.

Las personas con mayor grado de flexibilidad son susceptibles a menos lesiones musculares y ligamentosas. No conocemos ningún estudio que sea capaz de establecer el grado de flexibilidad necesario más idóneo según la edad del sujeto o por especialidades deportivas.

El protocolo de pruebas de flexibilidad es quizá más importante que ninguna otra cualidad, ya que realizar un correcto y completo calentamiento ayuda, en gran manera, a evitar múltiples lesiones musculares.

Para Grosser y Müller (1992) los períodos de una gran flexibilidad se mantienen hasta los doce años, a partir de aquí, la flexibilidad evolucionará de una forma negativa, haciéndose cada año más limitada, como consecuencia de la estabilización del esqueleto y del aumento, debido la liberalización de andrógenos y estrógenos, de la hipertrofia de la musculatura.

Para medir la flexibilidad de los sujetos de una forma directa, se han ideado varias técnicas de laboratorio y de pruebas de campo que miden sobre todo la flexibilidad estática.

Para realizar la medición de la capacidad de movimiento de una articulación, es decir su amplitud, se emplea generalmente un goniómetro. Durante su aplicación, se hace coincidir el eje de los instrumentos sobre el fulcro de la articulación, y los brazos del goniómetro con los segmentos móviles de la misma.

Para McDougall (1993) aunque son múltiples las formas de realizar una medición del grado de movilidad articular de un sujeto, lo más importante, antes de realizar una prueba de flexibilidad encaminada a asignar un correcto entrenamiento posterior en el individuo, es conocer si la actividad que el deportista va a realizar demanda una flexibilidad especial; en caso negativo, resulta poco justificado el stretching encaminado a obtener una hipermovilidad articular innecesaria.

Otro instrumento empleado para medir la amplitud de movimiento de la articulación es el flexómetro de Leighton, el cual consta de un marcador de 360° y un indicador. La diferencia entre los ángulos de la articulación medida en los extremos del movimiento, se mide en relación con la fuerza de tracción hacia abajo de la gravedad sobre el marcador y el indicador. Este instrumento, puede medir articulaciones radio cubitales, del tronco, hombros, codos, tobillos, etc., alcanzando, según Heyward (1996) una fiabilidad situada entre el 0,90 y 0,99

Moras (1992) determina que matemáticamente los resultados obtenidos tras realizar una medición en centímetros de alguna prueba para medir la flexibilidad, como el giro de hombros con bastón, el spagat frontal o lateral, el puente, o la abducción de las extremidades inferiores, no son del todo fiables. Tras estudiar el desplazamiento de las articulaciones durante la prueba y realizar cálculos matemáticos relacionando la longitud de las extremidades en las articulaciones coxo-femorales y escápulo-humeral, establece que para que el ángulo en las extremidades, durante la ejecución de estas pruebas, sea el mismo en dos sujetos que tienen la misma flexibilidad, forzosamente las longitudes en brazos y piernas han de ser iguales, por esto afirma:

«... no podemos considerar demasiado fiables los test que utilizan, como factor de medida de flexibilidad, la distancia entre dos puntos corporales, porque las diferencias antropométricas enmascaran el resultado».

En las conclusiones de sus estudios concreta que presenta una mayor validez el test flexométrico,[100] que se expresa en grados, cuando, de forma generalizada, los tests de medición de flexibilidad lo hacen en centímetros debido a esto, el anterior autor añade:

«... en algunas ocasiones en las cuales es importante la rapidez en la obtención de resultados o bien la sencillez de ensayo, podemos utilizar el resto de los tests convencionales. Si así lo hacemos, importa saber que los valores nada más podemos utilizarlos para controlar la evolución de un sujeto en concreto y una vez concretada la edad de crecimiento. Los estudios comparativos entre sujetos o grupos de sujetos no podemos considerarlos muy fiables, excepto en el caso de una gran homogeneidad morfológica».

Sin embargo, en el campo de la EF se utilizan de una forma generalizada tests indirectos para medir la flexibilidad estática de los alumnos. Estas son pruebas de campo de fácil ejecución y rápida valoración, ya que emplean, generalmente, una cinta métrica, una regla o un calibrador deslizante (regla centimetrada con una guía y cursor) para medir la flexibilidad en centímetros en lugar de en grados.

A continuación, exponemos una relación de las pruebas de campo más utilizadas, por los diferentes autores en el área de EF.

5.5.2. PRUEBAS DE FLEXIBILIDAD

115 PRUEBA DE SIT AND REACH

Su objetivo es medir la flexibilidad de la parte baja de la espalda, los extensores de la cadera y los músculos flexores de la rodilla.

Al iniciar la ejecución, el sujeto permanecerá sentado sobre el suelo, con las piernas juntas y extendidas.[101] El ejecutante estará a su vez descalzo, con los pies pegados a la caja de medición, y los brazos y manos extendidos, manteniendo una apoyada sobre la otra y mirando hacia delante.

A la señal del controlador, el ejecutante flexionará el tronco adelante, empujando con ambas manos el cursor hasta conseguir la mayor distancia posible.

Se registrará la marca alcanzada en la posición final. Si el sujeto alcanza los dedos de sus pies recibe una puntuación de 15 puntos. Si alcanza, por ejemplo, 9 cm más hacia delante, pasados los dedos de los pies, se le anota una puntuación de 24.

Previo la prueba, se deberán realizar ejercicios de estiramiento, sobre todo de la parte baja de la espalda y las piernas. El calentamiento nunca debe ser menor de 3 min.

Farrally y col. (1980) obtienen un coeficiente de fiabilidad de 0,89 en las pruebas de sit and reach, y Beunen y Simon (1977-78) obtienen un coeficiente de fiabilidad en jóvenes de entre 16 y 18 años del 0,94.

Jaackson y Bader (1986) citados por Heyward (1996), ofrecieron como conclusión, que la prueba de sit and reach, en niños de entre 13 y 15 años de edad, no mide de una forma válida la flexibilidad de la zona lumbar. Sus resultados de correlación con las diferentes musculaturas implicadas en la prueba son las siguientes:

Correlación con isquiotibiales: $r = 0,64$

Correlación con toda la espalda: $r = 0,7$

Correlación con la parte superior de la espalda: $r = -0,16$

Correlación con la zona lumbar: $r = 0,28$

En 1989 Jackson y Langford, obtuvieron resultados de validez muy elevada en esta misma prueba. Pero esta vez, referidos a sujetos de entre 20 y 45 años, dando en su estudio sobre la flexibilidad de los isquiotibiales y lumbares, una correlación de $r = 0,89$, y $r = 0,59$ respectivamente. Para mujeres esta correlación es un poco inferior, obteniéndose resultados de $r = 0,70$ para isquiotibiales y $r = 0,12$ para la flexibilidad de la zona lumbar (en Heyward, 1996).

Según Nupponen (1981), en Telama y col. (1982), el coeficiente de fiabilidad en la flexión de tronco adelante es superior al 0,90. Este último autor, obtuvo valores de fiabilidad muy elevados en la prueba de flexión de tronco adelante, presentando estos resultados:

Para chicos de 12, 15 y 18 años, valores respectivos de 0,95; 0,98 y 0,98.

Para chicas de 12, 15 y 18 años, valores respectivos de 0,95; 0,96 y 0,96.

El coeficiente de fiabilidad tras la realización del retest en un período de dos meses, fue de 0,93 en hombres y 0,96 en mujeres.

Según Litwin y Fernández (1984) la fiabilidad es de 0,98 cuando se permite al ejecutante realizar tres ensayos consecutivos previos.

Se necesita para su ejecución un banco sueco o cajón sobre el que se apoya una tabla milimetrada. La placa se colocará de tal forma que el valor cero coincidirá justo en el borde del banco más cercano al ejecutante.

116 PRUEBA MODIFICADA DE SIT AND REACH

El objetivo de esta prueba es el mismo de la prueba anterior; sin embargo, el método de trabajo es diferente.[102]

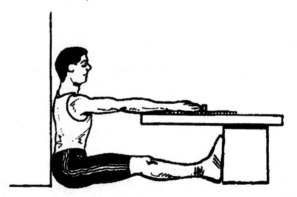

Para la prueba modificada de sit and reach, es necesario realizar una medición inicial. En este sentido, el ejecutante mantiene la posición estándar inicial de la prueba tradicional, sólo que se fija esta situación, haciendo que el ejecutante esté sentado y apoyado sobre una pared por la espalda, y la parte posterior de la cabeza. Ésta es la posición de partida con valor cero.

Desde la posición anterior, el sujeto extiende brazos y manos hacia delante (las manos están apoyadas una sobre la otra), y empuja el cursor hasta donde pueda, pero sin desplegar en ningún momento ni espalda ni cabeza de la pared.

La segunda fase de la prueba consiste en realizar flexión completa hacia delante hasta lograr empujar el cursor la mayor distancia posible, sin existir durante el movimiento acción de rebote.

A partir de la ejecución de la segunda fase, se puede observar la amplitud de flexibilidad del sujeto, donde cualquier valor obtenido será positivo.

117 PRUEBA DE FLEXIÓN DE TRONCO ADELANTE DESDE DE PIE

Según Fetz y Kornex (1976) su objetivo es medir la movilidad estática de la cadera y columna lumbar. Para Grosser y Starischka (1988) esta prueba pretende medir la agilidad en el ámbito tronco-caderas-piernas.

Para iniciar su ejecución, el examinando se colocará de pie sobre un banco sueco. Las piernas permanecerán totalmente extendidas y los pies juntos y ajustados a un borde extremo del banco, junto al medidor.

A la indicación del examinador, el sujeto realizará flexión extrema del tronco hacia delante[103] (lentamente y sin impulso), asimismo, extenderá los brazos y manos todo lo posible hacia abajo, empujando el cursor del medidor hacia abajo lo máximo posible y manteniendo la posición final durante 2 seg.

Se registrará la marca alcanzada en posición final. Si el cursor está situado en una posición por encima del punto cero (que ha de coincidir con la línea de apoyo de los pies) la marca será negativa, en caso contrario, el valor de la marca será positivo.

Para la ejecución de esta prueba, es totalmente necesario realizar un completo calentamiento previo, imitando muchas veces el gesto de ejecución de la misma.

Este test puede ser aplicado a cualquier edad (niños, jóvenes y adultos).

Se considerará nula cualquier ejecución en la que se flexionen las piernas o no se mantenga la posición final durante 2 seg.

Moras (1992) afirma que en esta prueba y otras en las que se evalúan varias articulaciones al mismo tiempo, han de tenerse en cuenta dos cuestiones. Por un lado, que la flexibilidad es específica para cada articulación, implicando esto que el tener mucha amplitud de movimiento en una articulación, no asegura tenerlo en otras articulaciones y, por otro, que las diferencias antropométricas también pueden producir confusión en la valoración de la medición, si los biotipos son muy diferentes.

Teniendo esto en cuenta, hay que añadir, como apunte general al proceso de medición de la flexibilidad, que la valoración global no se puede considerar como suficientemente representativa, ya que según este autor:

«... no hay ninguna evidencia de que esta cualidad exista como característica general del cuerpo humano».

Para Jeschke (1971) y Alb, Baldauf y col. (S/f), la fiabilidad en sujetos masculinos de 12 años está situada entre el 0,81 y el 0,97, y para niñas de la misma edad en el 0,90. Kuhlow (1969), además de los anteriores autores, sitúa estos coeficientes en valores que van desde el 0,77 a 0,93 en jóvenes de 13 a 15 años, y entre el 0,84 y 0,95 en sujetos de entre 13 y 18 años. Para Albl, Baldauf y col., el coeficiente de objetividad de esta prueba, en sujetos de entre 11 y 18 años, se sitúa entre valores del 0,77 y el 0,86 (en Fetz y Kornexl, 1976).

Para realizar esta prueba se precisa un banco sueco o caja con una elevación de 20 cm desde el suelo, un medidor aplicado sobre el borde del mismo o el borde frontal del banco. La placa estará milimetrada longitudinalmente de forma que coincidirá el valor cero en el centro de la misma. Se colocará de tal manera que el cero coincida justo en el borde del banco; a partir de aquí, las medidas tomadas del cero hacia arriba serán negativas y las que se anoten del cero hacia abajo serán positivas.

118 PRUEBA DE EXTENSIÓN DE TRONCO HACIA ATRÁS

Su objetivo es medir la capacidad de extensión del tronco hacia atrás.

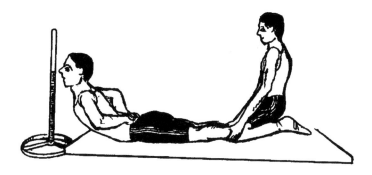

Para su realización, el ejecutante se colocará tumbado sobre una colchoneta en posición prono, manteniendo las manos agarradas tras la espalda y con la barbilla pegada al suelo.

Sobre la cara posterior de sus piernas estará sentado un compañero, de forma que queden fijos al suelo todo lo segmentos desde la cadera a los pies.

El examinando tendrá colocado un collar con velcro sobre el cuello, que a su vez permitirá amarrar una anilla con una cinta métrica.

A la señal del controlador, el ejecutante realizará una extensión total del tronco, elevándolo lo más arriba posible y manteniendo la posición.

El examinador alineará la cinta métrica de forma perpendicular al suelo para registrar la medida desde este al origen de la cintura (que señala el espacio definido por ambas clavículas y debajo de la nuez).

Heyward (1996) propone una variante para la medición de la prueba de extensión de tronco y cuello, de forma que cuando el sujeto ya ha realizado la ejecución, y esté en posición de máxima extensión, se deslizará un cursor situado en el poste o caja milimetrada, situado delante de la cabeza del ejecutante, hasta que la guía toque la punta de la nariz del ejecutante. Para comprobar la marca obtenida, se medirá la distancia de la guía al suelo.

Para ajustar la valoración a las medidas de cada sujeto, se ha de medir la longitud del tronco y el cuello. Para esto, se colocará el alumno sentado en una silla con el cuerpo erguido, y se obtendrá la medida desde la punta de la nariz hasta la superficie del asiento. Se restará la mejor puntuación obtenida en la prueba a la longitud del tronco y cuello.

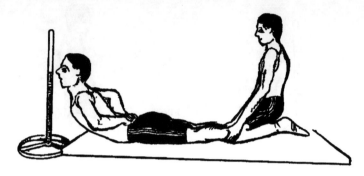

El material necesario para realizar la prueba es una colchoneta, cinta métrica, collar con velcro y, en el caso de la prueba de variante, un pequeño medidor con cursor incorporado.

119 PRUEBA DE HIPEREXTENSIÓN DE ESPALDA EN PLINTO

El objetivo de esta prueba es medir la capacidad de extensión del tronco hacia atrás.

Para su ejecución, el sujeto se encuentra en decúbito prono a lo largo de un plinto, sobresaliendo por el extremo del banco el tronco y la cabeza de ejecutante. Éste tiene las manos entrelazadas detrás de la cabeza.

Un compañero sujeta las piernas por los tobillos firmemente al banco.

El ejecutante tendrá colgado un collar (ajustable por comodidad con velcro) al cuello que estará unido al extremo inicial de una cinta métrica, colocada verticalmente y que se deslizará por el interior de una anilla o soporte fijado al suelo para facilitar la observación de la medida.

A la señal del controlador, el sujeto realizará una hiperextensión máxima de la espalda, manteniendo la posición.[104]

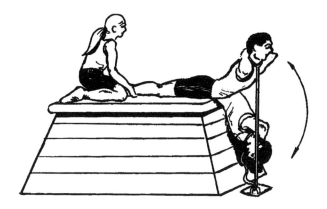

Se medirá en centímetros la distancia desde la base inferior del cuello al suelo, y al resultado obtenido se le restara la altura del plinto.

Se realizarán dos intentos.

El material necesario para esta prueba es un plinto, cinta métrica, collar con velcro, soporte y anilla.

120 PRUEBA DE EXTENSIÓN DE BRAZOS Y MANOS CON PICA

Tiene como objetivo medir la flexibilidad de hombros y muñecas del ejecutante.

El sujeto se colocará en posición de tendido prono con el cuerpo y las extremidades extendidas sobre su eje longitudinal. El mentón permanecerá en contacto con el suelo y las manos sostendrán una pica de madera, manteniendo el agarre con una separación igual a la anchura de los hombros.

A la señal del controlador, el ejecutante elevará la pica lo más arriba posible, manteniendo en todo momento el mentón en contacto con el suelo. La extensión y elevación hacia arriba se mantendrá hasta que la guía del medidor descanse sobre la regla que indique la medida de elevación exacta.[105]

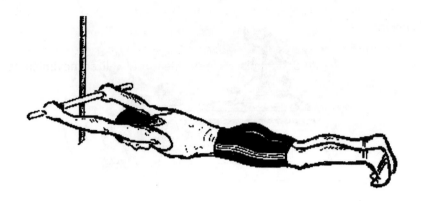

Será nula cualquier ejecución en la que se produzca separación, elevación de cadera, pies o mentón del suelo.

Para ajustar la valoración a las dimensiones de cada sujeto,[106] se medirá la longitud del brazo del examinando desde la prominencia acromial hasta la punta de los dedos. Posteriormente, se restará a esta medida, el mejor resultado obtenido en la prueba.

El material necesario para realizar esta prueba es un medidor vertical y una barra o pica.

121 FLEXIÓN PROFUNDA DEL CUERPO

Su objetivo es medir la flexibilidad global del tronco y miembros superior e inferior.

Para iniciar esta práctica, el sujeto se introducirá en el aparato; los pies deberán estar descalzos y ubicados en el interior de la caja, de forma que el medidor quede posicionado justo debajo del ejecutante. Los talones deben estar pegados a la tabla perpendicular a la separación que indica el punto cero del medidor.

A la señal del controlador, el sujeto flexionará las piernas e irá introduciendo lentamente el cuerpo entre las mismas. Los brazos y manos estarán completamente extendidos y direccionados hacia atrás para poder empujar el listón o cursor del medidor lo máximo posible.

No se permitirá separar los dedos de los pies del suelo durante la ejecución.

Será necesario mantener el equilibrio durante toda la prueba y se ha de salir por delante de la tabla, no permitiéndose realizar movimientos ni empujes bruscos.

Se valorará en centímetros (sin fracciones de éstas).

Se valorará el mejor de dos intentos.

Se requiere una caja metálica o de madera construida para este fin, que tenga incorporada una guía centimetrada, sobre la que puede deslizarse un cursor o listón. Las medidas son las siguientes:

Longitud: 80 cm.

Ancho: 76 cm.

Alto: 2 ó 4 cm.

La medida interior que sirve de soporte de la barra centimetrada es de 50 cm.

Esta prueba es seleccionada de forma generalizada en las pruebas de acceso a los INEFs.

122 PRUEBA DE FLEXIBILIDAD DE COLUMNA SOBRE PLINTO

Su objetivo es medir la flexibilidad máxima de extensión de columna del ejecutante.

Para su realización, el ejecutante estará sentado sobre plinto, las piernas permanecerán extendidas a lo largo del mismo y la espalda recta, de forma que coincida su línea vertical sobre el extremo del cajón. El examinando tendrá, asimismo, las manos detrás de la nuca y mantendrá las piernas juntas y totalmente extendidas, ayudado por un compañero que presionará sobre ellas firmemente.

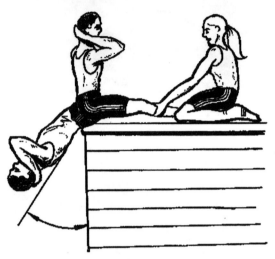

A la señal del controlador, el ejecutante realizará un descenso de la espalda hacia atrás, hasta llegar a la máxima extensión, manteniendo la posición hasta que el examinador mida, con la ayuda de un goniómetro, el ángulo entre la vertical en la posición inicial y la prolongación de la recta que une el vértice del cajón y el occipucio.[107]

Se registrará la medida (en grados) realizada por el goniómetro, considerándose error el levantar, durante la ejecución, las rodillas de la superficie del cajón.

Según Fetz y Kornex (1976) si no se dispone de goniómetro, se puede medir la distancia horizontal entre el occipicio y el cajón, dividirlo por la talla, y multiplicando el resultado por 100.

Para Albl , Baldauf y col. (S/f), la fiabilidad de esta prueba es muy elevada, ya que alcanza valores de entre el 0,96 0,97 en sujetos de entre 12 y 18 años. La objetividad es igualmente muy alta, situándose su coeficiente entre el 0,96 y 0,99 (en Fetz y Kornexl, 1976).

El material que se precisa para esta prueba es un plinto, goniómetro y/o cinta métrica.

123 TEST DE CUÁDRICEPS O TEST DE ELY

Su principal objetivo es medir la flexibilidad del músculo cuádriceps (García Manso y col., 1996).

Inicialmente, el sujeto se coloca en posición de decúbito prono; las manos pueden estar apoyadas sobre el suelo debajo del mentón.

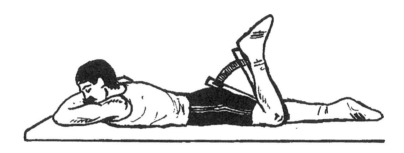

El ejecutante realizará flexión de una pierna, llevando el talón lo máximo posible hacia el glúteo. La cadera y la otra pierna permanecerán totalmente extendidas.

Se medirá el ángulo de flexión durante el mantenimiento de la posición de la pierna flexionada.

El material necesario para realizar esta prueba es un goniómetro.

124 PRUEBA DE ABDUCTORES DE LA CADERA

Esta prueba tiene como objetivo medir la capacidad de amplitud de los músculos abductores de la cadera.

El ejecutante se colocará en posición de tendido supino. A partir de aquí, se realizarán dos mediciones.

El sujeto abrirá las piernas lo máximo posible manteniendo las mismas extendidas y todo el cuerpo apoyado sobre el suelo. Se medirá el ángulo existente entre el eje central del cuerpo y el eje de una de las piernas.[108]

En una segunda fase, el sujeto flexionará ambas piernas 90° a nivel de la cadera y rodillas.

Sobre esta posición, se medirá la separación a nivel de las rodillas.

El material que se precisa para esta prueba es una colchoneta y un goniómetro.

125 TEST DE LA BANDA ILIOTIBIAL O TEST DE OBER

El propósito de esta prueba es medir la amplitud iliotibial del ejecutante.

En la posición inicial, el sujeto estará colocado en decúbito lateral. La pierna que apoya sobre el suelo tendrá tanto en su cadera como rodilla una flexión de 90°; la otra pierna, se mantendrá con la cadera extendida y una flexión de rodilla de 90° y la mano del brazo más separado del suelo debe de tocar la rodilla contraria.

Durante la ejecución, el testador situado tras el examinando, colocará una mano sobre la cadera del alumno, haciendo presión hacia el suelo, al mismo tiempo que con la otra mano, tirará de la pierna separada del suelo hacia atrás.[109]

El material que se precisa para esta prueba es una colchoneta y un goniómetro.

126 PRUEBA DE FLEXIBILIDAD DEL HOMBRO

Esta prueba pretende medir la capacidad de movilidad en la articulación de los hombros.

El sujeto, colocado de pie y con el cuerpo erguido, realizará una aproximación de las manos por su espalda de la siguiente forma:

Elevará un codo hasta la vertical, flexionando el brazo e intentando avanzar hacia abajo y atrás por detrás de la cabeza y apoyando la palma de la mano sobre la espalda en dirección hacia el suelo. El otro brazo se colocará tras la espalda y realizará una flexión, con el codo vertical hacia el suelo, apoyando el dorso de la mano sobre la espalda y en dirección hacia arriba.

Se medirá, en centímetros, la distancia entre las yemas de los dedos medios de ambas manos.

Los resultados de esta prueba varían sustancialmente según la edad de los testados. En adolescentes es muy normal que la mayoría de ellos lleguen a tocarse las yemas de los dedos e incluso solapar estos ampliamente.

Para García Manso y col. (1996), la movilidad es baja cuando la separación es mayor de 15 cm, media cuando la distancia está entre 10 y 15 cm, y alta cuando es de 0 cm, es decir, los dedos pueden tocarse.

El material requerido para esta prueba es una regla o cinta métrica.

127 PRUEBA DE PUENTE O TEST DE FLOP

Tiene como objetivo medir la capacidad de extensión dorsal y lumbar del tronco. Inicialmente, el ejecutante se colocará en posición de decúbito supino sobre el suelo. Flexionará las piernas hasta colocar los talones lo más cerca posible de los glúteos y apoyará las manos junto a la cabeza, lo más cerca posible de los hombros.

A la señal del examinador, el ejecutante realizará una extensión de tronco, elevando el mismo hacia arriba, intentando arquearse lo máximo posible, acortando a su vez la distancia de separación entre pies y manos.

Se medirá distancia entre el pulpejo de las manos y los talones de los pies. Para obtener la valoración de la prueba, se ha de medir previamente la altura de pie, con los brazos alzados y medida desde el suelo hasta de los pulpejos de las manos.

Con las dos medidas anteriores se obtendrá el índice siguiente, atendiendo a la fórmula:

$$\text{Índice de valoración del puente} = \frac{\text{Distancia de prueba x 100}}{\text{Distancia de pie}}$$

Moras (1992) afirma en sus pruebas de análisis crítico sobre los actuales tests de flexibilidad que la prueba de puente presenta unos resultados íntimamente relacionados con la longitud de las piernas y brazos del sujeto. En este sentido, su valoración se debe realizar sólo como comparación tras un período de tiempo con el mismo ejecutante y de ningún modo con los alumnos con diferente medidas antropométricas.

El material necesario para realizar la prueba es una colchoneta y cinta métrica.

128 PRUEBA DE EXTENSIÓN EN PASO DE VALLA

Su objetivo es medir la capacidad de flexibilidad en el tronco, cadera y piernas. Al comenzar la prueba, el ejecutante se colocará en posición de paso de valla sobre el aparato de la prueba. La pierna delantera permanecerá totalmente extendida, estando la otra extremidad completamente flexionada y formando un ángulo de 90° respecto a la anterior.

A la señal del controlador, el ejecutante flexionará el tronco adelante, los brazos estarán extendidos en la misma dirección y empujará con los dedos de ambas manos el cursor que se desplaza por la guía lo más adelante posible.

No se permitirán movimientos bruscos o discontinuos y será necesario mantener 2 seg sobre la posición máxima.

Se realizará un intento con la pierna derecha y otro con la izquierda.

Se medirá en centímetros la posición del indicador para ser correctamente desplazado.

Para la valoración de la prueba se hace necesario tomar previamente dos medidas:

- 1.° Medida de alcance absoluto. Es decir, en posición de pie, de cara al listón fijado verticalmente sobre la pared, descalzo, cuerpo extendido y brazos hacia arriba en prolongación del cuerpo.
- 2.° La longitud de la pierna, medida en centímetros, desde el talón hasta la punta del trocanter mayor.

Para obtener la valoración de esta prueba se realiza la siguiente ecuación (Grosser y Starischka, 1988):

$$\text{Índice} = \frac{\text{Alcance-longitud de pierna}}{\text{Flexión de pierna}}$$

Es decir, el índice se obtiene restando a la medida de alcance de pie, la longitud de la pierna, y se divide por la medida de la flexión de tronco adelante.

También se puede sustituir la medida de la flexión por la media o promedio tras la flexión sobre las dos piernas.

Un ejemplo sería:

Alcance = 222 cm.

Longitud de piernas = 91 cm.

Flexión de pierna de estiramiento derecha = 91 cm.

Flexión de pierna de estiramiento izquierda = 95 cm.

Promedio ambas piernas = 93 cm.

Índice = 1,42.

Grosser (1992) propone una escala de valoración en la que asigna nominaciones de excelente: hasta 1,19; bien: de 1,20 a 1,39; insuficiente: de 1,40 a 1,59; y mal: desde 1,60.

Sin precisar sobre los criterios de calidad de esta prueba, el mismo autor expresa que presenta coeficientes elevados de objetividad y fiabilidad; asimismo, posee una validez suficiente.

El material necesario para realizar la prueba consiste en una mesa o tablero construido para acoplarse sobre él, de forma que posibilite la posición de paso de valla, en la que permanece una pierna extendida y la otra flexionada 90°.

La mesa dispondrá de un listón centimétrico sobre el que se desplazará un cursor para la medición. Además, es necesario una cinta métrica y un listón de 260 cm de largo adosado a la pared.

129 PRUEBA DE SPAGAT LATERAL

Su objetivo es medir la capacidad de movilidad articular,[110] especialmente de las caderas y piernas.

Descripción:

Para comenzar la prueba, el ejecutante se coloca de pie con el tronco recto y en posición frontal o de espaldas a la espaldera. Estará agarrado con una o ambas manos a los listones de la espaldera.

A la señal del controlador, el examinando comenzará una apertura de piernas progresiva hasta llegar a la máxima posición lo más cerca del suelo. Durante el recorrido, podrá agarrarse a la espaldera descendiendo el agarre sobre los barrotes.

Una vez llegada a la máxima posición, se medirá con la regla la distancia existente desde el suelo (punto 0) hasta la entrepierna del sujeto.[111] Se rezará un solo intento.

El material que se precisa para esta prueba es una espaldera para sujeción, regla o listón centimetrado.

130 PRUEBA DE SPAGAT FRONTAL O DE TRAVÉS

El propósito de esta prueba es medir la capacidad de movilidad articular especialmente de las caderas y piernas.

La posición inicial del examinando será de pie, lateralmente a una espaldera, con el tronco recto y piernas extendidas.

A la señal del examinador, el ejecutante comenzará a abrir las piernas hasta llegar a la máxima apertura. Podrá agarrarse lateralmente a la espaldera, y durante la ejecución intentará bajar lo máximo posible el tronco hacia el suelo.

Una vez llegada la máxima posición, se medirá con la regla la distancia existente desde el suelo (punto 0) hasta la entrepierna del sujeto.[112]

Se realizarán dos intentos, cambiando la posición de las piernas.

Se requiere para la ejecución de esta prueba una regla o listón centimetrado y espaldera para sujección.

131 APERTURA DE PIERNAS DESDE TUMBADO

Su principal objetivo es medir la movilidad articular de la cadera.

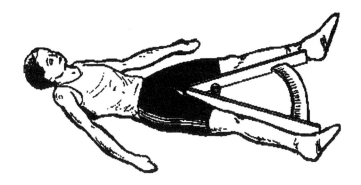

El ejecutante se colocará en posición de decúbito supino con el cuerpo totalmente extendido.

A la señal del controlador, el examinando abrirá las piernas lo máximo posible, permaneciendo en todo momento extendidas. Una vez llegado al punto máximo, el examinador aplicará el goniómetro entre las piernas, colocando los brazos del mismo ajustados a la cara a interna de las piernas, de forma que toquen los cóndilos internos de las rodillas.

Se medirán los grados del ángulo de separación máxima tras el intento de abducción lateral sin carga.[113] Se considerará error si los brazos del goniómetro no están paralelos a los muslos.

Según Albl, Baldauf y col. (S/f), para sujetos masculinos de 16 a 18 años, esta prueba tiene una fiabilidad de entre 0,86 y 0,97; estando en mujeres de la misma edad en el 0,86 (en Fetz y Kornexl, 1976).

El material necesario para realizar esta prueba es un goniómetro, especialmente con disposición de varilla métrica y superficie de apoyo elevada.

132 PRUEBA DE FLEXIÓN DE TOBILLO

Tiene como objetivo medir la capacidad de flexión y extensión del tobillo.

Para su realización, el sujeto se colocará sentado en el suelo con las piernas totalmente extendidas. Junto al tobillo que ha de ser medido, y en su cara externa, se colocará una caja o tabla que apoyará su vez sobre el suelo y en la que se puede acoplar un papel o cartulina.

A la señal del controlador, el ejecutante realizará flexión completa del tobillo y, una vez llegado al punto máximo, el testador señalará una línea sobre la tabla. Posteriormente, el ejecutante realizará una extensión completa del tobillo hasta su punto máximo, marca que registrará igualmente el testador, señalando otra línea sobre el papel.

Se medirá el ángulo formado por ambos perfiles. Se puede repetir el mismo procedimiento en el otro tobillo y hacer promedio entre las puntuaciones de los dos tobillos.[114]

El material precisado por esta prueba consiste en una caja o tabla, cartulina y medidor de ángulos.

133 PRUEBA DE ROTACIÓN DE HOMBROS CON BASTÓN

Su objetivo es medir la capacidad de amplitud o movilidad articular de la cintura escapular.[115]

Al iniciar la prueba, el sujeto se situará de pie con el tronco recto y piernas juntas y extendidas. Agarrará con ambas manos un bastón centimetrado colocado horizontalmente delante del cuerpo, mientras mantiene los brazos extendidos al frente.

A la señal del testador, el sujeto deberá elevar lentamente el bastón por encima de la cabeza y detrás de la espalda, manteniendo los brazos en todo momento extendidos para volver posteriormente a la posición inicial.

Se realizarán varios intentos con diferentes ajustes en el agarre del bastón y no se podrá modificar el agarre de manos sobre el bastón durante la ejecución.

Una vez concluida la prueba, se medirá la distancia que existe entre los pulgares de ambas manos en posición de agarre del bastón[116].

Para Jeschke (1971) y Albl, Baldauf y col. (S/f), esta prueba presentó coeficientes de fiabilidad entre 0,73 y 0,96 en sujetos masculinos de 12 años; y valores de entre 0,96 - 0,98 para jóvenes de 13 y 15 años. Para edades de entre 16 y 18 años, el coeficiente de fiabilidad se sitúa entre el 0,92 y 0,98. Estos mismos autores ofrecen valores de objetividad de entre 0,91 y 0,98 (en Fetz y Kornexl, 1976).

El material que se precisa para realizar esta prueba es un bastón o pica centimetrada, otros autores utilizan una cuerda centimetrada.

134 PRUEBA DE FLEXIÓN LATERAL DE TRONCO

Tiene como objetivo medir la movilidad articular de la columna vertebral.

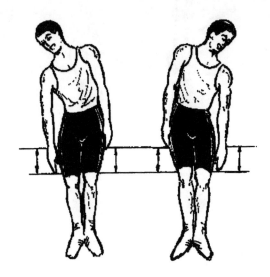

Para su ejecución, el examinando se coloca de pie con la espalda pegada a la pared, los pies juntos y las piernas y tronco totalmente extendidos. Los brazos estarán abiertos a ambos lados del cuerpo estando las palmas tocando la cara exterior de los muslos. Los omóplatos permanecerán completamente pegados a la pared. Una vez adquirida esta posición, el testador hará una marca horizontal con una tiza o lápiz sobre el punto más extremo en el que las yemas de los dedos tocan las piernas.

A la señal del testador, el ejecutante realizará suavemente una flexión lateral del tronco, primero hacia un lado y luego hacia el otro. Con el brazo extendido, correspondiente al lado de la flexión, intentará tocar lo más abajo posible, mantenimiento durante todo el recorrido la espalda pegada a la pared.

Una vez llegada a la posición máxima, el ejecutante mantendrá la flexión 2 seg y el testador volverá a realizar, sobre el punto más bajo, una marca horizontal.

La ejecución se realiza a ambos lados derecho e izquierdo. Se medirá, en centímetros, la distancia entre las dos marcas correspondientes a la posición erecta e inclinada.[117]

La puntuación se obtiene contabilizando el número de ciclos completos (izquierda-derecha) que el ejecutante es capaz de realizar durante 20 segundos. En este caso, se medirá la velocidad de flexión lateral, interviniendo de forma decisiva, la flexibilidad del tronco del ejecutante.

Para Fetz y Kornex (1976), la suma de ambos valores se pondrá en relación con la talla del ejecutante atendiendo la siguiente fórmula:

$$\text{Índice} = \frac{\textit{Suma de los dos valores medidos} \times 100}{\textit{Talla}}$$

Para realizar este ejercicio será necesario realizar un intenso calentamiento previo.

Se considerará error si se flexionan las piernas, o los hombros se despegan de la pared.

Se puede aplicar a ambos sexos y a cualquier edad.

La fiabilidad para esta prueba, según Albl, Baldauf y col. (S/f) en sujetos de 18 años es del 0,90 (en Fetz y Kornexl, 1976).

Para realizar esta prueba se precisa una regla o cinta métrica, y tiza o lápiz para marcar.

135 PRUEBA DE FLEXIÓN LATERAL DE TRONCO CON BRAZOS ARRIBA

Esta prueba pretende medir la movilidad combinada del tronco y la cintura escapular.

Para realizar su ejecución, el sujeto se coloca de pie con la cabeza y espalda pegada a la pared, los pies juntos y las piernas y tronco totalmente extendidos. Los brazos estarán extendidos en alto con las palmas de las manos unidas.

A la señal del testador, el ejecutante realizará solamente una flexión lateral de tronco hasta llegar al punto máximo donde permanecerá 2 seg; posteriormente, repetirá la acción hacia el lado contrario.

Se medirá la distancia entre el suelo y la punta de los dedos índice. La suma de las mediciones de izquierda y derecha se pone en relación con la talla de la siguiente forma:

$$\text{Índice} = \frac{\text{Suma de los dos valores medidos} \times 100}{\text{Talla}}$$

Durante la ejecución, la nuca y espalda tocan la pared durante todo el recorrido.

Para su realización se precisa de una regla o cinta métrica y tiza o lápiz para marcar.

136 ELEVACIÓN DE LA CADERA HACIA DELANTE

Este test tiene como objetivo medir la movilidad articular de la cadera.

El ejecutante se colocará de pie frente a una espaldera, manteniéndose agarrado a la misma con las manos y tendrá los pies juntos y las piernas y el tronco extendidos.

A la señal del controlador, el testador elevará una pierna apoyando el talón sobre los barrotes horizontales de la espaldera, hasta llegar a la máxima amplitud posible. Para mantener la pierna elevada recta, el ejecutante podrá presionar con las manos sobre la rodilla de la misma pierna.

Para la realización de esta prueba es necesario un intenso calentamiento y es aplicable a sujetos de todas las edades.

Se medirá el ángulo formado por los muslos, aplicando un goniómetro sobre la caras internas de ambas piernas.[118]

Se considerará error doblar la pierna de apoyo o de elevación, así como la medición inexacta del ángulo.

Según Albl, Baldauf y col. (S/f) esta prueba tiene un coeficiente de fiabilidad del 0,85 en sujetos masculinos de 12 años; y 0,89 en sujetos masculinos de entre 13 y 15 años (en Fetz y Kornexl, 1976).

Para realizar esta prueba se precisa la utilización de un goniómetro, o cinta métrica.

137 PRUEBA DE TORSIÓN DE TRONCO

Su principal objetivo es medir la capacidad de rotación del tronco.

Inicialmente el sujeto se colocará de pie lateralmente a una pared y a una distancia que permita al brazo cercano a la misma, extenderlo hasta tocar con las yemas de los dedos la superficie de la pared. Los pies estarán justo detrás de una línea perpendicular a la pared, que continuará

Una de las vallas tendrá dos listones colocados verticalmente a ambos lados de la valla y con una altura desde el suelo de 1,70 m. Un cronómetro.

Esta prueba ha sido seleccionada por varios INEFs de forma periódica.

139 RECOGIDA DE PELOTAS

El objetivo de esta prueba es medir la agilidad de movimiento del alumno.

Para la realización de esta prueba se ha de colocar una pelota de tenis en cada uno de los ángulos formados por un cuadrado de 10 m de lado. Se determina un punto medio (trazando dos diagonales) y se coloca en el centro del mismo una raqueta de tenis o una caja de unos 30 cm, en la cual habrá de ir depositando las cuatro pelotas de una en una sin dejarlas caer al suelo.

Inicialmente, el alumno, desde el centro del cuadrado, esperará en posición de salida alta la señal del profesor.

A la señal de "listos ya", el alumno se desplazará a la mayor velocidad en dirección a una de las cuatro esquinas y recogerá una pelota depositándola inmediatamente en el centro, continuando el ejercicio hacia la esquina opuesta para realizar la misma operación hasta completar las cuatro esquinas.

Se toma el tiempo desde la salida hasta que se deposita la última pelota en el centro del cuadrado.[121]

Para realizar la prueba se precisan cuatro pelotas de tenis, caja o raqueta para depositarlas y un cronómetro.

140 PRUEBA DE SALTAR SOBRE OBSTÁCULOS

Esta prueba tiene el propósito de medir la agilidad y flexibilidad (movilidad articular sobre todo) del sujeto.

Para organizar esta prueba se colocarán cuatro postes, sobre los cuales se apoyarán dos listones situados de forma paralela.[122] El ejecutante se coloca a frente el primer listón o barilla, de detrás de la señal de partida y en posición de salida alta.

A la señal del controlador, el ejecutante saltará por encima y se arrastrará por debajo de los dos obstáculos alternativamente en forma de ocho. El examinando recorrerá cinco ciclos hasta concluir el ejercicio.

Se registrará el tiempo desde la señal de salida hasta que el ejecutante haya realizado los cinco ochos, y ha sobrepasado el último obstáculo.

Se anotará la mejor de dos tentativas.

El material precisado para esta prueba son cuatro postes de altura regulable, dos listones o cuerdas y un cronómetro.

141 CARRERA EN ZIG ZAG

El objetivo de esta prueba es medir la agilidad de desplazamiento del sujeto.

El ejecutante se colocará en posición de salida alta detrás de la línea de partida, colocada en el suelo. A partir de la línea de salida existirá un pasillo de 2 m de anchura y de 8 m de largo, donde estarán colocados seis postes (de forma asimétrica) cada 2 m.

A la señal del controlador, el ejecutante deberá realizar un recorrido de ida y vuelta sobre el pasillo, sorteando en zig zag los postes.

Se cronometrará el tiempo marcado por el ejecutante en realizar el recorrido de ida y vuelta completo.

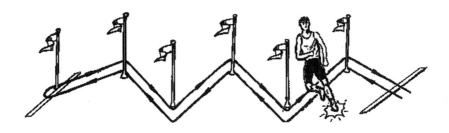

El examinando no debe detenerse en la línea de llegada sino continuar varios metros más. Se valorará el mejor tiempo de dos intentos.

Para realizar esta prueba, se precisa un terreno liso y llano, 6 postes de 1,70 m de altura por 3 cm de grueso, tiza para marcar líneas y cronómetro.

142 PRUEBA DE SLALOM

Este test pretende medir la agilidad de carrera y movimiento del ejecutante.

Inicialmente el ejecutante se colocará en posición de salida alta tras la línea de salida. A partir de la cual existirá un recorrido de 2 m, y a continuación siete postes colocados verticalmente y alineados, con una separación entre ellos de 1m.

A la señal del controlador, el ejecutante deberá recorrer a la máxima velocidad el slalom construido, sorteando en zig-zag los siete postes.

Se cronometrará el tiempo empleado en realizar el recorrido de ida y vuelta, considerándose nulo cualquier ejercicio en el que se derribe un poste.

Se evaluará el mejor de los dos intentos.

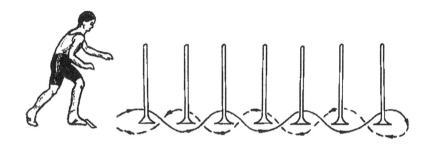

Según Albl, Baldauf y col. (S/f), esta prueba presenta, en sujetos masculinos de 18 años, un coeficiente de fiabilidad de 0,92 (en Fetz y Kornexl, 1976).

El material precisado para realizar esta prueba consiste en un terreno liso, llano y antideslizante, 7 postes y cronómetro.

143 PRUEBA DE CARRERA DE TACOS 4 x 9 METROS

El objetivo de esta prueba es medir la velocidad de desplazamiento y agilidad del sujeto.

Sobre la pista o terreno, se dibujan dos líneas paralelas separadas a una distancia de 9 metros. El ejecutante se colocará detrás de la primera línea de salida, en posición de salida alta y en dirección hacia la segunda línea, donde habrá en el suelo, y sobre la línea segunda, dos tacos de madera.

A la señal del controlador, el ejecutante correrá a la máxima velocidad hasta la segunda línea, donde cogerá un taco y volverá hacia la primera línea para depositarlo en el suelo tras ella, repetirá la acción con el
segundo taco.

Se cronometrará el tiempo empleado en realizar, desde la señal de
"ya" de salida, los recorridos de ida y vuelta hasta haber depositado los
dos tacos en la línea de salida.

Se considerará el mejor de dos intentos.

Para realizar esta prueba se precisa un terreno liso y llano, dos tacos
de madera de 5 × 5 × 10 cm, tiza y cronómetro.

144 PRUEBA DE ROTACIÓN DEL CUERPO DESDE APOYO DE BRAZOS Y MANOS

El propósito de esta prueba es medir la fuerza de apoyo de las manos
y brazos, la velocidad de movimiento y la capacidad de movilidad de las
articulaciones de los hombros.

Inicialmente, el ejecutante se colocará en posición de decúbito prono con apoyo de manos sobre el suelo, con una anchura aproximada a

la medida de sus hombros, y los brazos, tronco y piernas extendidas, de forma que el cuerpo forme un plano inclinado.

A la señal del controlador, el ejecutante realizará movimientos de rotación sobre su eje longitudinal, para volver a apoyar las manos y brazos extendidos, hasta colocarse en posición de apoyo supino. Posteriormente, realizará una nueva rotación en el mismo sentido, hasta colocarse de nuevo como en la posición inicial.

Durante la ejecución, el apoyo de manos se realizará sobre una colchoneta o espacio marcado en el suelo de 1 m de ancho.

Se contabilizarán el número de rotaciones completas y correctas realizadas en 15 seg.

No se permitirá el apoyo de la rodilla sobre el suelo.

Se considera error tocar el suelo con la pelvis y sobrepasar con las manos el espacio señalado.

Albl, Baldauf y col. (S/f) asignan a esta prueba, en sujetos masculinos de entre 10 y 15 años, un coeficiente de fiabilidad de 0,82 (en Fetz y Kornexl, 1976).

Para realizar este test se precisa suelo liso y plano, colchoneta, tiza y cronómetro.

145 PRUEBA DE PASO DE PIERNAS ALTERNAS SOBRE PICA

El objetivo de esta prueba es medir la agilidad del sujeto a través de la velocidad de acción y la movilidad articular.

El ejecutante, colocado de pie, agarrará una pica o cuerda con ambas manos a una separación equivalente a la anchura de sus hombros. Los brazos estarán extendidos hacia abajo y delante del cuerpo, de forma que la cuerda quede colocada horizontalmente sobre los muslos.

A la señal del controlador el ejecutante, sin soltar ni desplazar el amarre de la cuerda, flexionará tronco, agrupando el cuerpo y piernas, hasta pasar las mismas alternativamente[123] sobre la cuerda, quedando ésta en la parte posterior del cuerpo.

El movimiento continuará hacia arriba por detrás del cuerpo hasta sobrepasar la altura de la cabeza, para descender, por delante, hasta llegar a la posición inicial.

Se contabilizarán las ejecuciones correctas realizadas en 15 seg.

Se permitirá cualquier tipo de flexión de los brazos durante la ejecución, considerándose error cambiar o modificar la posición del amarre de la cuerda.

Según Albl, Baldauf y col. (S/f) esta prueba presenta un coeficiente de fiabilidad de 0,78 y 0,83 en sujetos masculinos de entre 10 - 12 años y 13 - 15 años respectivamente (en Fetz y Kornexl, 1976).

Para realización de esta prueba, se requiere cuerda y cronómetro.

146 PRUEBA DE AGILIDAD SOBRE 6 PIVOTES

Su principal objetivo es medir la agilidad del sujeto en desplazamiento con múltiples cambios dirección.

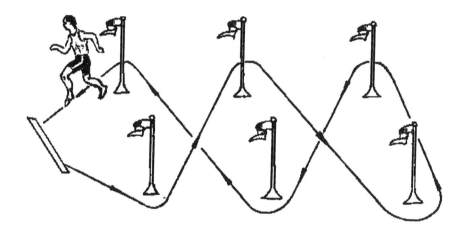

La realización de esta prueba consiste en un circuito formado por seis postes, colocados en dos filas alineadas de tres pilares cada una, de forma paralela y separadas ambas líneas 6 m. La línea de salida estará colocada de frente a las dos líneas, y distanciada del primer poste a 2,5 metros. La separación longitudinal entre postes es de 2 m.

El ejecutante se colocará en posición de salida alta en el punto medio entre ambas líneas y detrás de la línea de salida.

A la señal del controlador, el alumno correrá hacia el circuito, dejando el primer poste a su izquierda y corriendo en zig zag sobre circuito, realizando ida y vuelta dos veces hasta sobrepasar finalmente a línea de salida.

Se cronometrará el tiempo empleado en realizar dos veces seguidas el circuito.

El material precisado para la realización de esta prueba consiste en 6 postes, tiza y cronómetro.

147 PRUEBA DE CAMBIO DE DIRECCIÓN EN CUADRUPEDIA

Su principal objetivo es medir la agilidad del alumno en desplazamiento en cuadrupedia con cambios de dirección (Grass García, 1985).

La prueba se realiza sobre un circuito que contará con dos postes separados a una distancia de 2 m. Al lado de un poste, y perpendicular a la línea longitudinal de ambos pivotes, se pintará una línea en el suelo, será la línea de salida.

El ejecutante se colocará en posición de cuadrupedia tras la línea de salida.

A la señal del controlador, el examinando se desplazará en posición de cuadrupedia hacia el poste opuesto, y a la máxima velocidad posible realizará el desplazamiento en zig zag (haciendo ochos) hasta acabar un recorrido de cuatro ciclos completos.

Se cronometrará el tiempo empleado en realizar cuatro ciclos completos.

Se considerará nulo si el ejecutante derriba un poste o no mantiene la posición de cuadrupedia en algún momento.

148 PRUEBA DE CARRERA SOBRE CÍRCULO

El objetivo de esta prueba es medir la capacidad de agilidad del sujeto (velocidad de piernas y flexibilidad del tronco) en desplazamiento forzado entorno un círculo (Grass García, 1985).

Sobre un círculo pintado en el suelo de 3,5 m de diámetro, se marcará una línea perpendicular de salida. El ejecutante estará colocado en posición de salida alta tras la raya.

A la señal del controlador, el examinando correrá a la máxima velocidad, alrededor del círculo, sin pisar su línea en ningún momento.

Se cronometrará el tiempo empleado en recorrer cinco vueltas completas de forma continuada.

Para la realización de esta prueba se requiere un terreno liso y llano, tiza, cinta métrica y cronómetro.

5.7. LA COORDINACIÓN

5.7.1. CONSIDERACIONES PRELIMINARES

Según Hernández Corvo (1989), la coordinación: «Es el resultado de la asociación entre el control de los tiempos biológicos y el control muscular, de modo que se integren o asocien unas acciones musculares en el logro de una expresión de conducta espacial, a partir de movimientos o acciones simples, eliminen las tensiones innecesarias y garanticen la más adecuada consecuencia hasta la conformación de cadenas que determinen la estética o expresión armónica más adecuada del movimiento».

Paish (1992) define la coordinación como: «La actividad armónica de diversas partes que participan en una función, especialmente entre grupos musculares bajo la dirección cerebral». La coordinación dinámica general (CDG), comienza al nacer y concluye a los 16 años, siendo la responsable del control preciso del cuerpo y de todos sus miembros ya sea en movimientos rápidos o lentos.

En realidad, añade el anterior autor, sería imposible realizar una valoración de la coordinación dinámica general de forma aislada ya que ésta está, de una forma u otra, relacionada con la agilidad, velocidad, fuerza, orientación, equilibrio y el ritmo del sujeto, aunque no se deba confundir con ninguno de ellos.

La coordinación óculo-manual y óculo-pédica constituyen los pilares funcionales primarios en la apreciación del espacio y en la realización del movimiento hasta llegar al dominio de las posturas que intervienen en toda coordinación. En este sentido, es necesario tener muy en cuenta el nivel de maduración del sistema nervioso del individuo antes de evaluar esta capacidad motriz. Asimismo, habría que añadir que la coordinación óculo-manual depende en buena media del tono muscular del sujeto.

Según Baumgartener y Jackson (1975) en Telama y col. (1982), los niños pequeños tienen una correlación relativamente alta entre la carrera de velocidad y un test de coordinación complejo, que consistía en lanzar un balón que estaba colgado a 50 cm más alto que la cabeza del examinador y correr a coger el móvil antes de que cayera al suelo, lo cual implica tanto coordinación óculo-manual y coordinación de reacción ante un blanco móvil y acciones simultáneas. Asimismo, estos mismos autores, en sus investigaciones, afirman que el mismo salto horizontal, que mide muy bien la fuerza explosiva, es también una buena medida de la coordinación compleja y equilibrio.

Martínez de Haro y Hernández Álvarez, en el libro de texto de EF de 3° de ESO,[124] intentan explicar a los alumnos, que siempre ha existido una cierta dificultad para definir esta capacidad y añaden la definición de:

«... la coordinación es la capacidad para resolver, en secuencia ordenada y armónica, un problema de movimientos».

Estos autores proponen para esta edad la prueba de saltos con cuerda, donde se deben contabilizar el número de saltos realizados por el alumno correctamente en cinco intentos. Sin embargo, es necesario añadir que plantean sus dudas sobre si esta prueba, aludiendo al concepto de validez, mide realmente lo que pretende medir.

El currículo de EF incluye el desarrollo de la coordinación a través de la práctica de habilidades motrices como botes, lanzamientos, recepciones, desplazamientos, etc., utilizando todo tipo de material como balones, discos o picas. El INCE (1996) recomienda llevar a cabo la evaluación de la coordinación por medio de la prueba de slalom con bote de balón, y el test de recepción de objetos móviles, este último enfocado sobre todo a alumnos de primer ciclo de ESO.

5.7.2. PRUEBAS DE COORDINACIÓN

149 PRUEBA DE DESPLAZAMIENTO EN UN ZIG ZAG CON BALÓN

El objetivo de esta prueba es medir la coordinación dinámica general del alumno.

Inicialmente, el ejecutante estará en posición de salida alta tras la línea de partida y mirando hacia el frente. A 1 m de distancia, existirá un circuito que consiste en cinco postes alineados de 1,70 m de altura, separados 2 m entre ellos y donde la distancia entre el último poste y el final del circuito será de 1 m.

A la señal del controlador, el ejecutante saldrá corriendo dejando el primer poste a su izquierda, y realizará todo el recorrido botando el balón y desplazándose en zig zag sobre los cinco postes, hasta sobrepasar la última línea paralela a la de salida. El ejercicio continuará realizando el

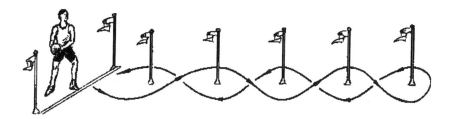

camino de vuelta en zig zag, pero, en este caso, el candidato deberá controlar el balón con el pie hasta sobrepasar la línea inicial.

El recorrido de ida se realizará botando el balón de forma continuada pudiendo alternar las manos de bote indistintamente.

Una vez acabado el recorrido de ida, tras sobrepasar al menos con un pie la línea de llegada, el ejecutante colocará el balón en el suelo con la mano para iniciar el recorrido de vuelta.

Al iniciar el camino de vuelta, igualmente el obstáculo quedará a la izquierda del ejecutante y la conducción del balón se realizará con un pie o con otro indistintamente.

Esta prueba ha sido incluida por varios INEFs para la selección de los candidatos a las Facultades de Ciencias de la Actividad Física y el Deporte.

Para realizar esta prueba se precisa un terreno liso y llano, balón de balonmano, cinco postes de 1,70 m de altura y un cronómetro.

150 PRUEBA DE CONDUCCIÓN DEL BALÓN CON EL PIE SOBRE CIRCUITO

Su principal objetivo es medir la coordinación óculo-pédica del sujeto en desplazamiento con múltiples cambios de dirección.

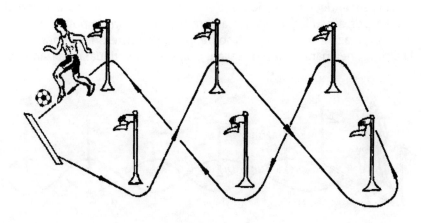

La realización de esta prueba consiste en un circuito formado por seis postes, colocados en dos filas alineadas de tres pilares cada una, de forma paralela y separadas ambas líneas 6 metros. La línea de salida estará colocada de frente a las dos líneas, y separada del primer poste a 2,5 m. La separación longitudinal entre postes es de 2 m.

El ejecutante se colocará en posición de salida alta en el punto medio entre ambas líneas y detrás de la línea de salida. Un balón estará sobre el suelo justo detrás de la línea de comienzo y delante del ejecutante.

A la señal del controlador, el alumno correrá hacia el circuito, conduciendo el balón con el pie, dejando el primer poste a su izquierda y corriendo en zig zag sobre circuito, realizando ida y vuelta dos veces hasta sobrepasar finalmente la línea de salida.

Se cronometrará el tiempo empleado en realizar dos veces seguidas el circuito.

El material precisado para la realización de esta prueba consiste en seis postes, balón, tiza y cronómetro.

151 TEST DE COORDINACIÓN DINÁMICA GENERAL

Su principal objetivo es medir la coordinación dinámica global del sujeto.[125]

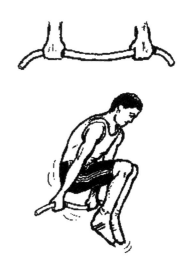

Para su realización, inicialmente el sujeto se colocará en posición erguida con los pies juntos, los brazos estirados a lo largo del cuerpo, y las manos sostienen, por los extremos, una cuerda de 60 cm de longitud.

El sujeto deberá saltar verticalmente pasando los pies por encima de la cuerda, sin soltarla y guardando el equilibrio.

Se realizarán cinco repeticiones, penalizándose toda tentativa en la que la cuerda se suelte al saltar, si se roza con los pies, o si al caer descompone la postura y no se está en equilibrio.

Para realizar esta prueba se precisan una cuerda de salto y un cronómetro.

152 PRUEBA DE RECEPCIÓN DE OBJETOS MÓVILES

Su principal objetivo es medir la coordinación óculo-manual del alumno mediante habilidades para recepción de objetos.[126]

La organización de la prueba consiste en que sobre una pista lisa y plana se colocan dos líneas paralelas. El alumno se colocará detrás de la línea de salida en posición de salida alta. Sobre la otra línea (línea de recepción), existirá un aro suspendido sobre un poste de 2,40 m del suelo, y una zona rectangular de recepción de 2 × 1,5 m, cuyo lado más cercano al aro se encuentra a 2 m de distancia, existiendo 2, 5 m entre la línea de salida y el primer largo del rectángulo. Hacia el otro lado, habrá otra línea a 2 m del poste, lugar donde se colocará el examinador.

El ejecutante se colocará detrás de la línea que se encuentra situada a 2,5 m de la zona de recepción; el examinador desde su posición, lanzará a través del aro un balón a la zona de recepción, en este momento, el examinando ha de correr hacia la zona de recepción para intentar coger el balón antes de que golpee el suelo.

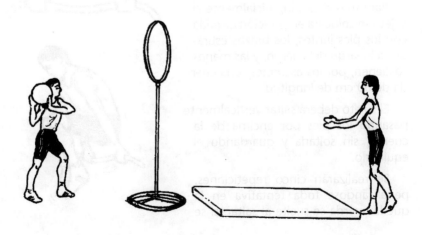

Se realizarán cinco intentos, anotándose todos aquellos que se realicen correctamente.

Para la realización de esta prueba se precisa un cuadro de 56 cm de diámetro, cinta adhesiva, poste de 2,40 m y tiza.

153 PRUEBA DE SLALOM CON UN BOTE DE BALÓN

Su objetivo es medir la coordinación dinámica global y la coordinación óculo-manual a través de la habilidad en el manejo de un objeto (INCE, 1995).

La prueba se desarrolla en un terreno liso, plano, y antideslizante, donde se colocan 4 postes alineados con separación entre ellos, y del primero a la línea de salida de 2 m.

El alumno se colocará detrás de la línea inicial en posición de salida alta, sosteniendo entre sus manos un balón de baloncesto.

A la señal del controlador, el ejecutante realizará un recorrido de ida y vuelta en zig zag, botando el balón entre los postes.

Se registrará el tiempo empleado por el ejecutante en realizar el recorrido de ida y vuelta hasta sobrepasar de nuevo la línea de salida.

El ejecutante podrá botar el balón indistintamente con una u otra mano.

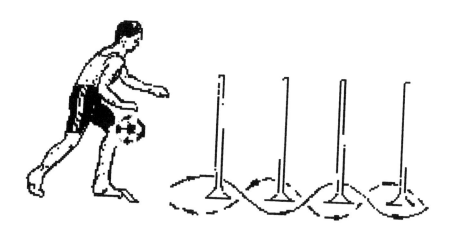

Si se escapa el balón o se tira un poste, se permitirá realizar un segundo intento.

El material precisado para realizar esta prueba consiste en un terreno liso y plano, cuatro postes, tiza y cronómetro.

5.8. EL EQUILIBRIO

5.8.1. CONSIDERACIONES PRELIMINARES

Son múltiples las definiciones que se han realizado sobre el equilibrio, y, en la mayoría de ellas, se incluyen los términos de "mantenimiento" y "posición estable"; además, se mantiene, de forma común, la relación de éste con la fuerza y centro de gravedad del sujeto.

Rivenq y Terrisse (citados por Alvarez del Villar, 1987) definen el equilibrio como, «la habilidad para mantener el cuerpo en la posición erguida gracias a los movimientos compensatorios que implican la motricidad global y la motricidad fina, que es cuando el individuo está quieto (equilibrio estático) o desplazándose (equilibrio dinámico)».

Burke habla de equilibrio estable, justificando que este se produce en el momento en que la actuación de fuerzas contrapuestas de movimiento dan un resultado de cero. Estas fuerzas antagonistas actúan continuamente permitiendo al sujeto (ya sea en posición estática o dinámica) el mantenimiento del equilibrio (en Álvarez del Villar, 1987).

La clasificación más común del equilibrio establece dos situaciones:

Equilibrio estático. Como la habilidad de mantener el cuerpo erguido y estable sin que exista desplazamiento.

Equilibrio dinámico. Como la habilidad o capacidad para mantener el cuerpo erguido y estable en acciones que incluyan movimiento o desplazamiento del sujeto. A estas formas de equilibrio se les pueden añadir múltiples combinaciones con objetos o móviles.

Ambos equilibrios dependen de un conjunto de fuerzas que se oponen entre sí estando reguladas por el sistema nervioso central y que tendrán mayor o menor éxito dependiendo del grado de maduración del mismo.

Para Fetz y Kornexl (1976) el equilibrio motor es:

«la capacidad sensorial motriz de lograr y/o conservar intencionadamente un estado de equilibrio de postura o movimiento».

Para la valoración de esta capacidad se suelen emplear, en el laboratorio, mesas giratorias, columpios horizontales, etc. A continuación, exponemos una serie de pruebas utilizadas para la valoración del equilibrio, que pueden ser realizadas a un volumen importante de sujetos y no precisan de material específico de laboratorio.

5.8.2. PRUEBAS DE EQUILIBRIO

154 PRUEBA DE EQUILIBRIO ESTÁTICO SOBRE BANCO

Su objetivo es medir el equilibrio estático del sujeto.

Inicialmente, el ejecutante se colocará de pie con los pies juntos y las piernas y el tronco extendidos. A la señal del controlador, el examinando elevará una pierna al frente manteniéndola levantada; simultáneamente, alzará los brazos manteniéndolos paralelos al suelo y cerrará los ojos.

Se cronometrará el tiempo desde el inicio del ejercicio hasta la pérdida de equilibrio total o parcial (por movimientos exagerados de brazos y/o piernas).

Se realizarán tres intentos, considerándose el mejor de ellos.

Legido y col. (1995) presentaron resultados para ambos sexos, asignando una puntuación escalonada. Así, conceden 100 puntos a una marca de 2 min; 75 puntos para 1,32 min; 50 puntos a 1,05 min; 25 puntos a 0,37 seg; y 0 puntos a 0,10 seg.

Para la realización de esta prueba, se requiere un banco sueco o cajón de 20 centímetros de altura y no más de 30 cm de anchura, cronómetro.

155 PRUEBA EQUILIBRIO DINÁMICO TRAS SALTO, GIRO Y CAÍDA

Su objetivo es medir la capacidad de equilibrio del ejecutante, interviniendo de forma decisiva la potencia de salto y la agilidad del sujeto.

Para su práctica, el ejecutante se colocará de pie, con los pies juntos, piernas y tronco extendidas. A la señal del controlador, el examinando realizará un potente salto hacia arriba,[127] realizando durante el mismo la máxima rotación posible sobre su eje vertical y con caída sobre ambos pies y sin pérdida de equilibrio.

Se registrará el ángulo de rotación desde la posición de partida, de modo que el sujeto se queda mirando en sentido contrario a la posición inicial, supondría una marca de 180°.

Se considerará un salto nulo por la pérdida de equilibrio o desplazamiento en la caída.

Se realizan tres intentos, considerándose el mejor.[128]

El ejecutante tiene tres intentos, evaluándose el mejor de ellos. Se considerará error dar pasos laterales tras la caída.

Para realizar esta prueba se requiere un terreno liso y llano y un medidor de ángulos.

156 PRUEBA DE EQUILIBRIO DE KORNEXL

Su principal objetivo es medir el equilibrio estático del individuo en posición erecta.

El sujeto comenzará la prueba con un pie en el suelo y el otro apoyado sobre una tabla de 2 cm de ancho y 10 cm de altura. Las manos descansarán cómodamente sobre las caderas.

A la señal del controlador, el ejecutante levantará la pierna libre del suelo y tratará de mantener el equilibrio el máximo tiempo posible con la pierna de apoyo sobre la tabla.

Se cronometrará el tiempo transcurrido desde la señal del controlador hasta que el examinando apoya la pierna libre en el suelo, o separa la/s manos de las caderas.

Si el ejecutante mantiene la posición de equilibrio al llegar al minuto, se interrumpe el ejercicio.

Se realizarán tres tentativas, valorándose el promedio de las dos mejores. Se debe homologar la superficie de contacto con la tabla, utilizando las mismas zapatillas de deporte todos los examinados o realizando el ejercicio descalzo.

Según Albl, Baldauf y col. (S/f), esta prueba presenta diferentes niveles de fiabilidad según las edades. Así, ofrecen coeficientes de 0,69 y 0,98 para niños y niñas de 12 años respectivamente; 0,88 y 0,94 para niños y niñas de entre 13 y 15; y valores de entre 0,79 y 0,92, para sujetos masculinos, y 0,97 para mujeres de entre 16 y 18 años. El coeficiente de objetividad es, tanto para los autores anteriores como para Jeschke (1971), de entre 0,76 y 0,92.[129]

El material requerido para esta prueba consiste en una tabla de 2 cm de ancho, 10 cm de altura y un mínimo de 30 cm de largo,[130] cronómetro.

157 EQUILIBRIO CON UNA SOLA PIERNA DESPUÉS DE UN GIRO

El objetivo de esta prueba es medir el equilibrio estático en posición erecta (sin percepción óptica).

Inicialmente, el sujeto estará colocado de pie con las piernas y el cuerpo extendido. Los brazos descansarán cómodamente a lo largo del cuerpo.

Antes de la señal de inicio de la prueba, el examinando, ayudado por el testador, realizará tres vueltas completas sobre su eje vertical en 3 segundos. Inmediatamente después, el examinando cerrará los ojos y levantará una pierna del suelo frontalmente, permaneciendo el máximo tiempo posible apoyado sobre una pierna.

Se cronometrará el tiempo transcurrido desde el inicio del equilibrio hasta que el sujeto toca el piso con el otro pie, una parte del cuerpo, o realiza un salto para mantener la posición de equilibrio.

Si el ejecutante es capaz de mantener en todo momento el equilibrio, a los 15 seg se interrumpe el ejercicio. Se podrán realizar 5 repeticiones de forma consecutiva, aplicadas sistemáticamente transcurridos 30 seg desde el inicio de la ejecución anterior.

Se valorará el tiempo en segundos y décimas de segundo, y la marca obtenida será la suma del tiempo de las cinco tentativas. En cada repetición de la ejecución se cambiará el sentido del giro.

El único material requerido para la recepción de esta prueba es un cronómetro.

158 PRUEBA DE CAMINAR SOBRE UNA BARRA DE EQUILIBRIO

Su objetivo es medir el equilibrio dinámico del sujeto.

Para la realización de esta prueba, el ejecutante se mantendrá de pie sobre el extremo de una barra de equilibrio o un banco invertido. Hasta la señal de inicio, el ejecutante podrá apoyarse sobre un compañero, y tendrá el pie delantero justo en el inicio longitudinal del banco.

A la señal del controlador, el ejecutante comenzará a caminar sobre la viga hasta una marca situada a 2 m de distancia. Una vez superada ésta, el examinando dará la vuelta para volver al punto de partida.

Repetirá la acción de ejecución cuantas veces pueda hasta que pierda el equilibrio y caiga tocando el suelo u otras partes del banco.

Se medirá distancia recorrida por el ejecutante desde el inicio hasta el punto de bajada con exactitud de 5 cm.

Si el sujeto realiza ininterrumpidamente el ejercicio, se concluirá la tentativa a los 45 seg.

Se realizarán tres intentos y se calculará el promedio de ellos.

El test se realizará descalzo.

Albl, Baldauf y col. (S/f) presentan resultados de fiabilidad de 0,98 para sujetos de 12 años, 0,97 a los 15 años, y 0,90 para jóvenes de entre 16 y 18 años. Los mismos autores asignan a esta prueba una objetividad del 0,84 para sujetos de entre 12 y 18 años (en Fetz y Kornexl, 1976).

El material que se precisa para esta prueba consiste en una barra de equilibrio, un banco sueco (invertido presenta una viga de 4,5 cm de ancho, y se eleva del suelo entre 30 y 40 cm de altura), cronómetro.

Una variante de esta prueba consiste en realizar la misma ejecución pero caminando hacia atrás o de lado. Todos los demás aspectos de la prueba son los mismos.

159 CAMINAR SOBRE UNA PISTA HEXAGONAL

Éste es un test de validez similar al anterior. La ejecución es parecida, sólo que cambia la superficie de apoyo.

En este caso, se trata de un hexágono formado por tablas de 60 cm de largo, 10 cm de altura y 2 cm de ancho o superficie de apoyo. Además, el desplazamiento se realiza hacia atrás.

La ejecución consiste en desplazarse hacia atrás, pisando cada vez un elemento del hexágono.

Se contabiliza el número de tablas o elementos pisados hasta la interrupción de la prueba (ya sea caída o por la aparición de algún error).

160 PRUEBA DE SALTOS EN ESTRELLA

El objetivo de esta prueba es medir el equilibrio dinámico en salto del ejecutante.

Para su desarrollo, sobre un diseño dibujado en el suelo consistente en cinco círculos (uno central y cuatro exteriores, con un radio cada uno de 20 cm, y la misma separación entre los bordes de los mismos), el ejecutante se encontrará de pie en el interior del círculo central. A la señal del controlador, el examinando deberá realizar saltos con ambas piernas desde el círculo central a uno exterior y volver mediante otro salto al círculo central y así sucesivamente en el sentido de las agujas del reloj.

Se realizarán tres saltos a cada círculo exterior y de una forma consecutiva, no debiéndose pisar las líneas que delimitan cada círculo.

Se valorará el mejor de tres intentos, registrándose el mejor tiempo y contabilizándose el número de círculos sobre los que se apoyó durante ejercicio de una manera correcta. Antes de realizar el test, se pueden realizar varios intentos previos.

Para Albl, Baldauf y col. (S/f), la fiabilidad de esta prueba en sujetos masculinos de 18 años es de 0,84 (en Fetz y Kornexl, 1976).

Para su práctica se requiere suelo antideslizante, tiza y cronómetro.

161 PRUEBA DE EQUILIBRIO DE PICA SENTADO

Tienen como objetivo medir el equilibrio del sujeto con un objeto sobre el miembro superior.[131]

Previo a la aplicación, el ejecutante estará sentado en el suelo con las piernas separadas. Entre las manos mantendrá una pica que colocará verticalmente sobre los dedos índice y medio, a la vez que la sujeta con la otra mano.

A la señal del controlador, el ejecutante deberá mantener el equilibrio de la pica verticalmente sobre los dedos, sin levantar los pies del piso pero pudiendo apoyar la otra mano sobre el suelo.

Se registrará el tiempo que transcurre desde la señal de inicio hasta que la pica caiga al suelo, o el sujeto cometa un error por el que se anule la ejecución.

Se realizarán cuatro tentativas, de las cuales se eliminarán el mejor y el peor resultado, realizando el promedio de los restantes.

Si el ejecutante mantiene el equilibrio, la prueba se interrumpirá a los 60 segundos.[132] Los examinandos podrán realizar algunos ensayos previos.

Jeschke (1971), Albl, Baldauf y col. (S/f) y Kuhlow (1969) ofrecen resultados sobre la fiabilidad de la ejecución de esta prueba, expresando coeficientes de entre 0,81 y 0,97 para sujetos masculinos de 12 años y 0,90 para niñas de la misma edad. Valores de 0,77 a 0,83 para adolescentes masculinos de entre 13 y 15 años, y entre 0,81 y 0,93 para adolescentes femeninas. En chicos y chicas de 16 a 18 años, los coeficientes de fiabilidad se sitúan entre 0,85 - 0,95 y 0,84 - 0,95 respectivamente. Asimismo, la objetividad de esta prueba en sujetos de entre 12 y 18 años se sitúa entre el 0,77 y el 0,86 (en Fetz y Kornexl, 1976).

El material requerido para su realización, consiste en una pica o bastón de gimnasia rítmica (con un largo aproximado de 1,10 m, 2,5 cm de diámetro y un peso aproximado de 0,4 kg) y cronómetro.

162 PRUEBA DE EQUILIBRIO DE PICA DE PIE

El objetivo que persigue esta prueba es el mismo que el test anterior. En este caso, sólo varía la posición inicial de sentado a de pie.

163 PRUEBA DE EQUILIBRIO FLAMENCO

Su objetivo es medir el equilibrio estático del sujeto.

Inicialmente, el ejecutante se coloca en posición erguida, con un pie en el suelo y el otro apoyado sobre una tabla de 3 cm de ancho.

A la señal del controlador, el ejecutante pasará el peso del cuerpo a la pierna elevada sobre la tabla, flexionando la pierna libre hasta poder ser agarrada por la mano del mismo lado del cuerpo.

El test se interrumpe en cada pérdida de equilibrio del sujeto, conectando inmediatamente el cronómetro cada vez que vuelva mantener el equilibrio de una forma continuada hasta un tiempo total 1 min.

Si ejecutante cae más de quince veces en los primeros 30 seg se finaliza la prueba.

Se contabilizará el número de intentos necesarios para guardar el equilibrio en 1 min, y se realizarán varios intentos previos antes de cronometrar al sujeto o la prueba definitiva.

Para la realización de esta prueba se requiere una tabla de madera sujeta por dos soportes y un cronómetro.

164 TEST DE DADE COUNTRY PUBLIC SCHOOL

Su objetivo es medir el equilibrio dinámico del sujeto.

El ejecutante se colocará sobre un extremo de la barra de equilibrio, con los pies uno tras otro.

A la señal del controlador, el examinando realizará andando tres largos seguidos sobre la barra, de forma que el primer largo se cumplirá andando hacia delante sobre la barra, la vuelta se hará, tras el giro, con desplazamiento lateral hasta el siguiente extremo, y el largo final se cumplirá nuevamente de lado pero sin realizar el giro (de esta forma se anda hacia los dos lados).

La puntuación se realizará con arreglo a la calidad en la ejecución, concediéndose 4 puntos si el recorrido se realiza con normalidad, 3 puntos cuando existen compensaciones de equilibrio a ambos lados de una forma rápida, 2 puntos si ejecutante ha de corregir el trayecto apoyando el pie sobre el suelo, y 1 punto si el examinando no es capaz de realizar el último recorrido (en Litwin y Fernández, 1984).

Para la práctica de esta prueba se requiere una barra de equilibrio de 3,60 m de largo colocada a 15 cm del suelo, pudiéndose utilizar el eje longitudinal de un banco sueco invertido.

165 TEST DE BAKARINOV

El objetivo de esta prueba es medir el equilibrio estático de manos desde una oposición agrupada (y no invertida).

El ejecutante se colocará en posición de cuclillas, con las rodillas abiertas y los brazos extendidos entre ellas; las manos estarán abiertas mirando hacia delante y apoyadas firmemente sobre el suelo.

A la señal del controlador, el examinando se inclinará hacia adelante, trasladando el peso del cuerpo desde las piernas hacia las manos. La posición no variará durante la ejecución y la cara inferior de las rodillas estará apoyada sobre los codos y tríceps de ambos brazos. El cronómetro se activará en el momento en que comience el equilibrio con el solo apoyo de las manos.

Cada segundo valdrá 1 punto y concluirá la prueba cuando el sujeto pierda el equilibrio por apoyo de cabeza, pie o rodilla sobre superficie.

Si el sujeto continúa el equilibrio, se interrumpirá la prueba a los 30 seg.

Se realizarán varios intentos previos antes de la prueba definitiva, colocándose una colchoneta debajo de la vertical de la cabeza del ejecutante con el objetivo de evitar una posible caída y golpe posterior contra el suelo.

El material requerido para esta prueba es un cronómetro y colchonetas.

166 TEST DE IOWA BRACE

Este test pretende medir el equilibrio estático del sujeto.

Inicialmente, el ejecutante se colocará en posición erecta, con los pies juntos, piernas y tronco extendidas.

A la señal del controlador, el examinando inclinará el cuerpo adelante, a la vez que elevará hacia atrás una pierna hasta que el tronco y los brazos como prolongación del tronco y piernas, queden paralelos al suelo. El ejecutante mantendrá esta posición de equilibrio durante 10 seg.

La puntuación se realizará con arreglo a la calidad en la ejecución, concediéndose 4 puntos si el sujeto se mantiene los 10 seg sin variar la posición, 3 puntos si ejecutante presenta una discreta pérdida de equili-

brio, 2 puntos si pierde el equilibrio más de una vez y 1 punto si el ejecutante no es capaz de mantener el equilibrio en ningún momento (Según Litwin y Fernández, 1984).

El material requerido pora esta prueba es un cronómetro.

167   PRUEBA DE EQUILIBRIO SOBRE SOPORTE MÓVIL

El objetivo de esta prueba es medir la capacidad de equilibrio estático del sujeto.

Para la organización de la prueba se precisa de una tabla de 60 cm de largo por 30 de ancho y 3 de grosor, que se apoya sobre el suelo por un soporte de 30 cm de largo, 10 de alto[133] y 5 de ancho.

El ejecutante se colocará en posición erecta, y estará apoyado con los dos pies sobre la tabla, permaneciendo equilibrado mediante agarre manual al hombro del examinador.

A la señal del controlador, y una vez que esté equilibrado, se pondrá en marcha el cronómetro. La prueba se interrumpirá cuando el sujeto caiga o los extremos de la tabla toquen el suelo.

168 PRUEBA DE EQUILIBRIO DE BALÓN SOBRE PUÑO

Su principal objetivo es medir el equilibrio del sujeto con un objeto sobre el miembro superior.

El sujeto se colocará de pie con el tronco recto, las piernas extendidas y ligeramente separadas. Un brazo permanecerá extendido paralelo al suelo y mantendrá el puño cerrado con los dedos en dirección hacia el suelo.

El alumno mantendrá, con la otra mano, un balón de voleibol sobre el puño del brazo extendido.

A la señal del examinador, el ejecutante soltará el balón sobre el puño y mantendrá el móvil en equilibrio el mayor tiempo posible.

Se registrará el tiempo durante el cual el balón ha estado en equilibrio sin caerse.

Se interrumpirá el ejercicio en todo momento en el que el sujeto se ve obligado a perder la posición inicial del brazo o desplace alguno de sus pies.

NOTAS

[1] Exercise and Sport Sciences, 1, (1973) citado por Álvarez del Villar.

[2] Se explicita su significado, de forma que el término «resistencia», se refiere a la captación suficiente de oxígeno durante el ejercicio (al 50% de la capacidad cardiovascular), «general», haciendo atendiendo al número de grupos musculares implicados durante el ejercicio (al menos una sexta parte de los músculos); y «dinámica» como implicación necesaria del movimiento o desplazamiento para poder mejorar esta capacidad (de 20 minutos de duración como mínimo).

[3] Norber Auste (1994) afirma que el cansancio es local cuando afecta a menos de un tercio del total de los grupos musculares y, general, al afectar a más de un tercio de los grupos musculares.

[4] No entendemos bien, atendiendo las características de estas pruebas, la anotación de Consolazio y col. (1968), donde expresa que un buen test cardiovascular debe «ser lo suficientemente agotador como para que por lo menos un tercio de los testados tengan que abandonar el test dentro de los primeros 5 minutos, pero la intensidad del trabajo no debe ser tan alta como para que la motivación juegue un rol importante». Desde el punto de vista de la educación física, no podemos compartir esta apreciación, máxime que, aunque a sabiendas de la heterogeneidad de los grupos, un simple abandono de una prueba, a estas edades, se traduce en un fracaso para el adolescente. Esto se enfrenta de forma directa en nuestro posicionamiento sobre el concepto de test pedagógico. Esta acepción, sólo sería comprensible en pruebas clasificatorias o de exclusión, a efectos, de una selección de individuos para un determinado fin, como es el caso de las pruebas de "Índice cardiopulmonar" creada por Hyman, y elaborada inicialmente, para seleccionar soldados para la Segunda Guerra Mundial, que clasificaban los sujetos en las escalas de normal, atléticos y con deficiencias cardiovasculares. Publicado en *"Clinical Bulletin"* Broodlin Naval Hospital *1940*. Citado por Litwin y Fernández (1984).

[5] Aunque en este tipo de pruebas la salida no representa un elemento importante que pueda afectar sustancialmente al resultado, sí es necesario establecer una norma común para todos los ejecutantes. Legido y col. (1996) realiza la descripción para este tipo de pruebas como «de pie, con un pie avanzado sobre la línea de salida y el otro retrasado, se toma el tiempo a partir del momento en que se desplace el pie retrasado». Esta descripción no sería a nuestro parecer del todo correcta, ya que la señal de salida no debe estar supeditada a la contracción del movimiento del ejecutante, sino a la inversa (sobre todo cuando la prueba es realizada simultáneamente por varios sujetos).

[6] Según Astrand (1991), una ayuda para determinar si la carga de trabajo de resistencia ha sido máxima o casi máxima es empleando la frecuencia cardíaca durante el trabajo (suponemos tomada con pulsómetro). Ésta no debe diferir en más de 10 latidos/min de la frecuencia cardíaca máxima del individuo.

[7] Barbany (1990) recoge valores de consumo de oxígeno correspondientes a la ejecución de diversas actividades: Basal en ayunas 0,230 l × min.; reposo sentado 0,300 l × min; reposo de pie 0,35 l × min; pasear 0,600 l × min; caminar de prisa 1,100 l × min; carrera lenta 2,000 l × min; carrera deprisa 2,500 l × min; carrera máxima 3,000 a 4000 l × min. Hay que tener en cuenta que los valores máximos consumidos son variables en función de las características individuales y del nivel de entrenamiento del sujeto.

[8] La utilización de una medida absoluta o relativa está determinada principalmente por la especificidad del esfuerzo realizado, de forma que, en actividades o ejercicios donde el sujeto no ha de soportar todo su peso corporal, como ciclismo o natación, el resultado, en términos absolutos, puede ser más significativo; sin embargo, las disciplinas o pruebas que dependen en mayor medida del desplazamiento de todo el cuerpo, generalmente las carreras, los resultados presentados en valores relativos, que expresan el peso del sujeto y el tiempo, calculan de una forma más precisa la capacidad de resistencia Zintl (1991).

[9] No obstante, siendo muy importante el $\dot{V}O_{2\,máx.}$, Bullard, citado por Álvarez del Villar (1987), afirma que «no existe una correlación exacta entre éste y el rendimiento. A menudo el $\dot{V}O_2$ de un deportista puede ser alto y sin embargo sus rendimientos mediocres, señalando las influencias de otros factores menos objetivables». Esto es debido a que el $\dot{V}O_{2\,máx.}$ de un individuo, está asociado a una acumulación de ácido láctico; en este sentido, el mayor o menor rendimiento puede verse afectado por el umbral anaeróbio del individuo, de forma que durante una carrera, un sujeto con menor $\dot{V}O_{2\,máx.}$ puede tener un mayor rendimiento que otro, simplemente porque dispone de un mayor umbral anaeróbico.

[10] Por ejemplo, si dos alumnos tienen el mismo $\dot{V}O_{2\,máx.}$ que corresponde a 4 litros por minuto, pero uno de ellos pesa 60 kg y el otro 70 kg, tenemos que deducir que el primero dispondrá de una mayor capacidad aeróbica, ya que contará con un mayor consumo de oxígeno relativo de 66 ml × kg × min frente a 57 ml × kg × min del segundo.

[11] Una estimación de la Ventilación Máxima (Vmáx) se puede obtener a través del volumen espiratorio máximo por segundo (VEMS). Este dato se adquiere mediante una espiración forzada máxima realizada en el primer segundo tras una inspiración máxima. Vmáx = VEMS × 30

[12] Veamos un ejemplo de pronóstico de capacidad vital para un alumno de 16 años, sexo masculino y una altura de 1,65 cm, donde el resultado final se expresa en ml: CV (ml) = [27,63 − (0,112 × 16)] × 165 = 25,508 × 165 = 4.208,8 ml.

[13] Creada por el Dr. Kenneth Cooper para determinar el $\dot{V}O_{2\,máx.}$ en atletas varones. En 1977 fue adaptada por Gerchell para su aplicación en mujeres.

[14] *Pruebas para la valoración de la capacidad motriz y el deporte*. García Manso y col. (1996). Afirman además, que los diversos autores que han estudiado la eficacia en la predicción del $\dot{V}O_{2\,máx.}$, a través del test de Cooper, le asignan un coeficiente de validez de entre 0,24 y 0,94.

[15] Podemos aproximar el consumo máximo de oxígeno ($\dot{V}O_{2\,máx.}$) de cada alumno aten-

diendo a la ecuación de Howald, basada en el test de Cooper (carrera continua durante 12 minutos). Tras finalizar la prueba debemos multiplicar la distancia métrica obtenida por 0,02 y restar al resultado 5,4. La cifra obtenida de la ecuación, expresa los mililitros de máximo consumo de oxígeno del alumno. Para concluir la valoración, deberemos multiplicarla por los kilogramos de peso del sujeto y por el número de minutos corridos.

[16] De una forma generalizada, se controla el tiempo que transcurre entre el final del esfuerzo y el momento en que el sujeto se recupera hasta alcanzar las 100 pul/min. Tras el esfuerzo realizado en el test de Cooper, se considerarán sujetos con una resistencia buena o muy buena los que pueden recuperar las 100 p/min en menos de 3 minutos, y resistencia satisfactoria los que obtendrían la recuperación de las 100 p/min en 5 minutos. Por otra parte, para estandarizar el método de control de pulsaciones de una manera eficaz, se toman las pulsaciones al sujeto pasados 5 minutos de finalizado el esfuerzo, la lectura de las pulsaciones se puede interpretar en el estudio de Bohmer y col. (1975) según Zintl, de forma que: más de 130 p/m = mal; 130 -120 p/m = suficiente; 120 - 115 = satisfactorio; 115 - 105 p/m = Bien; 105 - 100 = muy bien; Inferior a 100 p/m = nivel de alto rendimiento.

[17] Entendiéndose la potencia aeróbica máxima (PAM) como la mínima potencia necesaria para alcanzar el $\dot{V}O_{2\,máx.}$ o, dicho de otro modo, la máxima potencia a partir de la cual el $\dot{V}O_2$ es capaz de equilibrarse. La PAM también se expresa, según otros autores, como potencia crítica o velocidad aeróbica máxima.

[18] Un ejemplo es el utilizado por la diputación de Cádiz. Servicio de Deportes. Indicando en su carátula: *Test de Potencia Aeróbica Máxima*. Dr. Luc Legger (University of Montreal). Editado por ACC – S.A. - Barcelona (versión castellano). 1989.

[19] Chanon y Stephan (1985), citado por García Manso y col. (1996).

[20] Este test admite ajustar la prueba a las características y grado de entrenamiento y rendimiento de los sujetos, permitiendo la variación tanto en la distancia como en la intensidad de la prueba.

[21] El recorrido de esta tercera prueba está directamente relacionado con el índice de $\dot{V}O_2$ max. del sujeto. La distancia, anotada en esta última prueba, se ha precisado teniendo en cuenta el nivel medio de fondistas o jóvenes y noveles deportistas que pueden ser alumnos de educación secundaria. Según progrese, el nivel de rendimiento del sujeto, debería aumentar la distancia de la prueba, pudiendo llegar, en atletas consagrados masculinos y femeninos, hasta los 3.000 y 2.000 m respectivamente.

[22] Con los resultados de las pruebas, se puede crear una gráfica de velocidad, teniendo en cuenta (metros/minutos/frecuencia cardíaca) y, atendiendo a la tabla de Chanon y Stefhan (1985), se puede determinar el índice de $\dot{V}O_{2\,mas.}$ en función del resultado de la última prueba.

[23] Rendimiento de resistencia (metros recorridos en 15 minutos)

	Bien	Suficiente	Insuficiente
Niños de 12 años	Más de 3.400 m	3.400 – 2.800 m	Menos de 2.800 m
Niños de 13 años	Más de 3.500 m	3.500 – 2.900 m	Menos de 2.900 m
Niñas de 12 años	Más de 3.100 m	3.100 – 2.600 m	Menos de 2.600 m
Niñas de 13 años	Más de 3.200 m	3.200 – 2.700 m	Menos de 2.700 m

[24] Comúnmente, se utiliza el término umbral aeróbico como el factor que constituye el límite, durante un esfuerzo, en la utilización de una vía puramente aeróbica, marcada con valores de lactato de 2 mmol/l. Hasta esta cantidad, el músculo está preparado para eliminar semejante concentración de ácido láctico. Si la intensidad del esfuerzo aumenta, lo hará simultáneamente el lactato, comenzando a acumularse en sangre por la incapacidad del músculo en su eliminación; si el aumento de la intensidad del ejercicio se produce progresivamente hasta alcanzar los 4 mmol/l de lactato sanguíneo, se llegará al umbral anaeróbico, límite superior de la fase de equilibrio (steady - state), y en el que para mantener el esfuerzo durante más tiempo, y a la misma intensidad, será necesario producir un aumento en la liberalización de la energía proveniente de la glucolísis anaeróbica.

Evidentemente, los valores de umbrales de 2 y 4 mml, son dimensiones generales, entendiendo que pueden variar, según el estado de forma del sujeto. Respecto a esta diferenciación, se introdujo el concepto de umbral anaeróbico individual definido como «...aquel punto de la curva del lactato en el que se inicia la subida crítica» Zintl (1991).

[25] Para Conconi (1982), existe un momento durante el esfuerzo, en el que se rompe la relación lineal entre este y la frecuencia cardíaca. Este efecto se produce cuando la intensidad de la prueba es muy elevada y, según este autor, este instante es el que constituye el umbral anaeróbico. Zintl, (1991) cita los estudios de Urhausen y cols. (1998), Jakob y cols. (1987) y Ribeiro y cols. (1985), los cuales afirman una escasa fiabilidad de esta prueba, teniendo en cuenta que en ocasiones, el incremento lineal de la frecuencia cardíaca durante el esfuerzo llega hasta las 190 pulsaciones min. El test requiere un agotamiento máximo para determinar los puntos de referencia sobre un gráfico y, por último, las comparaciones sobre el nivel de lactato obtenido en otras pruebas y el umbral anaeróbico obtenido sobre frecuencia cardíaca, desprendieron que se conseguían con velocidades de carrera diferentes, llegando alcanzarse diferencias de hasta 1,27 km/h. Estas diferencias son suficientes para obtener información tan imprecisa que sea muy difícil establecer el grado óptimo de intensidad en los programas de entrenamiento.

[26] Se fundamenta en considerar que cuando el sujeto alcanza la velocidad máxima crítica (VMC), se consigue estar muy cerca del umbral anaeróbico. García Manso y cols. (1996).

[27] En Grosser y Starischka. Test de Condición Física (1988).

[28] La distancia de 3.000 m, puede permitir al individuo mantener un esfuerzo durante un tiempo considerable a la intensidad del 100% de su $\dot{V}O_2$. Se puede valorar la capacidad de resistencia aeróbica en función del tiempo que el sujeto es capaz de mantener el esfuerzo a su $\dot{V}O_{2\,máx}$.

[29] Potencia aeróbica máxima o velocidad aeróbica máxima de (VAM), considerada como la potencia de carga en la que un sujeto alcanza el $\dot{V}O_{2\,máx}$. (Brandet (1988), citado por García Manso y col.).

[30] Hay que tener en cuenta, que la duración aproximada de la prueba de 1.000 metros se encuentra entre 3 y 4 minutos. Esto convierte a la misma, en un test mixto, debido a que aunque la energía liberada proviene en gran medida de los procesos aeróbicos, todavía existe una parte sustancial de energía (aproximadamente 30-40%), producida por la glucolísis anaeróbica.

[31] Paish (1992) se refiere a esta prueba como de mucha precisión, estableciendo que cuan-

to menor sea el tiempo de «consumo» del ejecutante, mejor será la resistencia a anaeróbica del mismo. El autor ejemplifica esta prueba con los siguientes resultados de una jugadora de hockey sobre hierba: Tiempo obtenido tras prueba de sprint 100 metros = 13 segundos; Tiempo obtenido tras recorrer 400 metros = 60 segundos; 60 segundos : 4 = 15 segundos; 15 segundos - 13 segundos = a un tiempo de "consumo" de 2 segundos. Bien es cierto, que cuanto mayor sea el nivel de los ejecutantes mucho más ajustado será el tiempo de «consumo».

[32] Otros autores como Blázquez (1990) adaptan esta prueba a escolares, aconsejando una frecuencia de subida de 22 repeticiones/min. Asimismo, la altura del escalón es disminuida considerablemente, hasta el punto de trabajar con 40 cm para hombres y 33 cm para mujeres. Esto es razonable, teniendo en cuenta que según Astrand, esta prueba, en sus orígenes, estaba diseñada para que sólo un tercio de los sujetos pudieran concluir los 5 minutos de duración de la misma.

[33] Monod y Flandrois (1986) calculan este índice a través de la siguiente fórmula:

$$I = \frac{t_{(s)} \times 100}{P_{min^{-1}} \times 5,5}$$

Donde las pulsaciones (P), se cuentan entre 1 minuto y 1 minuto y 30 segundos tras el término del ejercicio y precisando el tiempo (t) en segundos.

[34] Este autor presenta una valoración del índice de eficiencia física para varones en edad universitaria: < 55 = bajo; 55-64 = medio - bajo; 65-79 = medio; 80-89 = Bueno; > 90 = excelentes.; *Evaluación y prescripción del ejercicio*. Citado por Heyward (1996).

[35] Por otra parte, es baja la relación entre los resultados de las pruebas de escalón y el $\dot{V}O_2$ máx., encontrándose coeficientes de correlación de entre el 0,32 y el 0,77 (Cureton y Sterling (1964); De Vries y Klafs (1965); Gallagher y Brouha (1943); Mc Ardle y col. (1972), citados por Heyward (1996))

[36] Auste (1994) recomienda el test de Master para valorar la misma capacidad. En este caso, se utiliza un doble escalón de 30 cm de altura que deberá ser subido y descendido 90 veces por el ejecutante. Se realizará el control de frecuencia cardíaca del sujeto en reposo y de 15 seg tras los 105 seg inmediatos al final de la prueba. La novedad de este test es que se realiza teniendo en cuenta el peso y la edad del sujeto. Este autor presenta una tabla de resultados comparativos pero atendiendo a sujetos de a partir de treinta años y 37 kg en adelante. Este test está recomendado, por su fácil ejecución, para sujetos principiantes o poco entrenados.

[37] Hodgkins y Skubic (1963) presentan una tabla a partir de la cual se puede evaluar la eficiencia cardiovascular en mujeres de edad universirtaria. La valoración se expresa como sigue: 0-27 = muy baja; 28-38 = baja; 39-48 = regular; 49-59 = buenas; 60-70 = muy buena; 71-100 = excelente. Citado por Heyward (1996).

[38] Revisada por Cotten (1971), en Heyward (1996).

[39] Nitten (1973) en Heyward (1996).

[40] Vc Ardle y col. (1972) en Heyward (1996).

[41] Kline y col. (1987) validan esta prueba con un estudio de 86 mujeres y 83 hombres. Tras

el análisis cruzado de datos, consiguieron coeficientes de validez del 0,88 demostrando además, que la estimación del $\dot{V}O_{2\,máx.}$, a través de esta prueba, expresa valores válidos, debido a que el margen de error standar de estimación es muy bajo (citado por Heyward (1996).

[42] La velocidad del viento debe ser inferior a 16 km/hora. La bicicleta utilizada será de no más de tres velocidades. Se debe revisar correctamente la presión de las ruedas antes de comenzar la prueba, así como la altura correcta del sillín, manillar y demás componentes de la bicicleta. El alumno deberá llevar guantes, rodilleras y casco, al objeto de prevenir las lesiones provocadas por caídas inesperadas.

[43] La popularidad de esta prueba es baja, debido a su escasa validez. Un sujeto con una baja capacidad cardiovascular puede, en base a su depurada técnica, alcanzará muchos más metros que otro sujeto con estas condiciones invertidas.

[44] Para la práctica de este ejercicio se impone metrónomo, con un ritmo de flexión y extensión de entre 45 y 50 repeticiones por minuto (Grosser y Starischka, 1988). El metrónomo es un aparato destinado a indicar el movimiento al que debe ser interpretado un fragmento musical. En este caso, indica el sujeto el ritmo de movimiento durante la ejecución de la prueba.

[45] Por disponer de una aproximación para la evaluación de los resultados, exponemos a continuación datos de Álvarez del Villar (1987): > 30 repeticiones = malo; de 30 - 40 repeticiones = suficiente; de 40 - 50 repeticiones = Bueno; de 50 - 60 repeticiones = notable; 60 o más repeticiones = sobresaliente.

[46] Se utiliza una medida según la edad de los participantes. Muchas barras disponen, para facilitar su agarré, de una zona más áspera, esta trabajada a tormo en forma de rulos. Las barras normales suelen pesar 1 kg por cada 20 cm de longitud y el peso de los topes suele pesar entre 1 y 5 kg; además, es necesario contar con el sobrepeso adicional que imprime los dos elementos anteriores.

[47] El porcentaje muscular alcanza el 30% en niñas y el 35% en niños. En este período, existe una abundante liberación de andrógenos y estrógenos, aunque el esqueleto aún sea inestable. Los procesos aeróbicos que intervienen durante el esfuerzo son favorables, y de una forma general, los procesos anaeróbicos se han mejorado sustancialmente respecto a períodos anteriores. En este sentido, se pueden proponer objetivos para entrenamiento de la fuerza explosiva, fuerza resistencia y, de una forma inicial y progresiva, la fuerza máxima. En la siguiente etapa, el porcentaje aproximado de musculatura es del 35% en mujeres y 44% en hombres. El crecimiento del esqueleto se estabiliza, y se alcanzan grados de máxima hipertrofia. Los procesos aeróbicos, a estas edades, son muy buenos, alcanzando también, un aumento sustancial los anaeróbicos.

[48] En esta fase, los objetivos de entrenamiento se pueden ampliar al desarrollo de las diferentes fuerzas, ya que las condiciones de adaptación son idóneas, siendo la fase sensible para el trabajo, el control de la fuerza explosiva, fuerza resistencia y fuerza máxima.

[49] Grosser y Muller (1992) afirman que niños de edades hasta 12 - 13 años, que seguían programas de entrenamiento intenso de fuerzas; el 62% presentaba dolencias a nivel del aparato locomotor (huesos, tendones, ligamentos y cartílagos), además de desequilibrios y debilidades musculares en zonas de pies, espalda, hombros y abdomen.

⁵⁰ Para Paish (1992) el lanzador de jabalina, entrena un 10% con la jabalina y el 90% restante, cualidades como fuerza, velocidad, movilidad. Sin embargo, en el jugador de béisbol, la distribución técnico-físico de su entrenamiento es al revés.

⁵¹ Monod y Flandrois (1986) dan prioridad a una doble vertiente en el estudio de la fuerza. Por un lado la Fuerza isométrica máxima, difícil de medir, y en la cual hay que tomar todo tipo de precauciones ya que está muy supeditada a la motivación del sujeto que va a realizar la prueba; y, por otro lado, las Pruebas de trabajo dinámico, donde el ejecutante realiza movimientos consecutivos con cargas y la amplitud y frecuencia de los movimientos son constantes, estando determinada la duración de la prueba, a un tiempo límite, contabilizando un número de repeticiones, carga superada, etc.

⁵² Lamb (1989) considera que el trabajo de fuerza se beneficia del calentamiento activo, y afirma que «...correr, subir escaleras o montar en bicicleta durante 5-30 minutos antes de aplicar tests de fuerza o el de salto vertical, generalmente mejora la actuación. De igual forma, los intentos repetidos con peso, disco o jabalina antes de la competición mejoran la actuación entre un 5-50 por ciento por encima de la condición de no calentamiento».

⁵³ El punto de estiramiento óptimo se obtendrá realizando ejercicios de los músculos agonistas y antagonistas, 2-3 veces durante un período de 15 seg cada vez; sin embargo, se ha de conseguir el estado en el que los filamentos de actina y miosina se entrecruzan para posibilitar el máximo número de puentes sobre los mismos. Grosser y Müler (1989) reflexionan, en este sentido, afirmando, que un estiramiento excesivo de los sarcómeros, es decir, su sobreestiramiento, obstaculiza el correcto estado de los filamentos para un posterior trabajo intenso, con lo que no disminuye las posibilidades de la aparición de una lesión muscular.

⁵⁴ Creemos que sería pertinente añadir que Whitele y Smith (1963) y Henry (1967), incluidos en el estudio de alumnos escoceses de entre 13 y 17 años, realizado por Farrally (1982), demostraron que la fuerza se valora mejor si se toma como resultado el promedio de varios intentos de la misma prueba, que solamente la obtención de una marca, esto aumentaba la fiabilidad y validez de la prueba.

⁵⁵ Lamb (1998) afirma que: «...En las sesiones de Educación Física, por tanto, los profesores deben comparar el rendimiento de fuerza de los niños clasificándolos de acuerdo con la estatura o cualquier otro elemento biológico relacionado con la edad cronológica».

⁵⁶ Inicialmente esta prueba, denominada test de Seargent (Monod y Flandrois, 1988) se valoraba sobre la medida obtenida tras el salto con el vértice superior de la cabeza sobre un testigo que se irá elevando progresivamente. La marca máxima venia dada por la diferencia entre el nivel del último testigo alcanzado y la talla del sujeto. Según estos autores, esta diferencia va de 30 cm (bajo) a más de 80 cm (excelente), donde la potencia anaeróbica alactácida de los músculos solicitados corresponde a la siguiente fórmula:

$$Pmáx (W) = 0,002 \times P (kg) \ \sqrt{h}$$

⁵⁷ Fetz y Kornexl (1976).

⁵⁸ Actualmente se utilizan, para registrar la medición de esta prueba, aparatos electrónicos de medición sónica. Es el caso de algunos INEFs, sin embargo, es muy conveniente cono-

cer el sistema tradicional, ya que es muy inusual disponer de sofisticados medios de medición en Centros de enseñanzas medias, ya sean de carácter público o privado.

[59] Estos resultados se han obtenido tras la realización inmediata de la prueba retes. En el mismo trabajo, se realizó un estudio de valoración de coeficiente de fiabilidad tras la repetición de la prueba pasado un período de dos meses, obteniéndose unos coeficientes generales de 0,92 para hombres y 0,85 para mujeres.

[60] Durante un programa de evaluación diagnóstica e investigación de aptitud física y salud, realizado por el Instituto Bonaerense del Deporte, en la prueba de salto horizontal, se observan incrementos importantes hasta los 17 años en varones. En mujeres, la potencia del tren inferior observa un gran incremento hasta los 13 años. Por otro lado, durante los años de adolescencia, de 13 a 15 años, no se aprecian cambios importantes, y será en el período de hasta los 17 años, cuando vuelve a aparecer un incremento importante de la potencia de piernas.

[61] En realidad, para esta prueba no conocemos criterios de calidad, pero debe estar muy mediatizada por las características morfológicas y antropométricas del ejecutante. Álvarez del Villar (1987), aportó unos resultados obtenidos sobre 200 sujetos masculinos, y sobre un peso de 5 kg en los cuales se observa una media de lanzamiento de 7,16 m, siendo la distancia máxima 10,60 m y la mínima 5,73 m.

[62] Según Grosser y col. (1988) se debe utilizar un peso de 3 kg para hombres y 2 kg para mujeres.

[63] En realidad, esta prueba tiene un componente técnico muy elevado, por lo cual la validez de la misma es muy discutible. Debido a esto, el ejecutante obtendría una mejora progresiva a medida que repite esta prueba, simplemente por el afianzamiento de su técnica.

[64] En 1940 Larson, utilizaba una batería de tres pruebas para medir la fuerza muscular de un individuo, argumentando que su utilización garantizaba (no sabemos en base a que) tres veces más fiabilidad que la medición de la fuerza estática a través de dinamómetros, como método para predecir la habilidad motriz global. Estas pruebas son: Flexión de brazos sobre barra fija (dorsal), extensión de brazos en paralelas, prueba de salto vertical.

[65] El ejecutante podrá elegir la mano de ejecución según su dominancia.

[66] Según Litwin y col. (1984) esta prueba ejerce una validez similar a la prueba de sentadilla o squat.

[67] Tradicionalmente, la prueba de potencia de los músculos abdominales superiores implicaba una posición de brazos situados detrás de la cabeza, con las manos entrelazadas tras el cuello (pruebas de acceso al INEF de Madrid). Con el objeto de aminorar el gran esfuerzo de deformación de la columna vertebral, durante la ejecución de estos ejercicios, otros autores apuntan a posiciones de ejecución con una colocación de brazos diferente, preferiblemente en prolongación del tronco, por detrás de la cabeza (Grosser y col., 1988), o cruzados sobre el pecho (Legido y col., 1996).

[68] En esta prueba, la participación de psoas-ilíaco interviene decisivamente en la acción de flexión de tronco, disminuyendo la contribución de la musculatura abdominal. La acción de este músculo tira de las vértebras hacia delante. Así, la aplicación sistemática de este ejercicio puede provocar un desequilibrio muscular de los músculos flexores de la colum-

na respecto a la cadera, contribuyendo a un incremento de la hiperlordosis lumbar (Sinaki y Mikkelsen (1984) citados por Gusi y Fuentes (1999).

[69] En realidad, los valores de calidad de esta prueba no son elevados. Grosser y Müller (1989) valoran negativamente la utilización de este ejercicio como medio para el entrenamiento de los músculos abdominales, argumentando que durante su práctica «el peso de las piernas, provoca la elevación de la columna lumbar, lo que aumenta el arqueo de la columna. Esta carga errónea, provoca a menudo, dolores en la espalda a nivel de la columna lumbar».

[70] En este sentido, ante el riesgo de lesión o accidente, se puede acolchar provisionalmente esta banda frontal del plinto.

[71] La valoración en las dos versiones anteriores es de fuerza explosiva. Para valorar la fuerza resistencia se puede permitir al sujeto realizar todas las repeticiones posibles, sin descanso y sin límite de tiempo, pero sin interrupción del ejercicio.

[72] Se puede facilitar la ejecución técnica del ejercicio, permitiendo al ejecutante, alzar los talones mediante calzo de 2-3 cm (Legido y col., 1995).

[73] En intentos previos, se debe conocer cuál es la máxima carga con la que el sujeto puede hacer hasta tres repeticiones. Se realizarán varios intentos espaciados por un descanso de entre 2-3 minutos. En cada uno de ellos se realizará un incremento de la carga.

[74] Datos de Albl, Baldouf y col. (en Fetz y Kornexl, 1976).

[75] Según Grosser y col. (1988) esta prueba también mide la fuerza máxima del sujeto.

[76] Grosser y col. (1988), recomiendan para su valoración el índice de Evolmann:

$$\text{Índice de Evolman} = \frac{m \times h}{t}$$

m = masa del deportista; h = altura alcanzada; t = tiempo tardado en trepar. El objeto de este índice es adaptar la valoración de los resultados, de esta prueba, a la relación de palancas de cada ejecutante.

[77] Albl, Baldauf y col., Fleishman, citados por Fetz y Kornexl (1978). Ambos criterios están validados sobre sujetos de entre 10 y 18 años. Fleishman, obtiene una fiabilidad de 0,80 en la variante de prueba de trepa de cuerda, en el que la ejecución está limitada a un período de 6 seg.

[78] Este ejercicio es el más utilizado en la mayoría de las modalidades deportivas para trabajar la fuerza del miembro superior (García Manso y col., 1996).

[79] Para esta prueba, al ser de carácter máximo, se requiere la participación de dos ayudantes cuya función es colaborar en la recogida de la carga (barra con discos) una vez realizada la elevación.

[80] Se pretende averiguar cuál es la mayor carga posible que el sujeto es capaz de levantar mediante una ejecución máxima. En intentos previos se debe conocer cuál es la máxima carga con la que el sujeto puede hacer tres repeticiones. Se realizarán varios intentos, espaciados por un descanso de entre 2 y 3 minutos. En cada uno de ellos, se realizará un incremento del peso; una vez elevada la carga y soportada durante 2 segundos, será retirada por dos ayudantes.

[81] En cualquier actividad motriz en la que se incluya un móvil o en deportes de coopera-ción-oposición, intervienen en la velocidad factores como la capacidad de coordinación, equilibrio, capacidad de controlar móviles o capacidad de readaptarse al movimiento, en-tre otros.

[82] Según Nupponen (1981), citado por Risto Telama y col. (1982), las carreras de veloci-dad tienen un coeficiente de fiabilidad de un 0,75. Para estos últimos autores, la estabili-dad en las carreras de velocidad, tras dos meses fue baja (0,61). El coeficiente de fiabilidad de la carrera de velocidad repetida inmediatamente estaba también por debajo de 0,70 para niños, aumentando con la edad de los sujetos masculinos testados hasta un 0,89 en edades de 18 años. Sin embargo, en niñas, los datos son diferentes, siendo el resultado de coeficiente de fiabilidad de 0,85 a los 12 años; 0,81 a los 15 años y 0,75 a los 18 años. (Es-tos datos se obtuvieron tras realizar el test-retest inmediatamente.)

[83] Para estas pruebas, se recomienda la utilización de aparatos electrónicos de medición, como son las células fotoeléctricas. Su uso se ha generalizado hasta tal punto que hoy día no se homologa ninguna marca de atletismo o natación, incluso en niveles inferiores, sino es con este tipo de material. Esto es debido a que, el cronometraje manual está supedita-do a múltiples factores que restan fiabilidad a los resultados.

[84] García Manso y col., presentan una tabla de valores sobre la frecuencia de zancada en niños de 13 - 14 años, estableciendo como nivel óptimo valores de 4,5 para alumnos al-tos; 4,8 para alumnos medios; y 5,1 para bajos. Bueno para valores de 4,3 - 4,4 para altos; 4,6 - 4,7 para medios; 4,8 - 5 para bajos. Nivel suficiente para valores de 4,0 - 4,2 para al-tos; 4,3 - 4,5 para medios; y 4,6 - 4,8 para alumnos bajos.

[85] Es necesario saber que esta diferencia entre estas formas de salida (de parado o lanzado) se conoce como factor salida, y se le asigna un valor de 1,1 seg si es un cronómetro ma-nual y 1,25 seg si se utiliza un cronometraje electrónico.

[86] Blanco y col. (1987), citado por García Manso y col. (1996) proponen el Índice de Re-sistencia a la Velocidad. Este resultado se obtiene tras recoger valores de $\dot{V}O_{2\ max}$ y frecuen-cia cardíaca en una prueba de velocidad máxima sobre tapices rodantes. El sujeto correrá sobre el tapiz en el que se incrementa la velocidad a partir de 15 km/h, a razón de 2 km/h hasta el agotamiento. Se tomarán, junto a los valores de $\dot{V}O_{2\ max.}$ y frecuencia cardíaca in-dicados anteriormente, la velocidad media del sujeto y la concentración de ácido láctico en el tercer minuto de recuperación. A partir de todos estos datos, podemos calcular el ín-dice de resistencia a la velocidad con la siguiente fórmula:

$$\text{Índice de resistencia a la velocidad} = \frac{\dot{V}O2\ (ml/kg/m) \times V.\ med. \times \text{Tiempo de trabajo}}{\text{Lactato (mmol/1)} \times \text{Frecuencia cardíaca}}$$

Los valores medios, según estos autores, son más de 2 para los sujetos especializados en 400 m y sobre 1,5 en corredores de 100 m.

[87] Gutiérrez Sainz, coautor de González Gallego (1992), se fundamenta en un estudio rea-lizado en grupos de sujetos de 14 años, en el cual estaban integrados individuos de varias estaturas. Se observó que los más altos eran más rápidos y concluía su exposición [«..., pe-ro esto era debido a una mayor maduración. Estas diferencias desaparecieron a los 18 años, una vez terminado, por todos, dicho proceso».]

[88] García Manso, Valdivieso y Caballero (1996) presentan resultados medios según edad y sexo tras la prueba de carrera de 20 m con salida parada. Así, en individuos varones no entrenados, ofrecen marcas de entre 4,2 y 3,9 seg para 11-12 años; 3,9 y 3,7 seg para 13 y 14 años; 3,7 y 3,5 seg para 15 - 16 años y 3,5 y 3,4 seg para 17 y 18 años. En alumnos no entrenados los resultados ofrecidos son los siguientes: marcas de entre 4,2 y 3,9 para 11-12 años; 3,9 y 3,8 para 13 y 14 años; 3,8 y 3,7 para 15-16 años; y 3,7 y 3,6 para 17 y 18 años de edad.

[89] Legido, Segovia y Ballesteros (1996) presentan una valoración de resultados tras la prueba de 30 m, según la cual, asignan en hombres una valoración de 100 puntos para marcas de 3,70 seg; 75 puntos a 4,27 seg; 50 puntos a 4,84 seg; 25 puntos a 5,42 seg; y 0 puntos a marcas a partir de 5,99 seg. En mujeres, la valoración se corresponde con 100 puntos para 4,0 seg; 75 puntos a 4,75 seg; 50 puntos a 5,50 seg; 25 puntos a 6,25 seg y 0 puntos a 7,0 seg.

[90] En la carrera de 60 m, Álvarez del Villar (1987) presenta una media de resultados de 7,8 seg, y predice que el sujeto que baje de 7 seg en 60 m es un velocista capaz de bajar 11 seg en 100 m.

Legido, Segovia y Ballesteros (1996) presentan una valoración de resultados tras la prueba de carrera de 50 m desde parado, según la cual, asignan a hombres una valoración de 100 puntos para marcas de 5,90 seg; 75 puntos para 6,70 seg; 50 puntos para 7,44 seg; 25 puntos para 8,22 seg; y 0 puntos a marcas de a partir de 8,99 segundos. En mujeres, la valoración se corresponde con 100 puntos para marcas de 6,40 seg; 75 puntos para 7,29 seg; 50 puntos para 8,19 seg; 25 puntos para 9,9 seg; y cero puntos para 9,99 seg.

Para los mismos autores, la valoración de la prueba de carrera de 60 m en hombres es la siguiente: 100 puntos para una marca de 7,00 seg; 75 puntos para 8,25 seg; 50 puntos para 9,50 seg; 25 puntos para 10,75 seg; y 0 puntos para 12,0 segundos. En mujeres la valoración se corresponde con 100 puntos para una marca de 7,59 seg; 75 puntos para 8,95 seg; 50 puntos para 10,30 seg; 25 puntos para 11,65 seg; y 0 puntos para 13,0 seg.

[91] Sin embargo, estas ecuaciones no nos permiten calcular el valor relativo de los resultados. Sería necesario consultar tablas que nos admitan asignar una puntuación a cada marca. Legido, Segovia y Ballesteros (1996) presentan una valoración de resultados tras la prueba de 150 y 300 m con salida desde parado, según la cual asignan a la prueba de carrera de 150 m y, en varones, una puntuación de 100 puntos para marcas de 16 seg; 75 puntos para 19 seg; 50 puntos para 22 seg; 25 puntos para 25 seg; y 0 puntos para 28 segundos. En mujeres, esta misma prueba, se valora con 100 puntos para marcas de 18 seg; 75 puntos para 21 seg; 50 puntos para 24 seg; 25 puntos para 27 seg; y 0 puntos para 30 segundos. En la prueba de carrera de 300 m, la valoración para hombres se corresponde con 100 puntos para marcas de 36 seg; 75 puntos para 44,50 seg; 50 puntos para 53 seg; 25 puntos para 1:01:50; y 0 puntos para 1:10:00. En mujeres, se obtienen valores de 100 puntos para marcas de 39,75 seg; 75 puntos para 47, 99 seg; 50 puntos para 56,99 seg; 25 puntos para 1:05:99; y 0 puntos para 1:14:99.

[92] Grosser (1992) expone valores medios para diferenciar sujetos, dependiendo de su nivel de entrenamiento y los sitúa entre 38 - 50 repeticiones para no deportistas; entre 40 - 60 para deportistas completos; y entre 50 -64 para corredores.

[93] Hay que tener en cuenta que en la prueba de skipping con ambas piernas, al tocar los

dos muslos la cuerda de forma alternativa, existe una mayor influencia de la fuerza explosiva.

[94] Estos autores valoran la prueba anotando los centímetros que se introducen en la mano, asignando 15 puntos si el lápiz se introduce en su totalidad. Además, para la valoración de esta prueba asignan 100 puntos a un resultado de 3 cm; 70 puntos para 7 cm; 54 puntos para 9 cm; 29 puntos para 12,4 cm; y 4 puntos para 15 cm.

[95] Aunque no conocemos datos de la fiabilidad de esta prueba, nos atrevemos a expresar que deben de ser bajos, ya que depende de varios factores externos como el tamaño y morfología de las latas, y sobre todo de la rapidez y acierto del testador que ha de informar al examinando, durante esta fase de la prueba. Álvarez del Villar (1977) afirma, al referirse a esta prueba, que es aconsejable que los que vayan a realizar este test a continuación no estén presentes durante la prueba. Esto implica un grado elevado de aprendizaje del sujeto sobre la misma que afecta gravemente a la objetividad de esta práctica.

[96] Para el Instituto Nacional de Calidad y Evaluación (INCE) no existen diferencias entre sexos. Según este organismo, se debería incluir esta prueba en cualquier programa de evaluación de la CF en adolescentes, ya que elimina diferencias entre hombre y mujer. Por otra parte, justifica que la velocidad no es total sino también segmentaria.

[97] Legido y col. (1996) presentan una valoración de resultados tras la prueba de frecuencia de pies, según la cual asignan en hombres una valoración de 100 puntos para marcas de 10,19 seg; 75 puntos para 11,64 seg; 50 puntos para 13,9 seg; 25 puntos para 14,54 seg; y 0 puntos para una marca de 16,99 segundos. En mujeres, la valoración se corresponde con 100 puntos para una marca de 11,19 seg; 75 puntos para 12,64 seg; 50 puntos para 14,9 seg; 25 puntos para 15,54 seg; y 0 puntos para 16,91 segundos. Para los mismos autores, una variante de esta prueba, es cronometrar el tiempo empleado en realizar solamente 10 apoyos, en cuyo caso el índice será: <6 = excelente; 6-6,5 = muy bueno; 6,7-7 = Bueno; 7-7,5 = aceptable; 7,5-8 = regular; y > 8 = malo.

[98] No se precisan medidas del mismo.

[99] Instrumento que sirve para medir ángulos (GEL, 1991).

[100] Permite obtener el ángulo real de apertura, independientemente de las características morfológicas del sujeto, a partir de la distancia de separación de las extremidades y algunas medidas antropométricas. Moras (1992).

[101] Grosser y Müller (1989) consideran que esta posición, como ejercicio para el estiramiento del bíceps femoral y la musculatura de la espalda, es incorrecta, ya que provoca sobrecargas en la zona lumbar de la columna vertebral y una compensación a nivel de la curvatura dorsal (cifosis). Esta prueba de flexión adelante de tronco presenta resultados de pruebas, realizadas por el Instituto Bonaerense, sobre 69.686 alumnos de diferentes edades, en las que se reflejaron que los registros obtenidos por las mujeres son siempre superiores a los de los varones; sin embargo, en los varones no se observan cambios significativos en sus resultados entre los 10 y 14 años, no apreciándose además incrementos sustanciales hasta los 15 años, que se mantienen hasta los 18. Sobre una importante muestra de examinandos se comprobó también, que existe una gran dispersión con respecto a los resultados en cada grupo de edad.

[102] Garth y col. (1996) citando las investigaciones del Canadian Rublic Health Association

(1977) por Hoeger (1991) presentan resultados de la prueba tradicional de sit and reach y la prueba modificada de la sit and reach, y obtienen la siguiente valoración:

Prueba de sit and reach (hombres) baja < 14; regular 14 -24; media 24.1 - 35; buena 35,1 - 45; excelente > 45.0.

Prueba de sit and reach (mujeres): baja < 30; regular 30,0 - 33,0; media 33,1 - 37,0; buena 37,1 - 41,0; excelente > 41.0.

Prueba de sit and reach modificada (hombres) baja < 29,5; regular 29,5 - 34,0; media 34,1-38,0; buena 38,1 - 43,0; excelente> 43,0.

Prueba de sit and reach modificada (mujeres) baja < 32,0; regular 32,0 - 36,5; media 36,6 - 40,0 buena 40,1 - 42,0 excelente > 42,0.

[103] Grosser y Muller (1989) consideran un error utilizar esta posición como ejercicio de estiramiento de la cara posterior del muslo, debido a que fomenta la sobrecarga en la zona lumbar de la columna vertebral, provocado por el esfuerzo de palanca realizado por el tronco.

[104] Según Álvarez del Villar (1987), en este tipo de test, es necesario añadir que influye de una forma decisiva la mayor o menor potencia de los músculos lumbares.

[105] García Manso y col. (1996) presentan valores de grados de movimiento de las principales articulaciones implicadas en el deporte. Como aproximación, es adecuado conocer las medidas relacionadas con el movimiento del hombro en el plano horizontal, obteniendo resultados de 140° en la antepulsión más aducción anterior, y 30° en la retropulsión más aducción posterior.

[106] Barry y Nelson, citados por Álvarez del Villar (1987), afirman que para realizar correctamente la medición hay que multiplicar por 100 el mejor de tres intentos y dividirlo por al longitud del brazo, midiendo la distancia desde el acromion a la superficie superior del palo.

[107] (Del lat. *Occipitum*). Porción posterior e inferior de la cabeza correspondiente al hueso occipital. Diccionario de Medicina Marín. (1986).

[108] Según García Manso y col. (1996) esta separación no debe ser inferior a los 30°.

[109] Ésta es una prueba pasiva; según García Manso y col. (1996) lo normal es que manteniendo la cadera extendida, el muslo desplace unos 15° por detrás de la línea horizontal.

[110] Moras (1992) realiza una demostración trigonométrica de la influencia de las medidas antropométricas en la valoración final de este test cuando se pasa a personas con biotipos diferentes. En esta prueba, la relación de las distancias entre ambos lados extremos del calcáneo y la distancia mínima entre la sínfilis del pubis y el suelo, está notablemente relacionada con la longitud de los miembros inferiores del ejecutante.

[111] Es importante señalar que en este tipo de test, de movilidad pasiva, se obtienen valores de amplitud angular superiores a pruebas de amplitud con apertura como posiciones de decúbito supino. Esto es debido a que el peso del cuerpo influye de forma decisiva sobre la menor distancia del pubis al suelo.

[112] Según Grosser (1992), la valoración de esta prueba se realiza de acuerdo a las siguientes marcas: muy bien = hasta 10 cm; bien = 20 cm; suficiente = 30 cm; insuficiente = 40 cm.

[113] García Manso y col. (1996) dan un resultado de 35° a la abducción lateral de una pierna (en movimiento de abducción-aducción de la cadera) como grados de movimiento tras su estudio sobre las principales articulaciones implicadas en el deporte.

[114] García Manso y col. (1996) ofrecen medidas de grados de movimientos de las principales articulaciones implicadas en el deporte, concretando para la flexión dorsal del tobillo valores de 20 °- 30° y para la flexión plantar (extensión), valores de 30 °- 35 °.

[115] Moras (1992) realiza una demostración trigonométrica de la influencia de las medidas antropométricas en la valoración final de este test cuando se pasa a personas con biotipos diferentes. En esta prueba, la relación de la distancia entre ambas manos en el agarre del bastón está notablemente relacionada con la longitud de los miembros superiores del ejecutante.

[116] Para realizar la valoración de esta prueba, Grosser y Starischka (1988) señalan que es necesario disponer de otra medida, a fin de ofrecer un indicio relacionado con las características personales del sujeto. Para esto, se medirá la anchura de hombros del sujeto, tomando como puntos el acromion de cada articulación del hombro, después se actuaría atendiendo a la siguiente fórmula:

$$\text{Índice de valoración} = \frac{\text{Distancia entre manos (cm)}}{\text{Anchura de hombros (cm)}}$$

Fetz y Kornex (1976) afirman que para valorar esta prueba se necesitan dos medidas más aparte de la distancia entre manos. Se debe tener en cuenta la anchura de hombros del sujeto y longitud del brazo del mismo (medida desde el acromion hasta el extremo de estado en metacarpo del dedo medio). A partir de estos datos, se calcularía el ángulo entre la vertical y el brazo en llevado hacia atrás utilizando la siguiente fórmula:

$$a = \frac{\text{Distancia} - \text{anchura de hombro}}{2}$$

b = largo del brazo

De una tabla de funciones angulares se desprende alfa. $\text{Seno } \alpha = \dfrac{a}{b}$

En un ejemplo de los mismos autores, desprendido que:

$$\alpha = 34; \ b = \text{seno } \alpha = \frac{34}{68} = \frac{1}{2}, \ \alpha = 30$$

Según García Manso (1996), la rotación axial del hombro presentaría valores en rotación externa de 80°, y en rotación interna de 95°; y para Heyward (1996) la valoración se realizaría midiendo la anchura de hombros y restando a esta distancia el resultado del mejor intento.

[117] Grass García (1985) se inclina por una variante de esta prueba, en la que partiendo de su posición inicial, se colocan dos topes debajo de cada mano del sujeto, a una distancia

de 10 cm medidos desde ésta a las yemas de los dedos del ejecutante. La acción consiste en realizar una flexión lateral alternativa (izquierda y derecha), tocando con la yema de los dedos sobre el tope, realizándose de forma continuada durante 20 seg.

[118] Para Fezt y Kornexl (1976) si no se dispone de goniómetro, se podrá calcular el ángulo (función angular) midiendo la distancia entre el talón y el suelo y dividiendo su resultado por el largo del lado interno de la pierna.

[119] Gras García (1985) concreta que la línea perpendicular se ha de trazar sobre el punto 10, continuándola a través de 1,5 m sobre el suelo.

[120] Blázquez (1991) expone una variante de este circuito, en el que se sustituye uno de los postes laterales del circuito por un plinto. En este caso, el ejecutante a de saltarlo transversalmente y continuar el circuito. Además, se precisa que el cronómetro no se detenga hasta que el sujeto no apoye los dos pies en el suelo tras pasar la última valla del circuito.

[121] Legido y col. (1996) presentan una valoración de resultados tras la prueba de recogida de pelotas, según la cual asignan, en hombres, una valoración de 100 puntos para marcas de 14 seg; 75 puntos para 15,50 seg; 50 puntos para 16,99 seg; 25 puntos para 18,49 seg; y 0 puntos para marcas de 19,99 seg. En mujeres, la valoración se corresponde con 100 puntos para 16,0 seg; 75 puntos para 17,49 seg; 50 puntos para 18,99 seg; 25 puntos para 20,49 seg; y 0 puntos para 21,99 seg.

[122] No se especifica en los libros que proponen esta prueba (Fetz y Kornexl, Blázquez) la distancia de separación entre los obstáculos, ni longitud de los mismos; sólo se expone que la altura de la varilla o listón sobre los postes ha de estar en relación con la longitud de la pierna del sujeto. Estas imprecisiones son motivo más que suficiente para no contemplar esta prueba como opción o alternativa a otras pruebas de agilidad, ya que su resultado sería poco comprobable y de escasa fiabilidad.

[123] Fleishman (1964) contempla, en su batería básica de aptitud física, una prueba de agilidad que consiste en el salto de una cuerda con ambas piernas de forma simultanea, sin modificar la posición del agarre.

[124] Editorial Paidotribo (1997).

[125] Para Gras García (1985) esta prueba debe estar incluida entre los tests básicos para la medida global de la aptitud física de los sujetos.

Fleishman (1964) considera que el requerimiento de la velocidad motriz y la flexibilidad articular de este test, pone más bien a prueba la agilidad del individuo (citado por Ruiz Pérez, 1987)

[126] La medición de esta prueba está diseñada para sujetos de 12 años, debido a que la iniciación en las tareas motrices específicas debe tener lugar entre los 11 y 13 años. Para estas ejecuciones se requiere que las destrezas básicas estén ya aprendidas. *Evaluación de la Educación Física en la Educación Primaria.*

[127] Fetz y Kornexl, (1976), añaden en esta prueba, con el objetivo de ganar altura en el salto, una carrera previa que acaba con un impulso sobre un trampolín (trampolín de Reuther). Durante el período de vuelo, el ejecutante deberá de realizar el mayor número posible de rotaciones, para caer con ambas piernas. Los mismos autores miden la exactitud de los giros hasta una definición de 1/8 de giro.

[128] Legido y col. (1995) presentan unos resultados para ambos sexos, y asignan una puntuación escalonada. Así, conceden 100 puntos a una marca de 360°; 75 puntos a 293°; 50 puntos a 225°; 25 puntos a 158° y 0 puntos a 90°.

[129] Fetz y Kornexl (1976) expresan que se puede aumentar, si el nivel del ejecutante es muy alto, la dificultad de la prueba. Para esto, se le aplicarán dos o tres vueltas sobre el eje vertical al testado, e inmediatamente se subirá a la tabla. Otra forma de aplicar dificultad a la prueba es cerrando los ojos durante el ejercicio.

[130] En escolares es común utilizar, para el apoyo de esta prueba, un banco sueco invertido.

[131] Es importante tener en cuenta que este test está muy determinado por la capacidad de concentración, así como por el estado de relajación de las fibras musculares. Atendiendo a esto, no estaría recomendado realizar esta práctica inmediatamente después de haber ejecutado ejercicios de resistencia a fuerza muscular.

[132] Si los alumnos a los que se les pasa la prueba presentan una elevada capacidad para superarla, se puede incidir sobre su dificultad alargando la longitud del bastón o eliminando parte de su peso.

[133] Según Gras García (1985), para la aplicación en adolescentes esta altura debe ser rebajada hasta 2 cm.

6 | SELECCIÓN Y PROTOCOLO DE EJECUCIÓN

E l siguiente cuadro presenta tres pruebas seleccionadas por cada cualidad física y motriz; entre ellas podremos elegir para ser aplicadas a sujetos comprendidos en edades de ESO y bachillerato.

CUALIDADES FÍSICAS BÁSICAS

RESISTENCIA

1 • Test de Cooper

2 • Test de Ruffier

3 • Prueba de Course navette

FUERZA

1 • Lanzamiento de balón medicinal (3 - 2 kg)

2 • Prueba de abdominales superiores (30 seg)

3 • Salto horizontal a pies juntos

⟶

VELOCIDAD	1 • Prueba de velocidad de 10×5 metros
	2 • Prueba de sprint de 20 metros
	3 • Tapping-test con los brazos
FLEXIBILIDAD	1 • Prueba de rotación de hombros con bastón
	2 • Prueba de sit and reach
	3 • Flexión profunda del cuerpo

CUALIDADES FÍSICAS MOTRICES

AGILIDAD	1 • Prueba de slalom
	2 • Prueba de carrera de obstáculos
	3 • Prueba de carrera de tacos 4×9
COORDINACIÓN	1 • Prueba de desplazamiento en zig zag con balón
	2 • Prueba de slalom con bote de balón
	3 • Test de coord. din. gen. (con cuerda)
EQUILIBRIO	1 • Prueba de caminar sobre una barra de equilibrio
	2 • Prueba de equilibrio de pica sentado
	3 • Prueba de equilibrio flamenco

Pruebas seleccionadas para la evaluación de la Condición Física

6.1. PROTOCOLO PARA LA APLICACIÓN DE PRUEBAS FÍSICAS

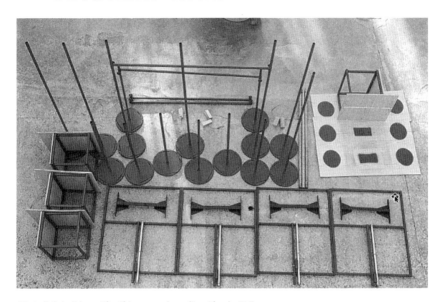

Material de Educación Física para la aplicación de PAF.

PRUEBAS DE RESISTENCIA

■ **TEST DE COOPER**

Objetivo:

Medir la capacidad máxima aeróbica de media duración.

Material:

➤ Campo de deportes al aire libre o en su defecto, terreno medible siendo el suelo duro y llano.

➤ Cinta métrica y cronómetro.

Instrucciones para el ejecutante:

Sitúate detrás de la línea de salida. A la señal de "listos ya" comienza a correr sobre el circuito premarcado. Ten en cuenta que la duración de la prueba es de 12 min, por lo que debes dosificar tus fuerzas durante toda la carrera con el objetivo de recorrer el máximo número de metros posibles. Si por alguna razón te ves obligado a parar, continúa andando la prueba y vuelve a correr hasta que concluyan los 12 min.

Instrucciones para el testador:

➤ El alumno se colocará en posición de salida alta tras la línea de salida.

➤ Tras la señal de salida poner el cronómetro en marcha.

➤ Se debe conocer la distancia que tiene el circuito para al final totalizar el número de metros recorridos.

➤ Cerciorarse que el sujeto se ajusta al circuito (en curvas, esquinas, etc.) con el objetivo de contabilizar exactamente el número de metros.

➤ Se puede aplicar a varios sujetos simultáneamente.

Medida:

➤ Transcurridos los 12 min se indicará al sujeto que pare y se dará la prueba por concluida.

➤ Se registrará el número de metros recorridos con redondeo máximo de 25 m.

Ejemplo: 2.825 m.

■ **TEST DE RUFFIER**

Objetivo:

Medir la resistencia aeróbica de corta duración de un sujeto.

Material:

➤ Un escalón con graduación cada 5 cm y de las siguientes medidas: altura media 30 cm, anchura 40 cm y profundidad 50 cm.

➤ Cronómetro y metrónomo.

Instrucciones para el ejecutante:

Sitúate de pie frente al escalón. Cuando oigas la señal "listo ya" deberás subir al escalón desplazando primero una pierna y luego la otra hasta quedar apoyados los pies sobre la superficie del escalón, permaneciendo las piernas y tronco totalmente ·extendidos. Después volverás a la posición inicial bajando el escalón por el mismo sitio que has subido, descendiendo primero una pierna y luego la otra. Deberás repetir este recorrido de subir y bajar del escalón durante 3 min, a un ritmo de treinta repeticiones cada minuto. El ritmo que has de seguir te lo marcará una señal sonora emitida por un magnetófono.

Si no puedes mantener el ritmo de la señal, continúa el ejercicio al ritmo que puedas hasta concluir los 3 min.

Instrucciones para el testador:

➤ Ajustar la altura del escalón a la longitud de la pierna del ejecutante, de forma que la elevación del escalón será aquella en la que, teniendo apoyado un pie sobre el escalón, la pierna y el muslo han de formar un ángulo de 90°.

➤ Cerciorarse que el ejecutante ha comprendido correctamente la prueba.

➤ Se medirá la frecuencia cardíaca del sujeto antes de realizar la prueba (en reposo tras 5 min sentado).

➤ El ejecutante deberá mantener, mientras pueda, el ritmo impuesto por el magnetófono. En caso de no poder mantenerlo se le instará a continuar a un menor ritmo hasta concluir los 3 min de la prueba.

Medida:

➤ Se medirá la frecuencia cardíaca inmediatamente después de concluir la prueba (durante 15 seg).

➤ Se medirá la frecuencia cardíaca del sujeto transcurrido el primer minuto de la conclusión de la prueba (durante 15 seg).

➤ El número de pulsaciones obtenidas de P_1, P_2 y P_3 se multiplicará por cuatro para establecer la relación p/min.

➤ Para valorar la prueba se medirá la frecuencia cardíaca del sujeto de la siguiente forma:

a) Sentado 5 min antes de la prueba (P_1).

b) Inmediatamente después de acabar la prueba (P_2).

c) En los primeros 15 seg del primer minuto tras la prueba (P_3).

Grosser y col. (1988), establecen un índice de rendimiento extraído a partir de estos datos, y proponen la siguiente fórmula:

$$\text{Índice de rendimiento} = \frac{(P_1 + P_2 + P_3) - 200}{10}$$

PRUEBA DE COURSE NAVETTE O TEST DE LUC LEGGER

Objetivo:

Medir la potencia aeróbica máxima del sujeto.

Material:

➤ Campo de deportes o gimnasio amplio que permita señalar un recorrido de 20 m de largo y una anchura de 1 m por cada ejecutante.

➤ Magnetófono y cinta grabada con el protocolo del test.

Instrucciones para el ejecutante:

Al oír la señal "listos ya", debes correr por el trazado de 20 m, ida y vuelta, siguiendo la velocidad que te indica el magnetófono. Una señal sonora (un pitido) te indicará cuándo debes encontrarte en uno u otro extremo del recorrido de 20 m sobrepasando la línea al menos 1 metro. Al principio la velocidad es baja, pero se irá incrementando progresivamente conforme avanza la prueba. El test dura tanto como tu forma física te lo permita, finalizando cuando debido al cansancio ya no puedas realizar a tiempo el siguiente recorrido.

Instrucciones para el testador:

➤ Leer el protocolo de la prueba cuidadosamente.

➤ Marcar la zona de aplicación correctamente de forma que exista al menos 1 m más en cada extremo del trazado de 20 m.

➤ Se puede aplicar el test a muchos alumnos simultáneamente, si contamos con espacio de 1 m de ancho como mínimo para cada sujeto.

➤ Los dos extremos marcados en el suelo deben reconocerse claramente.

➤ Comprobar que el magnetófono funciona correctamente y con volumen suficiente para ser oído por todos los ejecutantes.

Medida:

➤ Cuando el sujeto se detiene, se anotará el último número que indicaba el período (se refiere a la última señal en que pudo mantener el sujeto el ritmo impuesto). Este número lo aplicaremos sobre la tabla de valoración.

Nota sobre el test de carreras progresivas de 20 m (Course navette):

Para la aplicación de estas pruebas hemos escogido la cinta de Test de Potencia Aeróbica Máxima editada por el Servicio de Deportes de la Diputación de Cádiz (S/f).

De una forma general, ya que puede variar según las versiones de grabación de protocolo de la prueba, el criterio seguido en las grabaciones expresa el resultado de dividir 1 min (un período) por el tiempo que se debe tardar en recorre la distancia de 20 m. a una determinada velocidad.

Ejemplo:

Período 1 = 6 etapas a 8 km / hora.

Período 2 = 7 etapas a 9 km / hora.

Período 3 = 7 etapas a 9,5 km / hora.

Etc.

Según Linares (1992), el manual definitivo de Eurofit define sólo los km/h en que deben correr los sujetos cada uno de los períodos. Expresa, además, tras su detenido estudio del protocolo de esta prueba que en ningún caso se determina qué hacer con los segundos o los metros que quedan en función del desajuste distancia-tiempo. Esto demostró que existían varias cintas confeccionadas por diferentes organismos, pero que, sin embargo, contenían, aunque leves, algunas diferencias.

PRUEBAS DE FUERZA

■ LANZAMIENTO DE BALÓN MEDICINAL

Objetivo:

Medir o valorar la fuerza explosiva de los músculos extensores del miembro superior, tronco y miembro inferior.

Material:

➤ Balón medicinal de 3 kg para hombres y de 2 kg para mujeres.

➤ Cinta métrica.

Instrucciones para el ejecutante:

Colócate de pie detrás de la línea de lanzamiento y con el balón cogido con ambas manos. Los pies deben estar separados a la anchura de los hombros. Cuando oigas la señal "listo ya", deberás elevar el balón, con ambas manos, por detrás de la cabeza para después realizar un potente lanzamiento hacia delante, con el objetivo de desplazarlo a la mayor distancia posible. Durante el ejercicio podrás flexionar brazos, tronco y piernas, pero sin despegar las punteras del suelo (es decir, sin saltar durante el lanzamiento).

Instrucciones para el testador:

➤ Durante el lanzamiento las manos se accionan simétrica y simultáneamente por encima de la cabeza no pudiendo desplazarse el lanzador más allá de la línea de lanzamiento.

Medida:

➤ Se medirá la distancia desde la línea de lanzamiento hasta el punto de caída del balón.

➤ Se registrará la distancia en centímetros, despreciándose las fracciones de 10 cm.

Ejemplo:

530 cm.

PRUEBA DE ABDOMINALES SUPERIORES

Objetivo:

Valorar la potencia de los músculos abdominales y la resistencia muscular local.

Material:

➤ Colchoneta, compañero ayudante y un cronómetro.

Instrucciones para el ejecutante:

Colócate tumbado sobre la espalda de forma que las piernas queden abiertas a la anchura de los hombros y las rodillas ligeramente flexionadas. Los manos estarán entrelazadas detrás de la cabeza, de manera que el dorso descanse sobre la colchoneta. Los pies quedarán inmovilizados por la ayuda de un compañero. Cuando oigas la señal "listo ya", realiza una flexión de tronco tocando con ambos codos a la vez sobre las rodillas. Antes del comienzo del test puedes realizar una prueba. Para volver a la posición inicial es suficiente con que tus hombros toquen la colchoneta. Repite este movimiento tan rápido como te sea posible durante 30 seg. El test sólo lo realizarás una vez.

Instrucciones para el testador:

➤ Un ayudante sujeta los tobillos del ejecutante ayudándose con su propio peso, debiendo mantener los talones apoyados sobre la colchoneta todo el tiempo.

➤ La prueba durará exactamente 30 seg.

➤ El examinador contará en voz alta cada vez que el sujeto realice un movimiento completo y correcto. Lo hará en el momento en que los hombros toquen la colchoneta. Cuando no cuenta significa que el movimiento no lo realizó correctamente.

➤ Durante el test, el testador corregirá al ejecutante, indicando la acción que tiene que modificar para que su movimiento sea correcto.

Puntuación:

➤ Se registrarán el número de repeticiones realizadas correctamente durante 30 segundos.

Ejemplo:

22 repeticiones.

■ SALTO HORIZONTAL A PIES JUNTOS

Objetivo:

Medir o valorar la fuerza explosiva del tren inferior.

Material:
- ➤ Superficie llana y lisa.
- ➤ Cinta métrica.

Instrucciones para el ejecutante:

Sitúate de pie detrás de la línea y en dirección hacia el sentido del salto. Los pies podrán estar juntos o ligeramente separados. Cuando oigas la señal "listo ya", flexiona tronco y piernas pudiendo balancear los brazos para posteriormente realizar un movimiento explosivo de salto hacia delante. La caída debe ser equilibrada, no permitiéndose ningún apoyo posterior con los brazos.

Instrucciones para el testador:
- ➤ No se permitirá al ejecutante despegar los pies del suelo hasta el momento del salto.
- ➤ Si el ejecutante se desequilibra tras la caída, cayéndose hacia delante, se anulará el intento.

Medida:
- ➤ Se anotará el número de centímetros avanzados entre la línea de salto y el borde más cercano a ésta, midiendo desde la huella más retrasada tras la caída.
- ➤ Se considerará la mejor marca de dos intentos, tras un descanso de al menos 45 seg.

Ejemplo:

186 cm.

PRUEBAS DE VELOCIDAD

■ PRUEBA DE VELOCIDAD DE 10 x METROS

Objetivo:

Medir la velocidad de desplazamiento y agilidad del individuo.

Material:

➤ Suelo plano liso y antideslizante.

➤ Cinta métrica.

➤ Conos o postes señalizadores.

➤ Tiza.

Instrucciones para el ejecutante:

Colócate detrás de la línea de salida, en posición de salida alta y en dirección hacia la línea situada a 5 m de distancia. Cuando oigas la señal "listos ya" corre lo más rápido posible hacia la siguiente línea, hasta llegar a pisarla con un pie. Inmediatamente realiza un cambio de sentido en tu carrera para desplazarte igualmente hacia la línea de salida inicial, la cual volverás a pisar, al menos con un pie. Realiza este recorrido de ida y vuelta un total de cinco veces, teniendo en cuenta que, en el último desplazamiento, deberás atravesar la línea de salida para pisar detrás de ella, momento en el cual se detendrá el cronómetro. El test lo realizarás una sola vez.

Instrucciones para el testador:

➤ Se trazarán dos líneas paralelas en el suelo a una distancia de 5 m.

- La línea deberá tener 120 cm de largo y en cada extremo deberá colocarse un poste o cono de señalización.
- El ejecutante deberá sobrepasar la línea con ambos pies tras cada recorrido.
- El testador dirá en voz alta el número de ciclos completados cada vez que se realiza un recorrido.
- El cronómetro se detendrá cuando el sujeto supere la línea final con un pie.

Puntuación:

- Se registrará el tiempo que ha empleado el sujeto en completar cinco ciclos (ida y vuelta), anotando éstos en décimas de segundo.

Ejemplo:

Un tiempo de 22,3 seg recibe una puntuación de 223.

■ **PRUEBA DE ESPRINT DE 20 METROS**

Objetivo:

Medir la velocidad de reacción y la velocidad cíclica máxima en las piernas.

Material:

- Tiza, cinta métrica y cronómetro.

Instrucciones para el ejecutante:

Colócate en posición de salida alta tras la línea de salida. Cuando oigas la señal "listos ya", deberás recorrer la distancia de en 20 m en el menor tiempo posible, manteniendo la carrera hasta sobrepasar la línea de llegada.

Instrucciones para el testador:

- La línea de llegada debe ser visible durante todo el recorrido.

➤ Deberá ensayarse varias veces y con todo el grupo la señal de salida (listos ya).

Medida:

➤ Se medirá el tiempo empleado en recorrer la distancia de 20 m, en seg, déc. y cent.

Ejemplo:

3,85 seg.

■ TAPPING-TEST CON LOS BRAZOS

Objetivo:

Medir la velocidad cíclica de movimiento de los brazos.

Material:

➤ Mesa regulable en altura.

➤ Dos discos de goma o piel de 20 cm de diámetro cada uno, fijados horizontalmente sobre la mesa. Los centros de los discos estarán separados 80 centímetros. En el centro de la mesa y equidistante a cada disco se coloca una placa rectangular de 10 por 20 cm.

➤ Un cronómetro.

Instrucciones para el ejecutante:

Colócate frente a la mesa que está regulada para que su superficie quede a la altura de tu ombligo, puedes tener el tronco y piernas extendidas pudiendo estar los pies ligeramente abiertos. Elige el brazo que realizará el movimiento, apoyándolo con la mano sobre un disco, a un lado de la tabla central. El otro brazo deberás situarlo sobre la placa rectangular. Cuando oigas la señal de "listos ya", desplazarás la mano a derecha e izquierda de la tabla con la mayor velocidad posible, tocando sobre los círculos laterales de la mesa.

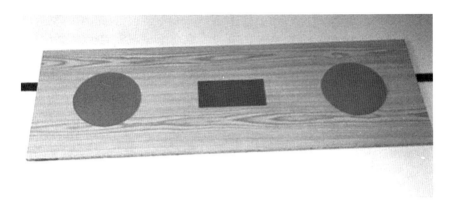

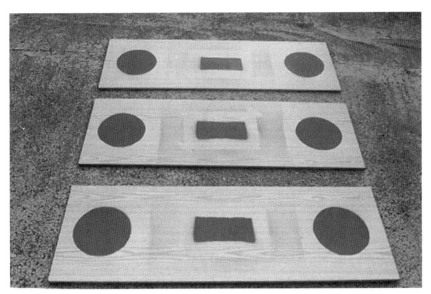

Tablas de tapping para acoplar sobre mesa

Instrucciones para el testador:

➤ Regular la altura de la mesa para que la parte más alta este situada a la altura de la cadera del ejecutante justo por debajo de su ombligo.

> El testador se colocará al lado del sujeto y se concentrará sobre el disco elegido en el que está la mano que va a iniciar el movimiento.

> Tras la señal, el testador contará exclusivamente el número de golpes realizados sobre el disco inicial (cada golpe contabilizado sobre ese disco indicará un ciclo de dos).

> La mano que está colocada sobre la placa rectangular ha de permanecer en esa posición durante todo el test.

> El sujeto podrá realizar un ensayo antes de efectuar el test con el fin del de elegir la mano apropiada para la acción.

> Se escogerá el mejor de dos intentos.

Puntuación:

> Se registrará el mejor resultado de los dos intentos (de cada tiempo que el sujeto ha necesitado para tocar los discos 50 veces, anotando en décimas de segundo).

> Si el ejecutante no toca un disco, ha de realizar un golpe más con el fin de alcanzar los 25 ciclos requeridos.

Ejemplo:

Un tiempo de 11,2 seg recibe una puntuación de 112.

PRUEBAS DE FLEXIBILIDAD

■ **PRUEBA DE ROTACIÓN DE HOMBROS CON BASTÓN**

Objetivo:

Medir la capacidad de amplitud o movilidad articular de la cintura escapular.

Material:

> Bastón o pica centimetrada.

Instrucciones para el ejecutante:

Sitúate de pie con el tronco recto y piernas juntas y extendidas. Agarra con ambas manos el bastón y colócalo horizontalmente delante del cuerpo, mientras mantienes los brazos extendidos al frente. A mi señal eleva lentamente el bastón por encima de la cabeza y detrás de la espalda, manteniendo los brazos en todo momento extendidos para volver posteriormente la posición inicial.

Puedes realizar varios intentos con diferentes ajustes en el agarre del bastón, pero no podrás modificar el agarre de manos sobre el bastón durante la ejecución

Instrucciones para el testador:

➤ Una vez realizada la prueba no se permitirá al alumno que mueva la posición de las manos sobre la pica hasta que se haya tomado la medida de la misma.

Medida:

➤ Se medirá previamente la anchura de hombros del ejecutante, tomando como puntos el acromion de cada articulación del hombro.

➤ Se medirá previamente la envergadura del sujeto (con los brazos en cruz, de yema a yema de los dedos centrales de ambas manos).

➤ Una vez concluida la prueba, se registrará en centímetros la distancia que existe entre los pulgares de ambas manos en posición de agarre del bastón.

Ejemplo: 95 cm.

$$\text{Índice de valoración de Grosser} = \frac{\text{distancia entre manos (cm)}}{\text{distancia de hombros (cm)}}$$

■ **PRUEBA DE SIT AND REACH**

Objetivo:

Medir la flexibilidad de la parte baja de la espalda, los extensores de la cadera y los músculos flexores de la rodilla.

Material:

➤ Banco sueco o cajón con las siguientes medidas: longitud 35 cm, anchura 45 cm y altura 32 centímetros. Las medidas de la placa superior son: longitud 55 cm y anchura 45 centímetros. Esta placa sobrepasará en 15 cm el lado en el que se apoyan los pies, de tal forma que el valor cero coincidirá justo en el borde del banco; a partir de aquí, las medidas  tomadas del cero hacia atrás serán negativas y las que se anoten del cero adelante serán positivas.

➤ La placa superior tendrá superpuesta una escala desde 0 hasta 50 cm.

Material necesario para realizar la prueba de sit and reach.

SELECCIÓN Y
PROTOCOLO
DE EJECUCIÓN

Instrucciones para el ejecutante:

Colócate sentado sobre el suelo con las piernas juntas y extendidas. Los pies estarán pegados a la caja de medición y los brazos y manos extendidos, manteniendo una apoyada sobre la otra y mirando hacia delante. Cuando oigas la señal "listo ya", flexiona el tronco hacia delante, empujando con ambas manos el cursor de la barra milimetrada hasta conseguir avanzar a la mayor distancia posible. Cuado llegues a la máxima flexión trata de permanecer inmóvil durante dos segundos para que pueda ver tu marca. No tienes que realizar rebote. El test lo vas a realizar dos veces y se anotará el mejor resultado que obtengas.

Instrucciones para el testador:

➤ El alumno debe realizar esta prueba descalzo.

➤ El testador se colocará al lado del sujeto y mantendrá, si es necesario, las rodillas del ejecutante extendidas.

➤ El test se tiene que realizar de forma lenta y progresiva sin ningún movimiento de rebote.

➤ Para el segundo intento se guardará un mínimo tiempo de reposo de 45 seg.

➤ Previo a la prueba, se deberán realizar ejercicios de estiramiento.

Medida:

➤ Se registrará la marca alcanzada en la posición final. Si el sujeto alcanza los dedos de sus pies recibe una puntuación de 15 puntos. Si alcanza 9 cm más, pasados los dedos de los pies, se le anota una puntuación de 24.

■ **FLEXIÓN PROFUNDA DEL CUERPO**

Objetivo:

Medir la flexibilidad global del tronco y miembros superior e inferior.

Material:

➤ Se requiere una caja construida para este fin, que tenga incorporada una guía centimetrada, sobre la que pueda deslizarse un cursor o listón.

➤ Caja metálica de tubo cuadrado con las siguientes dimensiones: Longitud 80 cm, ancho 76 cm, alto 2 cm.

➤ La medida interior según el diagrama que sirve de soporte de la barra centimetrada es de 50 cm.

➤ Escala de 0 - 50 cm, estando situado el cero sobre el centro de apoyo de los pies.

➤ Regla móvil de madera o metálica, para apoyar sobre la escala (para ser desplazada cómodamente por ambas manos del ejecutante).

Instrucciones para el ejecutante:

Colócate de pie dentro del aparato; los pies deberán estar descalzos y ubicados en el interior de la caja, de forma que el medidor quede posicionado justo debajo de piernas. Los talones deben estar pegados a la tabla perpendicular a la de separación que indica el punto cero del medidor. Cuando oigas la señal "listo ya", deberás flexionar las piernas e ir introduciendo el cuerpo lentamente entre las mismas. Tus brazos y manos estarán completamente extendidos y direccionados hacia atrás para poder empujar el listón del medidor lo máximo posible; no debes realizar movimientos bruscos ni de rebote, y mantentrás la posición final al menos 2 segundos. No se permitirá separar los dedos de los pies del suelo durante la ejecución. Podrás realizar la prueba dos veces y se anotará el mejor de tus resultados

Instrucciones para el testador:

➤ El alumno debe realizar esta prueba descalzo.

➤ El test se tiene que realizar de forma lenta y progresiva sin ningún movimiento brusco ni de rebote.

➤ Para el segundo intento se guardará un mínimo tiempo de reposo de 45 seg.

➤ Será necesario mantener el equilibrio durante toda la prueba y se

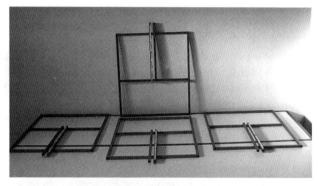

Cuadros de flexión profunda del cuerpo

ha de salir, una vez concluida la prueba, por delante de la tabla.

➤ Previo a la prueba se deberán realizar ejercicios de estiramiento, sobre todo de la parte baja de la espalda y las piernas. El calentamiento nunca debe ser menor de 3 min.

Medida:

➤ Se medirá en centímetros (sin fracciones de estos).

➤ Se valorará el mejor de dos intentos.

Ejemplo: 26 cm.

PRUEBAS DE AGILIDAD

■ PRUEBA DE SLALOM

Objetivo:

Medir la agilidad de carrera y movimiento del ejecutante.

Material:

➤ Terreno liso, llano y antideslizante, 7 postes de al menos 170 cm de altura.

➤ Cronómetro.

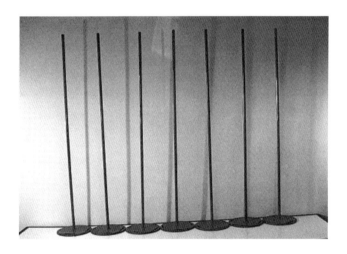

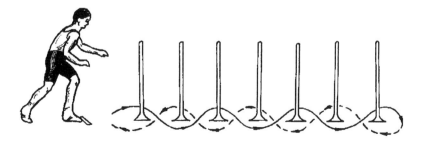

Instrucciones para el ejecutante:

Colócate en posición de salida alta detrás de la línea de salida. A partir de ésta hay un recorrido de 2 m y, a continuación, 7 postes colocados verticalmente y alineados, con una separación entre ellos de 1 metro. A oír mi señal deberás recorrer a la máxima velocidad el circuito construido, sorteando en zig zag los 7 postes. El recorrido es de ida y vuelta, y concluirá cuando vuelvas a sobrepasar la línea de salida. Podrás realizar dos intentos valorándose el mejor de ellos.

Instrucciones para el testador:

➤ Cerciorarse de que el circuito está construido correctamente.

➤ Cerciorarse de que el ejecutante ha comprendido el recorrido de ejecución de la prueba.

➤ El ejecutante debe elegir el lado sobre el que iniciar la carrera.

➤ Se evaluará el mejor de los dos intentos.

Medida:

➤ Se cronometrará el tiempo empleado en realizar el recorrido de ida y vuelta, en seg, déc. y cent.

➤ Se considerará nulo cualquier intento en el que se derribe un poste.

Ejemplo: 8,25 seg.

■ **PRUEBA DE CARRERA DE OBSTÁCULOS.**

Objetivo:

Medir la agilidad de movimiento del ejecutante.

Material:

➤ 2 postes de 1,70 m de altura por 3 cm de ancho, situados a 4 m de distancia, y dos vallas de atletismo tipo estándar con una altura de 0,72 m y una separación de 6 metros. Una de las vallas tendrá dos listones colocados verticalmente a ambos lados, y con una altura desde el suelo de 1,70 m.

➤ Cronómetro.

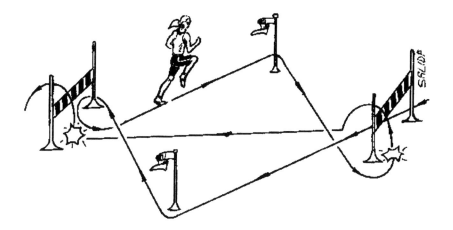

Instrucciones para el ejecutante:

Colócate en posición de salida alta detrás de la línea de partida, que se corresponde con la primera valla. Podrás elegir la posición desde la derecha o izquierda de la valla. A mi señal deberás realizar el recorrido indicado en la figura siguiente, desplazándote a la máxima velocidad, y siempre hacia el punto de encuentro opuesto, e introduciéndote en una valla por debajo y en dos ocasiones sobrepasándola por encima. Podrás realizar la prueba dos veces y se anotará el mejor tiempo realizado.

Instrucciones para el testador:

➤ Se permiten dos intentos con descanso intermedio de al menos 2 min; mientras tanto, otro alumno puede realizar la prueba.

➤ Se considerará nulo todo intento en el que el alumno derribe uno de los palos.

➤ Se anulará todo intento en el que el ejecutante se agarre a las vallas o postes.

Medida:

➤ Se registrará el tiempo empleado por el sujeto en acabar el recorrido, desde que se pone en marcha el cronómetro hasta que el ejecutante toca el suelo con uno o ambos pies tras sobrepasar la última valla.

➤ Se anotará el tiempo empleado en segundos décimas y centésimas.

Ejemplo: 10,38 seg.

■ PRUEBA DE CARRERA DE TACOS 4 x 9 METROS

Objetivo:

Medir la velocidad de desplazamiento y agilidad del sujeto.

Material:

➤ Terreno liso y llano, dos tacos de madera de 5 × 5 × 10 cm.

➤ Tiza y cronómetro.

Instrucciones para el ejecutante:

Sobre la pista hay dibujadas dos líneas paralelas separadas a una distancia de 9 metros. Colócate en posición de salida alta detrás de la primera línea y en dirección hacia la segunda, donde encontrarás en el suelo dos tacos de madera. Cuando oigas mi señal "listo ya" debes correr a la máxima velocidad hasta la segunda línea, coger un taco y volver a la primera línea para depositarlo en el suelo tras ella, y repetir la acción con el segundo taco. Podrás realizar la prueba dos veces.

Instrucciones para el testador:

➤ Los tacos deberán ser depositados en el suelo tras la línea y no arrojados o tirados.

➤ Se considerará el mejor de dos intentos.

Medida:

➤ Se cronometrará el tiempo empleado (en segundos, décimas y centésimas) en realizar los recorridos de ida y vuelta hasta haber depositado los dos tacos en la línea de salida.

Ejemplo: 8,82 seg.

PRUEBAS DE COORDINACIÓN

■ PRUEBA DE DESPLAZAMIENTO EN UN ZIG ZAG CON BALÓN

Objetivo:

Medir la coordinación dinámica general del sujeto.

Material:

➤ Terreno liso y llano, balón de balonmano, cinco postes de 1,70 m de altura y un cronómetro.

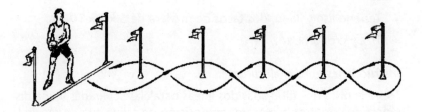

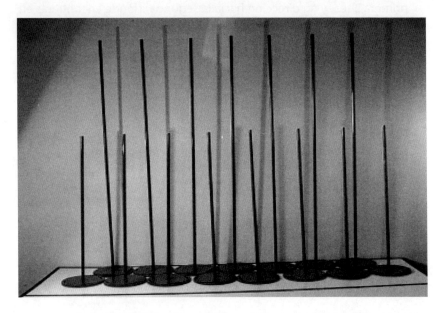

Postes de varias alturas para desplazamiento en zig zag con balón.

Instrucciones para ejecutante:

Colócate en posición de salida alta tras la línea de partida y mirando hacia el frente. A un metro de distancia, existirá un circuito que consiste en cinco postes alineados de 1,70 m. de altura, separados 2 m entre ellos y donde la distancia entre el último poste y el final del circuito será de 1 metro. Cuando oigas mi señal "listos ya" saldrás corriendo dejando el primer poste a tu izquierda, y realizando todo el recorrido botando el balón y desplazándote en zig zag sobre los cinco postes hasta sobrepasar la última línea, paralela a la de salida. El ejercicio continuará realizando el camino de vuelta en zig zag, pero, en este caso, deberás controlar el balón con el pie, hasta sobrepasar la línea inicial.

En el recorrido de ida botarás el balón de forma continuada, pudiendo utilizar una mano u otra indistintamente. Una vez acabado el recorrido de ida, tras sobrepasar al menos con un pie la línea de llegada, colocarás el balón en el suelo con la mano para iniciar el recorrido de vuelta. Igualmente, el obstáculo quedará a tu izquierda, y la conducción del balón la realizarás con un pie u otro indistintamente. Podrás realizar la prueba dos veces.

Instrucciones para el testador:

➤ Cerciorarse de que circuito está construido correctamente.

➤ Se anulará cualquier intento en el que ejecutantes tire un poste o no comience tanto en la ida como en la vuelta por el lado correcto.

Medida:

Se toma el tiempo empleado en realizar la prueba en segundos, décimas y centésimas, anotándose el mejor de dos intentos.

Ejemplo: 14,22 seg.

■ PRUEBA DE SLALOM CON BOTE DE BALÓN

Objetivo:

Medir la Coordinación dinámica global y la Coordinación óculo-manual a través de la habilidad en el manejo de un balón.

Material:

➤ Terreno liso, plano y antideslizante, donde se colocan cuatro postes alineados con separación entre ellos, y del primero a la línea de salida de 2 m.

➤ Tiza y cronómetro.

Instrucciones para el ejecutante:

Colócate detrás de la línea inicial en posición de salida alta, sosteniendo entre tus manos un balón de baloncesto. Al oír mi señal "listo ya" deberás realizar un recorrido de ida y vuelta en zig zag, botando el balón entre los postes. Podrás botar el balón indistintamente con una mano u otra. Si se te escapa el balón o tiras un poste el intento quedará anulado. Dispones de dos intentos.

Instrucciones para el testador:

➤ Cerciorarse de que el circuito está construido correctamente.

➤ Se anulará cualquier intento en el que el sujeto pierde el balón o tira un poste.

Medida:

➤ Se registrará el tiempo empleado por el ejecutante (segundos, décimas y centésimas) en realizar el recorrido de ida y vuelta hasta sobrepasar de nuevo la línea de salida.

Ejemplo: 10,58 seg.

■ TEST DE COORDINACIÓN DINÁMICA GENERAL

Objetivo:

Medir la coordinación dinámica global del sujeto.

Material:

➤ Cuerda de salto y cronómetro.

Instrucciones para el ejecutante:

Colócate en posición erguida con los pies juntos y los brazos estirados a lo largo del cuerpo. Las manos han de sujetar por los extremos una cuerda de 60 cm de longitud. Al oír mi señal "Ya" deberás saltar verticalmente pasando los pies por encima de la cuerda, sin soltarla y guardando el equilibrio. Realizarás cinco repeticiones. Ten en cuenta que no se contabilizará el intento en que la cuerda se suelte al saltar, si rozas con los pies, o si al caer descompones la postura perdiendo el equilibrio.

Instrucciones para el testador:

➤ No existe un tiempo determinado para la realización de esta prueba.

➤ La valoración se realizará sobre cinco ejecuciones.

➤ Previo al ejercicio, el alumno podrá realizar varios intentos de ensayo.

➤ El sujeto deberá saltar verticalmente pasando los pies por encima de la cuerda, sin soltarla, ni rozarla, guardando el equilibrio.

➤ Una vez equilibrado, se vuelve a adoptar la posición de partida.

Medida:

➤ Se registrará el número de ensayos no penalizados sobre los cinco intentos.

➤ Se penaliza si se suelta la cuerda al saltar, se roza con los pies, o si al caer se descompone la postura y no se queda en equilibrio.

Ejemplo: 4 éxitos.

PRUEBAS DE EQUILIBRIO

■ PRUEBA DE CAMINAR SOBRE UNA BARRA DE EQUILIBRIO

Objetivo:

Medir el equilibrio dinámico del sujeto.

Material:

➤ El material que se precisa para esta prueba consiste en una barra de equilibrio, un banco sueco (invertido presenta una viga de 4,5 cm de ancho, y está del suelo a 30 - 40 cm de altura), cronómetro.

Instrucciones para el ejecutante:

Colócate de pie sobre el extremo de una barra de equilibrio o un banco invertido, podrás apoyarte sobre un compañero de forma que tendrás el pie delantero justo detrás de la línea de salida.

Al oír mi señal "listo ya" comenzarás a caminar sobre la viga hasta una marca situada a 2 m de distancia. Una vez superada ésta, darás la vuelta para volver al punto de partida. Repetirás la acción de ejecución cuántas veces puedas hasta que pierdas el equilibrio y/o a caigas tocando el suelo u otra parte del banco. Podrás realizar dos intentos del ejercicio.

Instrucciones para el testador:

➤ Se realizarán dos intentos, anotándose el mejor resultado.

➤ No se permitirá realizar la prueba en el exterior si existe viento.

Medida:

➤ Se medirá la distancia recorrida por el ejecutante desde el inicio hasta el punto de bajada, con exactitud de 5 cm.

➤ Si el sujeto realiza ininterrumpidamente el ejercicio, se concluirá la tentativa a los 45 seg.

■ **PRUEBA DE EQUILIBRIO DE PICA SENTADO**

Objetivo:

Medir el equilibrio del sujeto con un objeto sobre el miembro superior.

Material:

➤ Pica o bastón de gimnasia rítmica (con un largo aproximado de 1,10 m, 2,5 cm de diámetro y un peso aproximado de 0,5 kg).

➤ Cronómetro.

Instrucciones para el ejecutante:

Colócate sentado en el suelo. Entre las manos mantendrás una pica que colocarás verticalmente sobre los dedos índice y corazón, a la vez que la sujetas lateralmente con la otra mano. Al oír mi señal "listo ya" deberás mantener el equilibrio de la pica verticalmente sobre los dedos, sin levantar los pies del piso, pero pudiendo apoyar la otra mano sobre el suelo. Ten en cuenta que no puedes separar los pies del suelo ni la mano de apoyo una vez comenzado el ejercicio.

Instrucciones para el testador:

➤ Se realizarán dos intentos valorándose el mejor de ellos.

➤ El ejecutante podrá realizar varios intentos previos a la prueba.

➤ Si el ejecutante mantiene el equilibrio, la prueba se interrumpirá a los 60 seg.

Medida:

➤ Se registrará el tiempo que transcurre desde la señal de inicio hasta que la pica caiga al suelo, o el sujeto cometa un error por el que se anule la ejecución.

Ejemplo: 26 seg.

■ PRUEBA DE EQUILIBRIO FLAMENCO

Objetivo:

Medir el equilibrio estático del sujeto.

Material:

➤ Viga de hierro de 50 cm de largo, 4 cm de alto y 3 cm de ancho.

➤ Cronómetro, sin vuelta a cero, de modo que cuente cada parada y continúe en marcha sucesiva.

Instrucciones para el ejecutante:

Colócate en posición erguida, con un pie en el suelo y el otro apoyado longitudinalmente sobre la viga de 3 cm de ancho. Flexiona la otra pierna hasta coger la parte posterior de pie con la mano del mismo lado (posición de flamenco). Hasta que empiece la prueba puedes apoyarte sobre mi antebrazo para guardar el equilibrio. El test comienza en el momento en el que sueltas mi brazo; trata de mantener el equilibrio el máximo tiempo posible. Cada vez que pierdas el equilibrio (agarres mi antebrazo o sueltes la pierna flexionada) se detendrá el cronómetro, y se conectará cuando vuelvas a estar en equilibrio; y así hasta que transcurra 1 minuto de equilibrio.

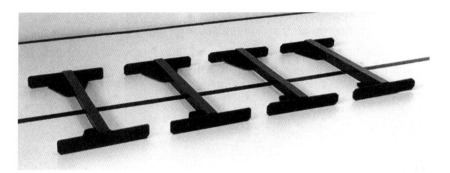

Vigas de apoyo para la prueba de equilibrio flamenco.

Instrucciones para el testador:

➤ Cerciorarse de que el alumno ha comprendido correctamente la ejecución de la prueba, haciendo hincapié en que el test se interrumpe en cada pérdida de equilibrio del sujeto, conectando inmediatamente el cronómetro cada vez que vuelva mantener el equilibrio de una forma continuada hasta un tiempo total de un minuto.

➤ Tras cada interrupción, debe ayudarse al sujeto a colocarse de nuevo en la posición correcta de partida.

➤ Se realizarán varios intentos previos antes de cronometrar al sujeto o de la prueba definitiva.

➤ Si el ejecutante cae más de 15 veces en los primeros 30 seg., se finaliza la prueba.

Medida:

Se contabilizará el número de intentos necesarios para guardar el equilibrio sobre la viga en un minuto.

Ejemplo: A un sujeto que necesita 6 intentos para conservar el equilibrio durante 1 min. se le otorga una pulsación de 6 puntos.

TABLAS DE REFERENCIA

A continuación se exponen los cuadros por edades y sexo de sujetos adolescentes con puntuaciones calculadas sobre los intervalos.

Es importante tener en cuenta que los dígitos asignados en cada tabla son sólo valores de referencia, y estos deberían ser retocados por cada docente o entrenador según las características del grupo.

Prueba de Resistencia: Test de Cooper

Intervalos	12 - 13 años Masculino	12 - 13 años Femenino	14 años - Masculino	14 - Femenino	15 años - Masculino	15 años - Femenino	16 años - Masculino	16 años - Femenino	17 - 18 años Masculino	17 - 18 años Femenino
1	1305	1216	1126	1191	1110	1440	1183	1425	2131	1886
2	1529	1374	1388	1406	1388	1637	1508	1568	2319	2019
3	1752	1532	1650	1622	1650	1833	1834	1710	2508	2152
4	1812	1690	1912	1837	1912	1870	2159	1853	2696	2285
5	1864	1740	2110	1920	2125	1950	2320	1900	2760	2340
6	1976	1848	2174	2053	2174	2030	2484	1995	2885	2418
7	2199	2006	2436	2268	2436	2226	2809	2138	3073	2551
8	2423	2164	2698	2484	2698	2423	3135	2280	3262	2684
9	2646	2322	2790	2699	2780	2619	3270	2423	3325	2817
10	2870	2480	2960	2915	2960	2816	3460	2565	3450	2950

Prueba de Resistencia: Test de Ruffier									
Intervalos	12 - 13 años Masculino	12 - 13 años Femenino	14 años - Masculino	14 - Femenino	15 años - Masculino	15 años - Femenino	16 años - Masculino	16 años - Femenino	17 - 18 años Masculino	17 - 18 años Femenino
1	23,3	25,0	21,2	23,5	22,8	23,7	21,0	20,4	15,0	20,0
2	21,4	23,0	19,3	21,5	20,2	21,5	18,4	19,1	13,6	18,0
3	19,6	21,1	17,5	19,6	17,6	19,4	15,8	17,8	12,3	16,1
4	17,7	19,1	15,6	17,6	15,0	17,2	13,2	16,5	11,0	15,0
5	16,8	18,1	14,7	16,6	13,7	16,1	11,9	15,9	9,7	14,1
6	15,8	17,1	13,7	15,6	12,4	15,0	10,6	15,2	8,4	12,1
7	14,0	15,1	11,9	13,6	9,8	12,9	8,0	12,0	7,0	10,1
8	12,1	13,1	10,0	11,6	7,2	10,7	5,4	11,0	5,7	8,1
9	10,3	11,2	8,2	9,7	5,8	8,6	5,0	8,1	5,1	6,2
10	8,4	9,2	6,3	7,7	5,1	6,4	4,8	6,2	4,4	5,1

Prueba de Resistencia: Prueba de Course navette									
Intervalos	12 - 13 años Masculino	12 - 13 años Femenino	14 años - Masculino	14 - Femenino	15 años - Masculino	15 años - Femenino	16 años - Masculino	16 años - Femenino	17 - 18 años Masculino	17 - 18 años Femenino
1	2,0	2,0	4,0	1,5	3,0	2,0	4,0	2,0	4,0	2,5
2	2,5	2,0	5,0	2,0	4,0	2,5	5,0	3,0	5,0	3,0
3	3,0	2,5	5,5	3,0	5,0	3,0	6,0	4,0	6,0	3,5
4	4,0	3,0	6,5	3,5	6,0	3,5	7,0	4,5	6,5	4,5
5	5,0	3,5	7,5	4,5	7,0	4,0	8,0	5,0	8,0	5,0
6	6,0	4,0	8,0	5,0	8,0	5,5	8,5	6,0	8,5	5,5
7	7,3	5,0	8,5	6,0	9,0	6,5	9,5	7,0	9,5	6,0
8	8,2	6,0	9,0	6,5	10,0	7,0	9,5	8,0	10,5	6,5
9	9,0	7,0	9,5	7,0	11,0	8,0	10,5	9,0	11,0	7,0
10	10,0	8,0	10,0	8,0	12,0	8,5	11,0	10,0	11,5	8,0

SELECCIÓN Y
PROTOCOLO
DE EJECUCIÓN

Prueba de Fuerza: Lanzamiento de balón medicinal

Intervalos	12 - 13 años Masculino	12 - 13 años Femenino	14 años - Masculino	14 - Femenino	15 años - Masculino	15 años - Femenino	16 años - Masculino	16 años - Femenino	17 - 18 años Masculino	17 - 18 años Femenino
1	278	274	275	263	378	300	432	314	470	321
2	316	308	340	306	435	338	478	368	520	362
3	354	342	370	349	491	376	524	422	570	403
4	392	376	405	392	548	440	570	453	620	444
5	411	393	437	450	576	471	593	476	645	485
6	430	410	470	478	604	490	616	530	670	526
7	468	444	535	521	661	528	662	584	720	567
8	506	478	600	564	717	566	708	638	770	608
9	544	512	665	607	774	604	754	692	820	649
10	582	546	730	650	790	680	810	746	870	690

Prueba de Fuerza: Abdominales en 30 seg.										
Intervalos	12 - 13 años Masculino	12 - 13 años Femenino	14 años - Masculino	14 - Femenino	15 años - Masculino	15 años - Femenino	16 años - Masculino	16 años - Femenino	17 - 18 años Masculino	17 - 18 años Femenino
1	19	17	23	20	26	22	30	23	31	24
2	21	19	25	21	28	23	31	24	32	26
3	23	21	28	23	29	24	32	26	34	27
4	25	23	30	24	31	25	33	27	35	28
5	27	24	31	26	33	27	34	28	36	29
6	26	25	32	27	34	28	35	30	37	30
7	28	27	34	28	36	30	36	31	38	31
8	30	29	36	30	37	32	37	32	40	32
9	31	30	39	31	38	33	38	33	41	33
10	33	31	41	33	39	35	39	34	42	34

SELECCIÓN Y
PROTOCOLO
DE EJECUCIÓN

Prueba de Fuerza: Salto horizontal

Intervalos	12 - 13 años Masculino	12 - 13 años Femenino	14 años - Masculino	14 - Femenino	15 años - Masculino	15 años - Femenino	16 años - Masculino	16 años - Femenino	17 - 18 años Masculino	17 - 18 años Femenino
1	129	104	131	107	144	111	162	135	169	145
2	142	114	146	118	156	122	173	143	178	152
3	155	125	162	129	168	132	184	150	187	160
4	168	136	169	140	180	143	195	158	196	167
5	174	142	175	146	192	148	200	161	205	169
6	181	147	182	151	204	153	206	165	214	174
7	194	158	193	163	216	164	217	173	223	182
8	207	168	209	174	228	174	228	180	232	190
9	213	179	214	179	235	185	239	188	241	195
10	220	190	224	185	240	195	250	195	250	208

Prueba de Velocidad: Carrera de 10 × 5 metros									
Intervalos	12 - 13 años Masculino	12 - 13 años Femenino	14 años - Masculino	14 - Femenino	15 años - Masculino	15 años - Femenino	16 años - Masculino	16 años - Femenino	17 - 18 años Masculino	17 - 18 años Femenino
1	25,05	25,72	24,84	25,51	24,32	23,66	22,89	23,97	20,81	23,82
2	23,89	24,92	23,68	24,71	23,16	22,79	21,59	22,81	20,32	22,66
3	22,72	24,11	22,51	23,90	21,99	21,92	20,29	21,64	19,83	21,49
4	21,56	23,31	21,35	23,10	20,83	21,48	19,99	20,48	19,34	20,33
5	20,39	22,51	20,18	22,30	19,66	21,05	19,11	19,31	18,85	19.10
6	19,22	21,71	19,01	21,50	18,49	20,18	18,68	19,14	18,36	18,99
7	18,06	20,91	17,85	20,70	18,33	19,31	17,38	18,98	17,07	17,83
8	16,89	20,10	16,68	19,89	16,16	18,43	16,08	17,81	15,38	16,06
9	15,73	19,30	15,52	19,09	15,00	16,69	14,77	16,65	14,89	15,50
10	14,56	18,50	14,35	18,29	13,83	15,82	13,47	14,48	13,40	14,33

SELECCIÓN Y
PROTOCOLO
DE EJECUCIÓN

Prueba de Velocidad: Carrera de 20 metros

Intervalos	12 - 13 años Masculino	12 - 13 años Femenino	14 años - Masculino	14 - Femenino	15 años - Masculino	15 años - Femenino	16 años - Masculino	16 años - Femenino	17 - 18 años Masculino	17 - 18 años Femenino
1	5,15	5,19	4,82	4,99	4,62	4,84	4,29	4,66	3,96	4,57
2	4,96	5,01	4,63	4,81	4,43	4,66	4,10	4,48	3,77	4,39
3	7,76	4,84	7,43	4,64	7,23	4,49	6,90	4,31	6,57	4,22
4	4,57	4,67	4,24	4,47	4,04	4,32	3,71	4,14	3,38	4,05
5	4,38	4,50	4,05	4,30	3,85	4,15	3,52	3,97	3,19	3,88
6	4,18	4,32	3,85	4,12	3,65	3,97	3,32	3,79	2,99	3,70
7	3,99	4,15	3,66	3,95	3,46	3,80	3,13	3,62	2,80	3,53
8	3,79	3,98	3,46	3,78	3,26	3,63	2,93	3,45	2,60	3,36
9	3,68	3,80	3,35	3,60	3,15	3,45	2,82	3,27	2,49	3,18
10	3,60	3,63	3,27	3,43	3,07	3,28	2,74	3,10	2,41	3,01

Prueba de Velocidad: Tapping con los brazos

Intervalos	12 - 13 años Masculino	12 - 13 años Femenino	14 años - Masculino	14 - Femenino	15 años - Masculino	15 años - Femenino	16 años - Masculino	16 años - Femenino	17 - 18 años Masculino	17 - 18 años Femenino
1	14,89	14,17	14,49	16,50	15,02	14,98	14,70	14,01	13,40	13,63
2	14,30	14,78	15,30	15,64	14,23	14,24	13,83	13,42	12,67	12,88
3	14,18	13,56	13,69	14,78	13,45	13,51	12,97	12,82	11,94	12,12
4	13,46	12,94	12,89	13,93	12,66	12,77	12,10	12,23	11,20	11,37
5	12,75	12,50	12,50	13,50	12,30	12,20	11,67	11,93	10,83	11,02
6	12,04	12,33	12,09	13,07	12,10	11,80	11,24	11,63	10,40	10,75
7	11,33	11,72	11,28	12,21	11,88	11,30	10,92	11,04	10,02	10,52
8	10,61	11,11	10,48	11,36	11,09	10,57	10,37	10,44	9,74	10,21
9	10,20	10,75	10,10	10,90	10,31	9,83	9,51	9,85	9,00	9,86
10	9,90	10,50	9,68	10,50	9,52	9,10	8,64	9,25	8,27	9,10

Prueba de Flexibilidad:
Rotación de hombros con bastón

Intervalos	12 - 13 años Masculino	12 - 13 años Femenino	14 años - Masculino	14 - Femenino	15 años - Masculino	15 años - Femenino	16 años - Masculino	16 años - Femenino	17 - 18 años Masculino	17 - 18 años Femenino
1	103	88	100	90	104	92	106	88	98	90
2	95	84	91	85	98	83	99	82	90	86
3	86	80	88	79	92	75	92	76	83	82
4	78	76	86	74	86	66	85	70	75	78
5	73	74	84	71	81	62	82	67	71	76
6	69	72	82	68	78	58	78	64	68	74
7	61	68	73	62	74	49	71	58	60	70
8	52	64	64	57	68	41	64	52	53	66
9	44	62	55	51	62	32	57	46	48	62
10	35	60	46	46	56	24	50	40	45	58

Prueba de Flexibilidad: Sit and reach									
Intervalos	12 - 13 años Masculino	12 - 13 años Femenino	14 años - Masculino	14 - Femenino	15 años - Masculino	15 años - Femenino	16 años - Masculino	16 años - Femenino	17 - 18 años Masculino	17 - 18 años Femenino
1	7	7	11	11	12	14	8	13	9	13
2	9	10	13	14	15	17	11	16	12	16
3	11	13	15	17	17	19	15	19	15	20
4	14	17	17	19	20	21	18	22	19	23
5	16	21	19	21	22	24	21	24	21	25
6	18	23	21	23	25	26	25	26	22	27
7	20	26	23	27	28	28	28	29	25	30
8	23	29	25	30	31	30	32	32	28	34
9	24	32	26	32	34	33	33	35	32	36
10	25	35	27	33	37	35	35	38	35	37

Prueba de Flexibilidad: Flexión profunda del cuerpo

Intervalos	12 - 13 años Masculino	12 - 13 años Femenino	14 años - Masculino	14 - Femenino	15 años - Masculino	15 años - Femenino	16 años - Masculino	16 años - Femenino	17 - 18 años Masculino	17 - 18 años Femenino
1	10	14	16	11	22	13	10	17	21	12
2	14	17	19	17	25	19	16	20	24	16
3	18	21	23	23	28	24	21	23	27	20
4	22	25	27	28	31	27	27	26	29	24
5	24	27	29	31	33	30	32	28	31	27
6	26	29	31	36	35	35	34	30	34	29
7	29	32	34	42	37	41	37	32	37	33
8	33	35	37	48	39	46	43	35	41	36
9	37	37	39	54	40	52	45	38	44	39
10	41	39	41	60	41	57	48	41	47	41

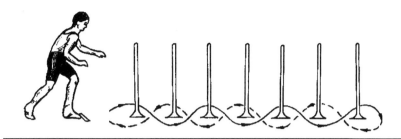

Prueba de Agilidad: Slalom

Intervalos	12 - 13 años Masculino	12 - 13 años Femenino	14 años - Masculino	14 - Femenino	15 años - Masculino	15 años - Femenino	16 años - Masculino	16 años - Femenino	17 - 18 años Masculino	17 - 18 años Femenino
1	13,8	13,7	11,26	12,76	10,57	11,29	10,53	10,88	10,04	11,22
2	13,37	13,40	11,02	12,51	10,43	11,09	10,36	10,72	9,75	11,06
3	12,94	13,10	10,79	12,25	10,29	10,89	10,19	10,56	9,46	10,90
4	12,51	12,80	10,55	12,00	10,15	10,69	10,02	10,40	9,17	10,74
5	12,08	12,50	10,32	11,49	10,01	10,49	9,85	10,34	9,00	10,58
6	11,65	12,20	10,08	11,23	9,88	10,30	9,68	10,24	8,88	10,42
7	11,22	11,91	9,84	10,98	9,74	10,10	9,51	10,08	8,59	10,26
8	10,79	11,61	9,61	10,72	9,60	9,90	9,34	9,92	8,30	10,10
9	10,36	11,31	9,37	10,47	9,46	9,76	9,17	9,76	8,01	9,94
10	9,93	11,01	9,14	10,21	9,32	9,62	9,00	9,60	7,72	9,78

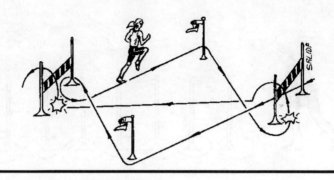

Prueba de Agilidad: Carrera de obstáculos

Intervalos	12 - 13 años Masculino	12 - 13 años Femenino	14 años - Masculino	14 - Femenino	15 años - Masculino	15 años - Femenino	16 años - Masculino	16 años - Femenino	17 - 18 años Masculino	17 - 18 años Femenino
1	16,68	17,57	16,40	16,77	16,25	16,26	15,97	16,08	15,82	15,97
2	15,72	16,68	15,44	15,88	15,29	15,37	15,01	15,19	14,86	15,08
3	14,76	15,79	14,48	14,99	14,33	14,48	14,05	14,30	13,90	14,19
4	13,80	14,89	13,52	14,09	13,37	13,58	13,09	13,40	12,94	13,29
5	12,84	14,00	12,56	13,20	12,41	12,69	12,13	12,51	11,98	12,40
6	11,88	13,11	11,60	12,31	11,45	11,80	11,17	11,62	11,02	11,51
7	10,92	12,21	10,64	11,41	10,49	10,90	10,21	10,72	10,06	10,61
8	10,45	11,98	10,17	11,18	10,02	10,67	9,74	10,49	9,59	10,38
9	10,01	11,66	9,73	11,01	9,58	10,50	9,30	10,32	9,15	10,21
10	9,96	11,32	9,68	10,75	9,53	10,24	9,25	10,06	9,10	9,95

Prueba de Agilidad: Carrera de tacos 4 × 9 metros

Intervalos	12 - 13 años Masculino	12 - 13 años Femenino	14 años - Masculino	14 - Femenino	15 años - Masculino	15 años - Femenino	16 años - Masculino	16 años - Femenino	17 - 18 años Masculino	17 - 18 años Femenino
1	12,00	14,13	11,85	14,02	11,69	13,87	11,55	13,76	11,44	13,65
2	11,70	13,68	11,55	13,57	11,39	13,42	11,04	13,31	10,93	13,20
3	11,54	13,23	11,39	13,12	11,23	12,97	10,90	12,86	10,79	12,75
4	11,39	12,79	11,24	12,68	11,08	12,53	10,77	12,42	10,66	12,31
5	11,24	12,09	11,09	11,98	10,93	11,83	10,61	11,72	10,50	11,61
6	11,15	12,21	11,00	12,10	10,84	11,95	10,50	11,84	10,39	11,73
7	11,09	12,34	10,94	12,23	10,78	12,08	10,37	11,97	10,26	11,86
8	10,93	11,89	10,78	11,78	10,62	11,63	10,24	11,52	10,13	11,41
9	10,78	11,45	10,63	11,34	10,47	11,19	10,10	11,08	9,99	10,97
10	10,63	11,00	10,48	10,89	10,32	10,74	9,97	10,63	9,86	10,52

SELECCIÓN Y
PROTOCOLO
DE EJECUCIÓN

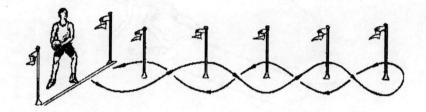

Prueba de Coordinación:
Desplazamiento en zig zag con balón

Intervalos	12 - 13 años Masculino	12 - 13 años Femenino	14 años - Masculino	14 - Femenino	15 años - Masculino	15 años - Femenino	16 años - Masculino	16 años - Femenino	17 - 18 años Masculino	17 - 18 años Femenino
1	16,60	21,52	15,59	21,25	14,28	16,10	14,00	15,41	13,85	15,26
2	16,20	20,83	15,26	20,50	13,81	15,80	12,12	15,08	11,97	14,93
3	15,79	20,15	14,94	19,75	13,34	15,50	11,74	14,75	11,59	14,60
4	15,38	19,46	14,61	19,00	12,86	15,20	11,37	14,42	11,22	14,27
5	15,18	19,11	14,28	18,62	12,62	15,05	10,99	14,09	10,84	13,94
6	14,97	18,77	13,96	18,25	12,39	14,90	10,62	13,76	10,47	13,61
7	14,56	18,08	13,63	17,50	11,92	14,60	10,24	13,43	10,09	13,28
8	14,16	17,39	13,30	16,74	11,44	14,30	9,86	13,10	9,71	12,95
9	13,75	16,70	12,97	15,99	10,97	14,00	9,48	12,77	9,33	12,62
10	13,34	17,39	12,65	15,24	11,44	14,15	9,10	14,44	8,95	14,29

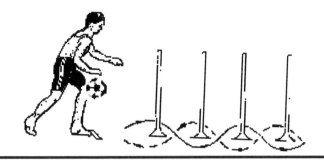

Prueba de Coordinación: Slalom con bote de balón									
Intervalos	12 - 13 años Masculino	12 - 13 años Femenino	14 años - Masculino	14 - Femenino	15 años - Masculino	15 años - Femenino	16 años - Masculino	16 años - Femenino	17 - 18 años Masculino	17 - 18 años Femenino
1	15,16	16,41	15,78	16,00	12,60	15,48	12,15	13,27	11,91	12,82
2	14,14	15,21	14,37	14,58	11,80	14,06	11,35	12,35	11,04	11,90
3	13,12	14,02	12,96	13,16	11,00	12,64	10,55	11,43	10,17	10,98
4	12,10	12,83	11,54	11,75	10,20	11,23	9,75	10,51	9,29	10,06
5	11,08	12,36	10,83	11,04	9,80	10,52	9,35	10,04	8,85	9,59
6	10,06	11,63	10,13	10,33	9,40	9,81	8,95	9,58	8,42	9,13
7	9,04	10,44	8,72	8,92	8,59	8,40	8,14	8,66	7,55	8,21
8	8,67	9,98	7,31	8,44	7,79	7,92	7,34	8,32	6,68	7,87
9	8,36	9,48	7,02	8,02	7,33	7,50	6,88	8,00	6,24	7,55
10	8,02	9,24	6,33	7,50	6,99	6,98	6,54	7,74	5,81	7,29

Prueba de Coordinación: Coordinación D.G. con cuerda										
Intervalos	12 - 13 años Masculino	12 - 13 años Femenino	14 años - Masculino	14 - Femenino	15 años - Masculino	15 años - Femenino	16 años - Masculino	16 años - Femenino	17 - 18 años Masculino	17 - 18 años Femenino
1	1	1	1	1	1	2	2	2	2	2
2	2	2	2	2	2	3	3	3	3	3
3	3	3	3	3	3	3	3	3	3	3
4	3	3	4	3	4	4	4	4	4	4
5	4	4	5	4	5	5	5	5	5	5

Intervalos	12 - 13 años Masculino	12 - 13 años Femenino	14 años - Masculino	14 - Femenino	15 años - Masculino	15 años - Femenino	16 años - Masculino	16 años - Femenino	17 - 18 años Masculino	17 - 18 años Femenino
Prueba de Equilibrio: Caminar sobre barra de equilibrio										
1	1,0	2,4	2,0	2,3	2,8	1,7	3,0	2,0	3,5	2,0
2	3,6	4,6	5,1	5,3	5,4	4,6	5,0	4,8	5,6	4,4
3	6,2	6,7	8,1	8,4	8,4	7,6	11,0	7,6	7,6	6,8
4	8,9	8,9	9,8	9,6	10,1	10,5	12,0	10,4	9,7	9,2
5	10,2	11,1	11,2	11,4	11,5	13,4	13,0	13,2	13,8	12,0
6	11,5	12,2	14,3	14,5	14,6	16,4	15,0	16,0	15,8	14,0
7	14,1	13,3	17,4	17,5	17,7	19,3	20,0	18,8	17,9	16,4
8	16,7	15,5	20,4	20,5	20,7	22,2	23,8	21,6	19,9	18,8
9	17,9	17,6	21,2	21,4	21,5	25,1	27,2	24,4	22,0	21,2
10	19,3	22,0	23,5	23,6	23,8	28,1	31,0	27,2	24,0	23,6

Prueba de Equilibrio: Equilibrio de pica sentado

Intervalos	12 - 13 años Masculino	12 - 13 años Femenino	14 años - Masculino	14 - Femenino	15 años - Masculino	15 años - Femenino	16 años - Masculino	16 años - Femenino	17 - 18 años Masculino	17 - 18 años Femenino
1	2	1	1	1	2	2	2	2	15	1
2	3	1	6	1	7	8	8	6	21	6
3	4	2	7	2	11	12	12	9	27	8
4	5	3	8	3	14	14	16	12	32	10
5	6	4	9	4	17	16	20	15	35	13
6	7	6	13	7	19	19	25	19	38	19
7	10	8	19	12	25	25	31	25	40	25
8	12	11	25	18	31	31	37	31	43	31
9	15	13	31	23	37	37	43	37	49	36
10	18	15	36	29	43	43	48	43	54	42

Prueba de Equilibrio: Equilibrio flamenco

Intervalos	12 - 13 años Masculino	12 - 13 años Femenino	14 años - Masculino	14 - Femenino	15 años - Masculino	15 años - Femenino	16 años - Masculino	16 años - Femenino	17 - 18 años Masculino	17 - 18 años Femenino
1	18	19	19	18	19	19	17	17	21	20
2	16	16	17	16	17	16	15	14	18	16
3	14	15	14	13	14	14	12	12	15	13
4	12	13	11	11	11	11	10	9	12	10
5	10	11	9	10	9	7	7	7	7	6
6	9	8	8	8	8	6	6	6	6	5
7	8	6	7	7	7	5	5	5	5	4
8	7	4	6	4	6	4	4	4	4	3
9	5	2	3	2	3	3	2	3	3	2
10	3	0	0	0	0	2	0	0	2	1

SELECCIÓN Y
PROTOCOLO
DE EJECUCIÓN

ABREVIATURAS

AF	Aptitud Física
ATP	Adenosín Trifosfato
BOE	Boletín Oficial del Estado
BOJA	Boletín Oficial de la Junta de Andalucía
CDC	Centro de Convenio
CEPID	Centro de Estudios, Planificación e Investigación Deportiva
CF	Condición Física
CP	Colegio Privado
CPC	Colegio Privado Concertado
CSD	Consejo Superior de Deportes
CSIC	Consejo Superior de Investigaciones Científicas
CV	Capacidad Vital
cent.	Centésimas
cm	Centímetros
déc.	Décimas
EF	Educación Física
EF y D	Educación Física y Deportes
EGB	Educación General Básica
ESO	Educación Secundaria Obligatoria
Ed.	Editorial
FC	Frecuencia Cardíaca
GEL	Gran Enciclopedia Larousse
h.	Hora
HSTI	Índice de Prueba de Paso de Harvard
ICEPSS	Instituto Canario de Estudios y Promoción Social y Sanitaria
IEF	Índice de Eficiencia Física
IES	Instituto de Educación Secundaria

INCE	Instituto Nacional de Calidad y Evaluación
INEF	Instituto Nacional de Educación Física
IRV	Índice de Resistencia a la Velocidad
JJAA	Junta de Andalucía
kg	Kilogramos
km.	Kilómetros
LOGSE	Ley de Ordenación General del Sistema Educativo
m	Metros
MEC	Ministerio de Educación y Ciencia
min.	Minutos
ml	Mililitros
NEE	Necesidades Educativas Especiales
N/c	No contesta
N°	Número
OM	Orden Ministerial
OMS	Organización Mundial de la Salud
PAF	Pruebas de Aptitud Física
PAM- MPA	Potencia Aeróbica Máxima
PC	Fosfocreatina
p/min.	Pulsaciones por minuto
Pág.	Página
RD	Real Decreto
Rev.	Revista
S/f	Sin fecha
S/p	Sin publicar
seg.	Segundos
TMBF	Tiempo Medio de Buen Funcionamiento
VAM	Velocidad Aeróbica Máxima
VEMS	Volumen Espiratorio Máximo
$V_{máx.}$	Ventilación Máxima
$\dot{V}O_{2\,máx.}$	Máximo Consumo de Oxígeno
$\dot{V}O_2$	Consumo de Oxígeno
Vol.	Volumen

BIBLIOGRAFÍA

AAPHERD (1982). Americam Association for Health, Physical Education and Recreación and Dance. Batería de Test: AAPHERD.

ÁLVAREZ DEL VILLAR, C. (1987). *La preparación física del fútbol basada en el atletismo.* Madrid, Gymnos.

ANÓ, V. (1997). *Planificación y organización del entrenamiento Juvenil.* Madrid, Gymnos.

ARMSTRONG, N.; BALDING, J.; GENTLE, P. y KIRBY, B. (1990). Patterns of Physical activity among 11 to 16 year old British children. *British Medical Journal.* Nº 301, 203-205.

ARTÓ POLANCO, Y.; ANDRÉS SOTO, L.M.; BARRIO SEVILLANO, C.; FERNÁNDEZ NARVONA, J.M.; GARCÍA FERNÁNDEZ, M.L.; MOLLA GONZÁLEZ, A.; SOLAR PASTOR, J.M.; ANTOLINO BLANCO, A.; (1992). *La Educación Física en Secundaria. Su práctica.* Zaragoza, CEPID.

ASTRAND, P. O. y RODAHL K. (1991). *Fisiología del trabajo físico. Bases fisiológicas del ejercicio.* Buenos Aires, Panamericana.

AUSTE, N. (1994). *Cómo entrenar la resistencia.* Barcelona, Hispano-Europea.

BAITSCH H., HANS-ERHARD B., BOLTE M., BOKLER W., GRUPE O., WOLFGANG HEIDDAN, H. y LOTZ F. (1974). *El deporte a la luz de la ciencia, perspectivas, aspectos, resultados.* Madrid, Instituto Nacional de Educación Física.

BARBANY, J.R. (1990). *Fundamentos de fisiología del ejercicio y del entrenamiento.* Barcelona, Barcanova.

BARBIERI, C.O. y col. (1995). *Informe final de proyecto antropométrico. Torneos Juveniles Bonaerenses, final provincial.* Buenos Aires.

BARRERA EXPÓSITO J. y SALAZAR ALONSO, S. (1.998). *Educación Física para la E.S.O..* Málaga, Ágora.

BARRERA EXPÓSITO, J. (1998). Estudio exploratorio antropométrico de una población infantil de 9 a 12 años de edad, realizado en 4 colegios de la provincia de Málaga. *Tesis doctoral.*

BARROW H. M.; MCGEE R. y TRISCHLER. K. (1964). Practical measurement in physical education and sport.

BLÁZQUEZ SÁNCHEZ, D. (1990). *Evaluar en Educación Física*. Barcelona, Inde.

BOA DE JESUS, J.M. (1982). Description of adolescent schoolchildren Portugal brief introduction the project. *Evaluation of motor fitness*. Belgium, Council of Europe committee for development of Sport. 199-212.

BOSCO, C. (1994). *La valoración de la fuerza con el test de Bosco*. Barcelona, Paidotribo.

BUCETA, J. M. (1998). *Variables psicológicas relacionadas con el rendimiento físico y deportivo*. Madrid, Curso de Master Universitario en Psicología de la Actividad Física y el Deporte.

BUCETA, J. M. y col. (1988). *Técnicas e intervención psicológica para la mejora del rendimiento físico y deportivo*. Madrid, Curso de Master Universitario en Psicología de la Actividad Física y el Deporte.

BUCETA, J. M. y col. (1988). *Evaluación psicológica en el contexto de la actividad física y el deporte*. Madrid, Curso de Master Universitario en Psicología de la Actividad Física y el Deporte.

BUCETA, J. M. (1998). *Psicología del entrenamiento deportivo*. Madrid, Dykinson.

CALE, L. (1998). Monitoring young people´s Physical Activity. *The British Journal of Physical Education*. N° 213, 28-30.

CALZADA, A. (1995). *Evaluación en centros docentes y deportivos*. Madrid, Gymnos.

CASIMIRO ANDUJAR, A. (1999). Comparación, evolución y relación de hábitos saludables y nivel de condición física-salud en escolares entre final de educación primaria (12 años) y final de educación secundaria (16 años). *Tesis doctoral*.

CASTEJÓN, F. J. (1.996). *Evaluación de programas en Educación Física*. Madrid, Gymnos.

CEPID. (1.989). *Bases para una nueva Educación Física*. Zaragoza, Centro de estudios, planificación e investigación deportiva.

COOPER, D. M. (1994). Evidence for and mechanisms of exercise modulation of growth: an overview. *Medicine and science in sports and exercise*. N° 26.6, 733-740.

CONCONI F.; FERRARI M.; ZIGLIO P.G.; DROGHETTI P.; CODECA L. (1982). Determination of the anaerobic thereshold by noninvasive field test in runners. *Journal Aplied Physical*. Vol. 52, 869-873.

CLAPAREDE, E. (1932). *La Educación funcional*. Madrid, Espasa-Calpe.

CONSEJERÍA DE EDUCACIÓN Y CIENCIA DE LA JUNTA DE ANDALUCÍA. (1989). Diseño Curricular Base, C.E.J.A.

CONSEJO SUPERIOR DE DEPORTES. (1979). *Orientaciones sobre Evaluación Objetiva en Educación Física.* Madrid, Ministerio de Cultura.

CORBELLA, M. (1993). Educación para la salud en la escuela. Aspectos a evaluar desde la E.F. *Apunts.* N° 31, 55-61.

CORBIN, C. (1987). Youth fitness, exercise and health: there is much to be done. *Research Quarterly for Exercise and Sport.* N° 58, 308-311.

COUNCIL OF EUROPE. COMMITEE FOR THE DEVELOPMENT OF SPORT. (1988). European test of physical fitness Eurofit. Roma, Edigraf.

DALMONTE, A. (1990). Organización y control del rendimiento deportivo. Unisport, N° 14, 3-7. Málaga.

DECRETO 106/92 DE ENSEÑANZAS MÍNIMAS. Área de Educación Física. Sevilla. Junta de Andalucía. (B.O.J.A. de 9 de junio de 1992).

DELGADO, M. (1997). El entrenamiento de las cualidades físicas en la enseñanza obligatoria. *Habilidad Motriz.* N° 9, 15-26.

DIAZ LUCEA, J. (1993). *Unidades didácticas para secundaria. De las habilidades básicas a las habilidades específicas.* Colección: La Educación Física en la Reforma. Barcelona, Inde.

DÍAZ OTÁÑEZ, J. (1988). *Evaluación y estadística aplicada a la educación física y el entrenamiento.* Argentina, Jado.

DÍAZ OTÁÑEZ, J. (1988). *Introducción a la investigación.* Argentina, Jado.

EGWIS, M. O. (1996). The musculoskeletal effect of intense physical training of non-athletic youth corps conscripts. *British Journal of Sport Medicine.* N° 30, 112-115.

FACULTAD DE CIENCIAS DE LA ACTIVIDAD FÍSICA Y EL DEPORTE. (1.998). *Guía informativa. Granada.* Universidad de Granada.

FARRALLY, R. M. (1982). The physical fitness of Scottish schoolboys aged 13 and 17 years. *Evaluation of motor fitness.* Belgium, Council of Europe committee for development of Sport. 93-108.

FERNÁNDEZ CALERO, G. y NAVARRO ADELANTADO, V. (1.989). *Diseño Curricular de la Educación Física.* Barcelona, Inde.

FETZ, F. y KORNEXL, E. (1976). *Test deportivo motores.* Argentina, Kapelusz.

FOSTER C.; AMY J. CROWE; ERIN DAINES; MAURICE DUMIT; MEGAN A. GREEN; STACEY LETTAU; NANCY N. THOMPSOM y JEAN WEYMIER. (1996). Predicting functional capacity during treadmill testing independent of exercise protocol. *Medicine and Science in Sport an Exercise.* Vol. 28. N°6, 752-756.

FOX, L. E. (1987). *Fisiología del deporte.* S/f.

FREUDIGER, U. (1982). A General Physical Fitness Test. *Evaluation of Motor Fitness.* Belgium, Council of Europe committee for the development of Sport. 213-214.

GARCÍA MANSO, J. M.; NAVARRO VALDIVIESO, M. y RUIZ CABALLERO, J. A. (1996). *Pruebas para la valoración de la capacidad motriz en el deporte. Evaluación de la condición física*. Madrid, Gymnos.

GARTH FISHER, A. y col. (1996). *Test y pruebas físicas*. Barcelona, Paidotribo.

GONZÁLEZ HALCONES, M. A. (1999). *Manual para la evaluación de la educación física*. Madrid, Escuela española.

GONZALO GALLEGO, J. (1992). *Fisiología de la actividad física y del deporte*. Madrid, McGraw Hill.

GRAN ENCICLOPEDIA LAROUSSE. (1991). Barcelona, Planeta.

GRAS GARCÍA, E. (1985) Tipificación y baremación de test de Flexibilidad, Equilibrio y Velocidad. De Edwin a Fleishman en una muestra de estudiantes de Educación Física (II). *Revista Española de Educación Física y Deportes*. N° 5, 12-16.

GROSSER, M. y MÚLLER, H. (1992). *Desarrollo muscular. Un nuevo concepto de musculación. (Power-stretch)*. Barcelona, Hispano-Europea.

GROSSER, M. (1992). *Entrenamiento de la velocidad. Fundamentos, métodos y programas*. Barcelona, "Deportes técnicas", Martínez Roca.

GROSSER, M.; STARISCHKA, S. y ZIMMERMANN, E. (1988). *Principios del entrenamiento deportivo. Teoría y práctica en todas las especialidades deportivas*. Barcelona. "Deportes técnicas", Martínez Roca.

GROSSSER, M. y STARISCHKA S. (1988). *Test de la Condición Física*. Barcelona, "Deportes técnicas" Martínez Roca.

GUSI, N. y FUENTES, J.P. (1999). *Valoración y entrenamiento de la fuerza-resistencia abdominal: validez comparativa y reproductibilidad de tres pruebas de evaluación en tenistas. Apunts*, N° 55, 55-59.

HARRE, D. (s/f). *Teoría del entrenamiento deportivo*. Buenos Aires, Stadium.

HARRIS, J. (1998). Monitoring Achievement in Health-Related Exercise. *The British Journal of Physical Education*. 31-32.

HEYWARD, V. (1996). *Evaluación y prescripción del ejercicio*. Barcelona, Paidotribo.

HONTECILLAS, M. (1993). Características de un programa de fitness. Aumento de la fuerza muscular, mejora de la capacidad cardiovascular. *Dirección deportiva – Fitness*, N° 25.

HTTP://w.w.w.femede.es/Americatotal.htm

INSTITUTO BONAERENSE DEL DEPORTE (S/f). *Programa de Evaluación, Diagnostico e Investigación de la aptitud física y la salud*. Buenos Aires.

INSTITUTO NACIONAL DE EDUCACIÓN FÍSICA. (S/f). *Convocatoria de pruebas de acceso al INEF. Anexo sobre pruebas de aptitud física*. Madrid, Instituto Nacional de Educación Física.

INSTITUTO NACIONAL DE EDUCACIÓN FÍSICA. (1993). *Pruebas de evaluación de las aptitudes físicas. Anexo curso 1993/94.* Madrid, Instituto Nacional de Educación Física.

J.J.A.A, CONSEJERÍA de EDUCACIÓN y CIENCIA. (1.995). *Decreto de Educación Secundaria Obligatoria - Área de Educación Física.* Sevilla, Dirección General de Promoción y Evaluación Educativa.

JAVIERRE C.; ÁLVAREZ A.; CALVO M.; RIERA J.; VENTURA J.C. (1993). Valoración del test de 3.000 m como indicador de la evolución de la potencia aeróbica. *Apunts.* Vol. 30, 265-269.

KUJALA, U.M.; VILJANEN, T.; TÁIMELA, S. y VIITASALO, J.T. (1994). Physical activity, $\dot{V}O_{2\,máx}$, and jumping hight in an urban population. *Medicine and Science in Sports and Exercise.* Vol. 26, 889-894.

JOVEN MARIED, J.; VILLABONA ARTERO, C.; JULIÁ SERDÁ, G. y GONZÁLEZ-HUIX LLADÓ, F. (1986). *Diccionario de Medicina.* Barcelona, Marín.

DAVIS, K.; THOMAS C. ROBERTS; REX R. SMITH; FRANK ORMOND III; SHELLIE Y.PFOHL; MICHAEL BOWILING. (1994) . North Carolina children and Youth Fitness Study. *The Journal of Physical Education, Recreation y Dance.* Vol. 65, 65-72.

LAMB, D. R. (1989). *Fisiología del ejercicio. Respuestas y Adaptaciones.* Madrid, Pila Teleña.

LANGLADE, A. y LANGLADE, N. (1970). *Teoría general de la gimnasia.* Buenos Aires, Stadium.

LEGIDO, J.C.; SEGOVIA, J.C. y BALLESTEROS J.M. (1995). *Valoración de la condición física por medio de test.* Madrid, Ediciones pedagógicas.

LINARES GIRELA, D. (1992). Valoración morfológica y funcional de los escolares andaluces de 14 a 17 años. *Tesis doctoral.*

LITWIN J. y FERNÁNDEZ G. (1984). *Evaluación y estadísticas aplicadas a la educación física y el deporte.* Buenos Aires, Stadium.

LÓPEZ DE LA LLAVE, A.; PEREZ-LLANTADA, Mª. C.; BUCETA, J.M. (1999). *Investigaciones breves en Psicología del Deporte.* Madrid. Dykinson.

LÓPEZ PASTOR, V.M. (2000). Buscando una evaluación formativa en educación física: Análisis crítico de la realidad existente, presentación de una propuesta y análisis general de su puesta en práctica. *Apunts.* N° 62, 16-26.

MACCARIO, B. (1989). *Teoría y práctica de la evaluación de las actividades físicas y deportivas.* Buenos Aires, Lidian.

MANAGUA, J. A. (2000). Entrevista a Augusto Pila Teleña. *La Revistilla de Educación Física y Deporte.* Madrid, Pila Teleña. N° 6, 16-17

MARTÍNEZ LÓPEZ, E.J. (2001). *La Evaluación informatizada en la Educación Física de la E.S.O.* Barcelona, Paidotribo.

MATEO VILA, J. (1993). Medir la forma física para evaluar la salud. *Apunts*, N° 31, 70-75.

MATEO VILA, J. (1990). La batería Eurofit como medio de detección de talentos. *Apunts*. N° 22, 59-68.

MACDOUGALL, J.D. (1993). Los test de rendimiento del deportista. *Sport y Medicina*. Nov-dic. 24-32.

MERCURIAL, J. (1973). *Arte gimnástico*. Madrid, Instituto Nacional de Educación Física.

MONOD, H. y FLANDROIS, R. (1986). *Manual de Fisiología del deporte. Bases fisiológicas de las actividades físicas y deportivas*. México, Masson.

MONTEIRO, H.L. y GONCALVES, A. (1994). Salud colectiva y actividad física: Evolución de las principales concepciones y prácticas. *Revista de Ciencias de la Actividad Física*. Chile. Vol. 2, N° 3, 33-45.

MORAS, G. (1992). Análisis crítico de los actuales tests de flexibilidad. Correlación entre algunos de los tests actuales y diversas medidas antropométricas. *Apunts*. Vol. 29, 127-137.

MOREHOUSE, E. L. y MILLER J. R. (1976). *Fisiología del ejercicio*. Buenos Aires, Ateneo.

MORGENSTEN, R.; PORTA, J.; RIBAS, J.; PARRENO, J.L.; RUANO-GIL, D. (1992). Análisis comparativo del test de Bosco con técnicas de video en 3 D (Paek performance). *Apunts*. Vol. 29, 225-231.

NAVARRO, E. y COL. (1997). Aplicación y seguimiento mediante análisis biomecánico del entrenamiento de la fuerza explosiva. *Investigación en ciencias del deporte*. Madrid, Consejo Superior de Deportes.

NORTES CHECA, A. (1991). *Estadística*. Madrid. D. M.

ORTEGA DIEZ, J. (2000). ¿Pruebas para calificar a los alumnos? *La Revistilla de Educación Física y Deporte*. Madrid. N° 5, 13.

PADRÓ, A.C.; RIVERA, A. (1996). El concepto de "Fitness". Terminología relacionada a la aptitud. *Archivos de medicina del deporte*. Puerto Rico. Vol. 13. N° 53, 223-224.

PAISH, W. (1992). *Entrenamiento para alcanzar el máximo rendimiento*. Madrid, Tutor.

PÉREZ CERDÁN, J. P. (1998). *Libro de texto de Educación Física. Primer ciclo de E.S.O. Libro del alumno*. Salamanca. Kip ediciones.

PÉREZ CERDÁN, J.P. (1998). *Libro de texto de Educación Física. Segundo ciclo de E.S.O. Libro del alumno*. Salamanca. Kip ediciones.

PÉREZ ZORRILLA M.J.; GARCÍA GALLO-PINTO, J. y GIL ESCUDERO, G. (1995). *Evaluación de la Educación física en primaria*. Madrid, Instituto Nacional de Calidad y Evaluación.

PILA TELEÑA, A. (1988). *Educación físico deportiva, enseñanza-aprendizaje. Didáctica.* Madrid, Pila Teleña.

PLATANOV, V. N. (1991). *La adaptación al deporte.* Barcelona, Paidotribo.

PORTELA SUAREZ, J. M. (1986). Consideraciones sobre cómo desarrollar y mantener niveles de aptitud física. *Colegio General de profesores y licenciados de educción física de España.* Madrid. Editado originalmente en Boletín Internacional de educación física de Puerto Rico.

REEK ARNOLD; BARBANY; BIENJARZ, I.; CARRANZA, M.; FUSTER, J.; HERNANDEZ, J.; LAGARDERA, F.; ORTEGA, E.; PORTA, J.; PARTA, P. y ROUBA P. (1.985). *La educación física en las enseñanzas medias. Teoría y práctica.* Barcelona. Paidotribo.

REYES, A. y TERRON, J.L. (S/f). *Test para evaluar la aptitud física y la performance.* S/p.

RICOY BUGARIN, J. A. (2000). La Evaluación en Educación Física. *La Revistilla de Educación Física y Deporte.* Madrid. Pila Teleña. N° 6, 11-12.

RIVAS, J. (1990). Trabajo experimental: Test General de Aptitud Motriz. *Revista de Educación Física (COPLEF).* Madrid. 18-25.

RODRÍGUEZ ALLEN, A. (1998). Estudio de las causas del abandono de la práctica deportiva habitual en la población de 14, 15, y 16 años. *Tesis doctoral.*

RODRÍGUEZ GUISADO, F.A. (1997). Actividad física, condición física y salud: conceptos y criterios generales. *Salud, deporte y educación.* Las Palmas. ICEPSS. 415-431.

RUIZ PEREZ, L. M. (1987). *Desarrollo motor y actividades físicas.* Madrid, Gymnos.

SAINZ VARONA, R.M. (1996). *La batería Eurofit en Euskadi.* Euskadi, Instituto Vasco de Educación Física.

SÁNCHEZ BAÑUELOS, F. (1986). *Didáctica de la Educación Física y el Deporte.* Madrid, Gymnos.

SÁNCHEZ BLAZQUEZ, D. (1990). *Evaluar en Educación Física.* Barcelona, Inde.

SALLIS, J.F. y MCDENZIE, T.L. (1991). Physical education´s role in public health. *Research Quarterly for exercise and Sport,* N° 62, 124-137.

SINGH, P.N.; TONSTAD, S.; ABBEY, E.D. y FRASER, G.E. (1996). Validity of selected physical activity questions in white Seventh-day Adventists and non-Adventists. *Medicine y Science in sports y exercise.* Vol. 28. N° 6, 1026-1036.

SIMON, J.; BEUNEN, G.; REMSON y GERMEN, V. (1982). Construction of a motor ability test battery for boys and girl aged 12 to 19 years, using factor análisis. *Evaluation of motor fitness.* Belgium, Council of Europe committee for development of Sport. 151-168.

SLATTERY, M. L.; y JACOBS D.R. (1987) The inter-relationships of physical activity, physical fitness, and body measurements. *Medicine and Science in Sports and Exercise.* Vol. 19, N° 1-6, Pág. 564-569.

TELAMA, R., NUPPONEN, H. y HOLOPAINEN S. (1982). Motor fitness tests for finnish schools. *Evaluation of motor fitness*. Belgium, Council of Europe committee for development of Sport. 169-198.

TERCEDOR SÁNCHEZ, P. (1998). Estudios sobre la relación entre la actividad física habitual y condición física-salud en una población escolar de 10 años de edad. *Tesis doctoral*.

TORRES GUERRERO, J., y ORTEGA CÁCERES M. (1993). *La Evaluación de la condición física y las cualidades coordinativas y resultantes. Un proceso investigativo*. Granada, Calcomanía. Edición experimental.

TORRES RAMOS, E. (1998). La actividad físico-deportiva extraescolar y su interrelación con el área de educación física en el alumnado de enseñanzas medias. *Tesis doctoral*.

UNISPORT (1990). Condición física para niños y jóvenes. Fitness Ontario Leadership Program. Málaga. J.J.A.A

UREÑA VILLANUEVA, F. (1996). Valoración y baremación de la aptitud física en el alumnado de segundo ciclo de ESO de la Comunidad Autónoma de Murcia. Su utilización según los postulados de la Reforma. *Tesis doctoral*.

VIDAL, J. G., CÁRAVE, G. y FLORENCIA M. A. (1.992). *El proyecto Educativo de Centro, una perspectiva curricular*. Madrid, EOS.

VINUESA LOPE, M. y COLL BENEJAN, J (1984). *Tratado de Atletismo. Técnica, aprendizaje, planificación, organización y tablas de puntuación*. Madrid, Esteban Sanz.

WEINECK J. (1998). *Entrenamiento óptimo*. Barcelona, Hispano Europea.

WOODBURN, SS. y BOSCHINI, SC. (1992). *Revisión Bibliográfica sobre la Validez Predictiva de Pruebas de Diagnóstico Preliminar (Screening Tests)*. Facultad de Ciencias de la Salud. Escuela de Ciencias del Deporte. Colección de Psicometría para Educación Física y Deporte. Tomo I, 1-13. Heredia.

ZAGALAZ SÁNCHEZ, ML. (1988). La Educación física femenina en España. Jaén, Servicio de Publicaciones de la Universidad de Jaén.

ZINTL, F. (1991). *Entrenamiento de la resistencia. Fundamentos, métodos y dirección del entrenamiento*. Barcelona, Martínez Roca.